César Vidal es la rara comb
que las naciones están co
rrativa y los principios de la Biblia los que construyeron la civilización occidental. La Biblia es lo que diferencia a las naciones. Los principios bíblicos como el valor intrínseco de todos y cada uno de los seres humanos, la dignidad del trabajo y la importancia de ahorrar, el dominio de la ley, el respeto por los derechos de propiedad, la libertad de empresa, la división de poderes —frenos y contrapesos— y la educación universal son los que construyen naciones libres y prósperas. La Herencia del Cristianismo en la Cultura occidental revela la importancia de la Biblia para las naciones. En una época en que Europa y los Estados Unidos se han apartado de sus raíces históricas y las naciones de todo el mundo están buscando el secreto para construir naciones que sean libres, justas y compasivas, el libro de César Vidal muestra el camino que hay que seguir. Con gran placer recomiendo La Herencia del cristianismo en la Cultura occidental.

DARROW L. MILLER
Autor y co-fundador de Alianza para el discipulado de las naciones (AND)

El legado que el mundo cristiano ha dejado en occidente y en otros lugares de la tierra donde su mensaje ha llegado, ha traído esperanza, desarrollo y transformación en la sociedad. César Vidal, en esta extraordinaria obra, nos recuerda que la dignidad de la mujer fue reconocida, al igual la dignidad de la vida humana y el avance de la ciencia y la democracia, gracias a la enorme influencia del mensaje que el incomparable Maestro, Jesús de Nazaret, proclamó en su pocos años de Ministerio. Gracias César, por no dejar olvidar las cosas incomparables que los seres humanos hemos disfrutado en esta tierra, y que se proyectan para las próximas generaciones.

HECTOR J. PARDO V.
Presidente de la Confederación de Libertad Religiosa Conciencia y Culto,
Colombia – Confelirec.

La falta de conocimiento sobre el legado y la influencia del cristianismo en el mundo, significa una enorme desventaja para el análisis certero de los problemas del siglo XXI. Es por eso, que este nuevo libro de César Vidal —uno de los más profundos intelectuales con la poca frecuente mezcla de erudición y capacidad conceptual— es un enorme aporte a la cultura y a la compresión del mundo que enfrentamos.

GUILLERMO LOUSTEAU HEGUY, PHD
Presidente del InterAmerican Institute for Democracy

Este libro es la perfecta preparación que necesitamos en Hispanoamérica para celebrar debidamente el V aniversario del comienzo de la Reforma Protestante, en el 2017. César Vidal comenta desapasionadamente una letanía de las principales falsedades religiosas del catolicismo medieval que la Contra Reforma sembró en América en el Siglo XVI: la falsa idea del trabajo como maldición, la sospecha de las riquezas y el desacato a la ley —especialmente por los poderosos— raíces de nuestra pobreza y desorden actual. Él desenmascara el relativismo moral cuya laxitud frente a la mentira y el irrespeto de la propiedad ajena nos corrompe hasta hoy, al consentirlos como pecados «veniales».

Abundante en erudición, el lector se topará con una enciclopédica asamblea de autores y perspectivas, filosóficas, literarias e históricas, que van desde Tucídides hasta Thomas Kuhn. César Vidal maneja los temas más dispares, trátese de los Celtas del siglo VI o el probabilismo jesuita, pero reserva sus mejores críticas para sus enemigos favoritos, como Nietzsche y su discípulo Hitler. Es un deleite, una educación y un reto a la reflexión leer *La herencia del cristianismo: El legado de dos milenios* de César Vidal.

José Gonzales
Fundador de la Semilla, Inc.
Catedrático de la Universidad Regent
Asesor de COICOM, CONELA, Transforma Latinoamérica y la ventana 4/14

CÉSAR VIDAL MANZANARES

LA HERENCIA DEL CRISTIANISMO

DOS MILENIOS DE LEGADO

P.O. BOX 1138 TYLER, TX 75710-1138

Editorial JUCUM forma parte de Juventud con una Misión, una organización de carácter internacional.

Si desea recibir gratuitamente un catálogo de libros y materiales contáctese con:

Editorial JUCUM
P.O. Box 1138, Tyler, TX 75710-1138 U.S.A.
(903) 882-4725 ó (800) 922-2143
www.editorialjucum.com

La herencia del cristianismo: Dos milenios de legado

Publicado por Editorial JUCUM
P.O. Box 1138, Tyler, TX 75710-1138 U.S.A.

Las citas bíblicas son traducción del autor.

ISBN 978-1-57658-804-8

Impreso en los Estados Unidos

ÍNDICE

TERCERA PARTE

EL CRISTIANISMO Y LA MODERNIDAD

PRÓLOGO

En la primavera del año 30 d. C., a mediados del mes judío de Nisán, en la lejana provincia de Judea, se produjo un acontecimiento que, sin lugar a dudas, puede ser calificado de curioso y cuyas consecuencias últimas no pudieron, con seguridad, ser adelantadas por sus principales protagonistas. El cuerpo de un judío que había sido ejecutado en la cruz por orden directa del gobernador romano, Poncio Pilato, desapareció del sepulcro en que había sido depositado. El reo se llamaba Yeshua ha-Notsrí, Jesús de Nazaret en traducción al español, y aquel episodio tuvo unas repercusiones de extraordinaria relevancia entre sus seguidores. Amedrentados tan solo unos días antes, se lanzaron a partir de ese momento a predicar la creencia en que su maestro no solo era el mesías profetizado durante siglos en los escritos del Antiguo Testamento, sino que también había resucitado. Flavio Josefo, escribiendo algo más de medio siglo después, señalaba cómo el grupo de seguidores de Jesús aún existía y continuaba proclamando que este se les había aparecido después de muerto[1].

Las autoridades judías que habían intervenido, de manera más o menos directa, en el prendimiento y la condena de Jesús quizá habrían deseado poder mostrar el cadáver y acabar con aquella predicación que, por cierto, las dejaba en muy mal lugar (¿quién podría quedar en buen lugar después de participar en la ejecución de un mesías que luego había resucitado?) (Hechos 4, 1 y sigs.). Sin embargo, les resultó imposible y debieron conformarse con acusar a los discípulos de haber robado el cuerpo (Mateo 27, 62 y sigs., y 28, 11 y sigs.). No pasaba de ser un recurso dialéctico que no demostró tener mucho éxito pero, al menos, fue una respuesta.

1 Una traducción del texto íntegro de Josefo, en C. Vidal, *Diccionario de Jesús y los Evangelios,* Estella, 1995, págs. 194 y sigs.

Por lo que se refiere al ocupante romano, optó, primero, por la abstención frente a cuestiones religiosas —esa, a fin de cuentas, había sido su inteligente política con todos los pueblos conquistados— y algunos años después por tomar medidas legislativas que impidieran la repetición de acontecimientos similares. Poco más de una década después, se promulgó el denominado decreto de Nazaret[2] para lograr ese objetivo.

Esta fuente epigráfica —una pieza inscrita de mármol que ha estado en el Cabinet des Médailles de París desde 1879 formando parte de la colección Froehner y que fue publicada en 1930 por F. Cumont— decretaba la prohibición de robar cadáveres de las tumbas con ánimo de engañar. El denominado decreto de Nazaret afirma en su texto griego: «Es mi deseo que los sepulcros y las tumbas que han sido erigidos como memorial solemne de antepasados o hijos o parientes, permanezcan perpetuamente sin ser molestadas. Quede de manifiesto que, en relación con cualquiera que las haya destruido o que haya sacado de alguna forma los cuerpos que allí estaban enterrados o los haya llevado con ánimo de engañar a otro lugar, cometiendo así un crimen contra los enterrados allí, o haya quitado las losas u otras piedras, ordeno que, contra la tal persona, sea ejecutada la misma pena en relación con los solemnes memoriales de los hombres que la establecida por respeto a los dioses. Pues mucho más respeto se ha de dar a los que están enterrados. Que nadie los moleste en forma alguna. De otra manera es mi

---

2 El saqueo de tumbas no era nada novedoso, pero esta es una disposición emanada directamente del emperador y que además pretende ser sancionada con el ejercicio de la pena capital. Una explicación plausible es que Claudio podría ya conocer el carácter expansivo del cristianismo. Si hubiera investigado lo más mínimo el tema se habría encontrado con que la base de su empuje descansaba en buena medida en la afirmación de que su fundador, un ajusticiado judío, ahora estaba vivo. Dado que la explicación más sencilla era que el cuerpo había sido robado por los discípulos para engañar a la gente con el relato de la resurrección de su maestro (cf. Mateo 28, 13), el emperador podría haber determinado la imposición de una pena durísima encaminada a evitar la repetición de tal crimen en Palestina. La orden —siguiendo esta línea de suposición— podría haber tomado la forma de un rescripto dirigido al procurador de Judea o al legado en Siria y, presumiblemente, se habrían distribuido copias en los lugares de Palestina asociados de una manera especial con el movimiento cristiano, lo que implicaría Nazaret y, tal vez, Jerusalén y Belén. En un sentido muy similar al aquí expuesto se manifestó en una primera época A. Momigliano y, con posterioridad, autores como F. F. Bruce. Sobre el decreto, véase: M. P. Charlesworth, *Documents illustrating the Reigns of Claudius and Nero,* Cambridge, 1939, pág. 15, n. 17; «Nazaret, decreto de», en C. Vidal, *Diccionario de Jesús y los Evangelios,* Estella, 1995.

voluntad que se condene a muerte a la tal persona por el crimen de expoliar tumbas».

Ni judíos ni gentiles dejarían de ir acentuando su hostilidad hacia aquellos hombres y mujeres que seguían insistiendo a pesar del paso de las décadas en proclamar la nueva fe en Jesús, el mesías crucificado. Se trató de una oposición que adoptó todas las formas, desde la burla y el desprestigio a la prohibición legal y la proscripción, sin renunciar tampoco ni a la tortura ni a la ejecución o el linchamiento. Paradójicamente —¡cuántas paradojas no contiene la Historia!— los valores de la Torah judía fueron conocidos en el resto del mundo sobre todo gracias a la religión de los seguidores de Jesús, y el legado de Roma no quedó del todo aniquilado por los bárbaros en virtud de la colaboración prestada por los perseguidos cristianos. En estos como en otros aspectos, el cristianismo iba a revelarse a lo largo de los casi dos milenios siguientes como un elemento esencial e indispensable de lo que hoy día conocemos como civilización occidental, precisamente la cultura que, por las más diversas razones, ha tenido una influencia mayor en la Historia de la Humanidad.

El presente ensayo no es una Historia del cristianismo ni tampoco de su legado social, cultural o político. Tampoco pretende ser un análisis histórico exhaustivo de la cuestión, ya que incluso un acercamiento superficial a ese tema exigiría la redacción de varios volúmenes de grueso tamaño. Solo tiene la intención de establecer un acercamiento inicial a un conjunto de cuestiones concretas relacionadas con la manera en que el cristianismo constituye una referencia indispensable para comprender a Occidente y con él a nosotros mismos y a la Historia de los últimos dos mil años. Solo es un trazado de líneas de reflexión histórica, de memoria cultural y de análisis sobre nuestro pasado, nuestro presente y nuestro futuro como miembros de la cultura occidental.

En su primera parte aborda los orígenes del cristianismo y la manera en que los principios enseñados por Jesús y, después, por los apóstoles resultaron decisivos para conquistar espiritualmente el imperio que le había sido hostil durante tres siglos. En la segunda parte nos acercaremos a la manera en que el cristianismo no solo salvó la cultura clásica durante la Edad Media, sino que incluso sentó las bases, una y otra vez, de una cultura común europea que, con el paso de los siglos, se trasplantaría a otros continentes.

Por último, la tercera parte indica cómo, partiendo de la Reforma, el cristianismo creó la modernidad impulsando desde la revolución científica a la defensa de los derechos humanos y la lucha contra el totalitarismo.

En un apéndice final me he acercado, para terminar, a la cuestión de la redacción de los Evangelios como tema indispensable a la hora de tratar el peso del cristianismo en la cultura occidental. Basta ya de preámbulos. Empecemos, y hagámoslo por el principio...

Miami, abril de 2014

PRIMERA PARTE

EL CRISTIANISMO Y EL MUNDO ANTIGUO

«En el principio existía la Palabra, y la Palabra estaba con Dios, y Dios era la Palabra».

(Juan 1, 1)

I

EN EL PRINCIPIO... UN TAL JESÚS

JESÚS EN LAS FUENTES HISTÓRICAS

La vida de Jesús transcurrió[1] durante un periodo breve de tiempo y en un lugar apartado del dilatado imperio romano. Nacido en torno al año 7 o 6 a. C., antes del fallecimiento de Herodes el Grande, su muerte tuvo lugar en la primavera del año 30 d. C. Sin embargo, pese al distanciamiento cronológico de su existencia a nuestros días, lo cierto es que contamos con una serie de fuentes antiguas relativas a ella que no pueden calificarse ni de escasas ni de carentes de importancia. Por supuesto, los Evangelios canónicos —unas fuentes singularmente antiguas y bien transmitidas—[2] de Mateo, Marcos, Lucas y Juan presentan un testimonio privilegiado, pero ni constituyen la mayoría de las fuentes sobre Jesús ni las únicas.

En realidad, los documentos históricos que contienen referencias a Jesús son muy variadas y, en términos generales, pese a proceder en no pocas ocasiones de contextos adversos, los datos proporcionados en ellos coinciden con buena parte de los transmitidos por los Evangelios.

---

1 La bibliografía sobre Jesús es muy extensa y, por desgracia, los aportes interesantes no son muchos. Remitimos al lector a nuestro *Jesús, el judío*, Barcelona, 2010, y a la recogida en nuestro *Diccionario de Jesús y los Evangelios*, Estella, 1995, donde se detallan las discusiones sobre el tema.

2 Al respecto, véase el Apéndice de la presente obra.

Sin duda, los ejemplos más elocuentes al respecto son los proporcionados por las fuentes judías, un conjunto de escritos relacionados con los escritos rabínicos y con las obras de Flavio Josefo. En relación a las primeras, hay que señalar que se trata de un conjunto de fuentes que resulta especialmente negativo en su actitud hacia el personaje. Pese a todo, siquiera indirectamente, vienen a confirmar buen número de los datos suministrados acerca de él por los autores cristianos. En el Talmud, por ejemplo, se afirma que realizó milagros —aunque, por supuesto, se atribuyen al empleo de la hechicería— (Sanh 107; Sota 47b; J. Hag. II, 2); que sedujo a Israel (Sanh 43a) y que por ello fue ejecutado por las autoridades judías que lo colgaron la víspera de Pascua (Sanh 43a). Se nos dice asimismo que se proclamó Dios y anunció que volvería por segunda vez (Yalkut Shimeoni 725). Se insiste en que fue un falso maestro (se le acusa, por ejemplo, de relativizar el valor de la ley de Moisés), lo que le habría hecho acreedor a la última pena, e incluso algún pasaje del Talmud llega a representarlo en el otro mundo condenado a padecer entre excrementos en ebullición (Guit. 56b-57a). Con todo, este juicio denigratorio no es unánime, y así, por ejemplo, se cita con aprecio alguna de las enseñanzas de Jesús (Av. Zar. 16b-17a; T. Julin II, 24).

En el caso de Flavio Josefo —un miembro de una familia sacerdotal judía que nació en Jerusalén el año primero del reinado de Calígula (37-38 d. C.)— las referencias a Jesús son menos, tan solo dos, pero, desde luego, no puede decirse que carezcan de interés. La primera se halla en Ant XVIII, 63, 64, y la segunda, en XX, 200-3. Su texto en la versión griega es como sigue:

> «Vivió por esa época Jesús, un hombre sabio, si es que se le puede llamar hombre. Porque fue hacedor de hechos portentosos, maestro de hombres que aceptan con gusto la verdad. Atrajo a muchos judíos y a muchos de origen griego. Era el Mesías. Cuando Pilato, tras escuchar la acusación que contra él formularon los principales de entre nosotros, lo condenó a ser crucificado, aquellos que lo habían amado al principio no dejaron de hacerlo. Porque al tercer día se les manifestó vivo de nuevo, habiendo profetizado los divinos profetas estas y otras maravillas acerca de

él. Y hasta el día de hoy no ha desaparecido la tribu de los cristianos» (Ant XVIII, 63-64)[3].

Por lo que se refiere a la segunda dice así:

«El joven Anano... pertenecía a la escuela de los saduceos, que son, como ya he explicado, ciertamente los más desprovistos de piedad de entre los judíos a la hora de aplicar justicia. Poseído de un carácter así, Anano consideró que tenía una oportunidad favorable porque Festo había muerto y Albino se encontraba aún de camino. De manera que convenció a los jueces del Sanedrín y condujo ante ellos a uno llamado Santiago, hermano de Jesús el llamado Mesías y a algunos otros. Los acusó de haber transgredido la Ley y ordenó que fueran lapidados. Los habitantes de la ciudad que eran considerados de mayor moderación y que eran estrictos en la observancia de la Ley se ofendieron por aquello. Por lo tanto, enviaron un mensaje secreto al rey Agripa, dado que Anano no se había comportado correctamente en su primera actuación, instándole a que le ordenara desistir de similares acciones ulteriores. Algunos de ellos incluso fueron a ver a Albino, que venía de Alejandría, y le informaron de que Anano no tenía autoridad para convocar el Sanedrín sin su consentimiento. Convencido por estas palabras, Albino, lleno de ira, escribió a Anano amenazándolo con vengarse de él. El rey Agripa, a causa de la acción de Anano, lo depuso del Sumo sacerdocio que había ostentado durante tres meses y lo reemplazó por Jesús, el hijo de Damneo».

Aunque ninguno de estos dos pasajes de las Antigüedades es aceptado de manera unánime como auténtico, lo más corriente es aceptar la autenticidad del primer texto en su totalidad y la del segundo parcialmente, considerando que está interpolado de manera parcial o completa[4]. Con todo, resulta muy posible que este último sea también auténtico, aunque mutilado. El hecho de que Josefo hablara en Ant XX de Santiago como «hermano de Jesús llamado

---

3 Al igual que todos los otros textos reproducidos en este ensayo, el presente ha sido traducido de la lengua original por el autor.

4 Una discusión muy amplia sobre las diversas opiniones del denominado «testimonio flaviano», en C. Vidal, *Los primeros cristianos,* Barcelona, 2011, págs. 36 y sigs. Podemos señalar que de los dos textos el segundo es seguramente auténtico en su totalidad y que el primero también es auténtico pero pudo sufrir recortes —no interpolaciones— que favorecieran una relectura cristiana.

Mesías» —una referencia tan magra y neutral que no podría haber surgido de un interpolador cristiano— hace pensar que había hecho referencia a Jesús previamente. Esa referencia anterior acerca de Jesús sería, como es natural, la de Ant XVIII, 3, 3. La autenticidad de este pasaje no fue cuestionada prácticamente hasta el siglo XIX, ya que todos los manuscritos que nos han llegado lo contienen. Tanto la limitación de Jesús a una mera condición humana como la ausencia de otros apelativos convierte en casi imposible el que su origen sea el de un interpolador cristiano. Además la expresión tiene paralelos en el mismo Josefo (Ant XVIII, 2, 7; X, 11, 2). Con seguridad también es auténtico el relato de la muerte de Jesús, en el que se menciona la responsabilidad de los saduceos en la misma y se descarga la culpa sobre Pilato, algo que ningún evangelista (no digamos cristianos posteriores) estaría dispuesto a afirmar de forma tan tajante, pero que sería lógico en un fariseo y más si no simpatizaba con los cristianos y se sentía inclinado a presentarlos bajo una luz desfavorable ante un público romano. Otros aspectos del texto apuntan asimismo a un origen josefino: la referencia a los saduceos como «los primeros entre nosotros»; la descripción de los cristianos como «tribu» (algo no necesariamente peyorativo) (comp. con Guerra III, 8, 3; VII, 8, 6); etcétera. Resulta, por lo tanto, muy posible que Josefo incluyera en las Antigüedades una referencia a Jesús como un «hombre sabio», cuya muerte, instada por los saduceos, fue ejecutada por Pilato, y cuyos seguidores seguían existiendo hasta la fecha en que Josefo escribía. Más dudosas resultan la clara afirmación de que Jesús «era el Mesías» (Cristo); las palabras «si es que puede llamársele hombre»; la referencia como «maestro de gentes que aceptan la verdad con placer» quizá sea también auténtica en su origen, si bien en la misma podría haberse deslizado un error textual al confundir (a propósito o no) el copista la palabra TAAEZE con TALEZE; y la mención de la resurrección de Jesús.

En resumen, podemos señalar que el retrato acerca de Jesús que Josefo reflejó originalmente pudo ser muy similar al que señalamos a continuación: Jesús era un hombre sabio, que atrajo en pos de sí a mucha gente, si bien la misma estaba guiada más por un gusto hacia lo novedoso (o espectacular) que por una disposición profunda hacia la verdad. Se decía que era el Mesías y, tal vez por ello, los miembros de la clase sacerdotal decidieron acabar con él entregándolo con esta finalidad a Pilato, que lo crucificó. Pese a todo, sus seguidores, llamados cristianos a causa de las pretensiones mesiánicas de su maestro, dijeron que se les había aparecido. En el año 62, un hermano de Jesús, llamado Santiago, fue ejecutado además por Anano, si bien, en esta ocasión, la muerte no contó con el apoyo de los ocupantes, sino que tuvo lugar aprovechando un vacío de poder romano en la región. Tampoco esta muerte había conseguido acabar con el movimiento[5].

Como era lógico esperar —Judea era un lugar perdido del imperio y carente de importancia económica, política, cultural y social— las referencias a Jesús en las fuentes clásicas son muy limitadas. Sin embargo, no faltan. Tácito [n. 56-57 d. C., y fallecido quizá durante el reinado de Adriano (117-138 d. C.)], se refiere a Jesús en los Anales XV, 44. Esta obra, escrita hacia el 115-7, contiene una mención explícita del cristianismo. El texto señala que los cristianos eran originarios de Judea, que su fundador había sido un tal Cristo —resulta más dudoso saber si Tácito consideró la mencionada palabra como título o como nombre propio—, ejecutado por Pilato, y que durante el principado de Nerón sus seguidores ya estaban afincados en Roma, donde no eran precisamente populares.

Suetonio —un historiador aún joven durante el reinado de Domiciano (81-96 d. C.)— menciona en su *Vida de los Doce Césares* (Claudio XXV) una medida del emperador Claudio encaminada a expulsar de Roma a unos judíos que causaban tumultos

---

5 Aparte de los textos mencionados, debe hacerse referencia a la existencia del Josefo eslavo y de la versión árabe del mismo. Esta última, recogida por un tal Agapio en el siglo X, coincide en buena medida con la lectura que de Josefo hemos realizado en las páginas anteriores; sin embargo, su autenticidad resulta problemática. Su traducción al castellano dice así: «En este tiempo existió un hombre sabio de nombre Jesús. Su conducta era buena y era considerado virtuoso. Muchos judíos y gente de otras naciones se convirtieron en discípulos suyos. Los que se habían convertido en sus discípulos no lo abandonaron. Relataron que se les había aparecido tres días después de su crucifixión y que estaba vivo; según esto, fue quizá el Mesías del que los profetas habían contado maravillas». En cuanto a la versión eslava, se trata de un conjunto de interpolaciones no solo relativas a Jesús, sino también a los primeros cristianos.

a causa de un tal «Cresto»[6]. El pasaje parece concordar con lo relatado en Hechos 18, 2 y podría referirse a una expulsión que, según Orosio (VII, 6, 15), tuvo lugar en el noveno año del reinado de Claudio (49 d. C.). En cualquier caso no pudo ser posterior al año 52. Por último, Plinio el Joven (61-114 d. C.), gobernador de Bitinia bajo Trajano, menciona a los cristianos en el décimo libro de sus *Cartas* (X, 96, 97). Por sus referencias sabemos que consideraban que Cristo era Dios y que se dirigían a él con himnos y oraciones. Gente pacífica, pese a los maltratos recibidos en ocasiones por parte de las autoridades romanas, no dejaron de contar con abandonos en sus filas.

En su conjunto, las referencias judías y, en menor medida, clásicas permiten trazar un cuadro bastante coherente de la existencia de Jesús. Pese a todo, la fuente más importante la constituyen —no podía ser de otra manera— los Evangelios. Aunque no se puedan considerar con propiedad lo mismo que en la actualidad entendemos como biografía en el sentido historiográfico contemporáneo, no puede negarse que sí encajan —en particular en el caso de Lucas— con los patrones historiográficos de su época. En conjunto, presentan, por lo tanto, un retrato coherente de Jesús y nos proporcionan un número considerable de datos que permiten reconstruir históricamente su enseñanza y vida pública.

EL JESÚS HISTÓRICO

Partiendo de forma estricta de las fuentes históricas —en no pocos casos hostiles— podemos reconstruir con notable seguridad lo que fue la vida de Jesús. Su nacimiento hay que situarlo poco antes de la muerte de Herodes el Grande (4 a. C.) (Mateo 2, 1 y sigs.). El mismo se produjo en Belén (aunque algunos autores sin mucha base prefieren pensar en Nazaret como su ciudad natal), y los datos que proporcionan los Evangelios en relación con su ascendencia

6 Es objeto de controversia si Chrestus es una lectura asimilable a Christus. En ese sentido se definió Schürer junto con otros autores. Graetz, por el contrario, ha mantenido que Chrestus no era Cristo, sino un maestro cristiano contemporáneo del alejandrino Apolos, al que se mencionaría en I Corintios 1: 12, donde debería leerse «Jréstu» en lugar de «Jristu». La idea de que Cresto fuera un mesías judío que hubiera acudido a Roma a sembrar la revuelta resulta un tanto inverosímil.

davídica deben tomarse como ciertos [7], aunque esta fuera a través de una rama secundaria. Buena prueba de ello es que cuando el emperador romano Domiciano decidió acabar con los descendientes del rey David hizo detener también a algunos familiares de Jesús, tal y como lo recoge Eusebio de Cesarea (HE 1, 7) citando un testimonio de Julio Africano.

Exiliada su familia a Egipto (un dato que se menciona también en el Talmud y en otras fuentes judías), regresó a Palestina a la muerte de Herodes, pero, por temor a Arquelao, sus parientes fijaron su residencia en Nazaret, donde se mantendría durante los años siguientes (Mateo 2, 22-3). Salvo una breve referencia que aparece en Lucas 2, 21 y sigs., no volvemos a contar con datos sobre Jesús hasta que este sobrepasó los treinta años. Por esa época, fue bautizado por Juan el Bautista (Mateo 3 y paralelos), al que Lucas presenta como pariente lejano de Jesús (Lucas 1, 39 y sigs.). Durante su bautismo, Jesús tuvo una experiencia que confirmó su autoconciencia de filiación divina así como de mesianidad[8]. De hecho, en el estado actual de las investigaciones, la tendencia mayoritaria de los historiadores es la de aceptar que, en efecto, Jesús se vio a sí mismo como Hijo de Dios —en un sentido especial y distinto del de cualquier otro ser— y como Mesías.

En cuanto a su visión de la mesianidad, al menos desde los estudios de T. W. Manson, parece haber poco terreno para dudar de que esta fue comprendida, vivida y expresada bajo la estructura del siervo de Yahveh (Mateo 3, 16 y paralelos) y del Hijo del hombre. Muy posible además es que esta autoconciencia resultara anterior al bautismo. Los sinópticos —aunque asimismo se sobreentiende en Juan— hacen referencia a un periodo de tentación diabólica experimentado por Jesús con posterioridad al bautismo (Mateo 4, 1 y sigs. y paralelos) y en el que se habría perfilado del todo su modelo mesiánico rechazando los patrones políticos, meramente sociales o espectaculares del mismo. No otro significado tienen las distintas tentaciones referidas en Mateo 4 y Lucas 4: todos los reinos de la tierra, la

---

7 En ese mismo sentido, véase una discusión amplia con bibliografía, en C. Vidal, *Jesús, el judío*, en la sección de cristología de C. Vidal, *Los primeros cristianos...*, ídem, «Jesús», en *Diccionario de Jesús y los Evangelios.*

8 Para este y otros aspectos de discusión de temas cristológicos remitimos a C. Vidal, *Jesús el judío* y C. Vidal, *Diccionario de Jesús y los Evangelios, op. cit.*

transformación de las piedras en pan o el descenso desde el pináculo del Templo. Este periodo de tentación se corresponde, sin duda, con una experiencia histórica —quizá referida por Jesús personalmente a sus discípulos— que, por otro lado, se repetiría en ocasiones después del inicio de su vida pública.

Tras este episodio se inició una primera etapa de su predicación que transcurrió sobre todo en Galilea, aunque se produjeran breves visitas a territorio gentil, a Jerusalén y a Samaria. A pesar de que en la predicación se consideró entrañablemente relacionado con «las ovejas perdidas de la casa de Israel», no es menos cierto que Jesús mantuvo contactos con gentiles y que incluso llegó a afirmar que la fe de uno de ellos era mayor que la que había encontrado en Israel y que llegaría el día en que muchos como él se sentarían en el Reino con los Patriarcas (Mateo 8, 5-13; Lucas 7, 1-10). Al actuar de esa manera, Jesús se distanciaba de forma radical de las demás sectas judías[9]. No solo de los estrictos esenios de Qumrán, que incluso cuestionaban la legitimidad de la vida espiritual del resto de Israel, sino incluso de la mayoría de los fariseos —la secta más abierta y liberal del judaísmo—, que rechazaban la entrada de los gentiles en Israel siguiendo las posiciones de rabinos como Shammay. De esa manera, más que implícita, Jesús procedía a universalizar la esperanza de Israel y la ampliaba al resto de las naciones[10].

En esa misma época, Jesús comenzó a predicar un mensaje radical —muchas veces expresado en un género narrativo conocido en hebreo como *mashal* y entre nosotros como parábolas— que chocaba con las interpretaciones de algunos sectores del judaísmo (Mateo 5-7). Este periodo de su vida pública concluyó, en términos generales, con un fracaso (Mateo 11, 20 y sigs.). Los mismos

9 Sobre las sectas judías, véase: «Fariseos», «Saduceos», «Esenios» y «Herodianos», en C. Vidal, *Diccionario de Jesús y los Evangelios,* Estella, 1995.

10 Durante esta etapa galilea los Evangelios atribuyen a Jesús una serie de milagros, especialmente curaciones y expulsiones de demonios. Excede el objeto del presente estudio adentrarse en esa cuestión. Baste decir que los relatos evangélicos aparecen confirmados por las fuentes hostiles del Talmud. Una vez más, la tendencia generalizada entre los historiadores hoy día es la de considerar que, al menos, algunos de los relatados en los Evangelios acontecieron en realidad y, desde luego, el tipo de relatos que los describen apuntan a la autenticidad de los mismos. En este sentido, véase: C. Vidal, *Jesús el judío,* Barcelona, 2010 e Idem, "Milagros" en *Diccionario de Jesús y los evangelios;* J. Klausner, *Jesús de Nazaret,* Buenos Aires, 1971; M. Smith, *Jesús el mago,* Barcelona, 1988...

hermanos[11] de Jesús no creyeron en él (Juan 7, 1-5) y junto con su madre incluso intentaron en ocasiones apartarle de su misión (Marcos 3, 31 y sigs. y paralelos). No mejor reaccionaron sus paisanos (Mateo 13, 55 y sigs.) a causa de que su predicación se centraba en la necesidad de la conversión o cambio de vida en razón del Reino, de que pronunciaba terribles advertencias relacionadas con las graves consecuencias que se derivarían de rechazar este mensaje divino y de que se negó terminantemente a convertirse en un mesías político (Mateo 11, 20 y sigs.; Juan 6, 15).

Las fuentes históricas nos proporcionan los datos seguros suficientes para reconstruir las líneas maestras fundamentales de la enseñanza de Jesús. En primer lugar, su mensaje resultaba provocadoramente universalista. El judaísmo era una fe que no estaba del todo cerrada a la recepción de extranjeros en su seno. De hecho, durante los siglos anteriores se había producido incluso una cierta expansión del judaísmo en ambientes gentiles. Pese a todo, no dejaba de ser una fe étnica. La alternativa ofrecida a los prosélitos consistía en convertirse en judíos —a través de la circuncisión o del baño ritual en el caso de las mujeres— o en creyentes de segunda clase, los temerosos de Dios, a los que se permitía acudir a las sinagogas, pero sin integrarse en su totalidad en el pueblo de Israel. A estos les esperaba un lugar en el «mundo venidero» pero, desde luego, no en pie de igualdad con los judíos. En otras palabras, su salvación era, en un sentido literal, una salvación de segundo orden.

En el seno del judaísmo no solo se producía una clara separacióndе carácter étnico-religioso que implicaba la plenitud de fe solo para aquellos que se integraban en una realidad nacional, la judía, sino que además se mantenían otras divisiones tanto de carácter social como sexual. En términos comparativos, la Torah mosaica por la que se regía el judaísmo contemplaba con relativa benevolencia a los esclavos de origen judío. Con todo, en la práctica, la situación de los esclavos gentiles era muy similar a la padecida por cualquier desdichado de esta condición en el mundo no-judío[12]. Se les ofrecía

11 Sobre los hermanos de Jesús, véase: «Hermanos de Jesús», «Santiago», «Simón» y «Judas», en C. Vidal, *Diccionario de Jesús...*

12 Sobre la situación de las distintas clases sociales en el judaísmo contemporáneo de Jesús, véase: C. Vidal, *Los primeros cristianos...*, págs. 205 y sigs.

de manera generalizada la posibilidad de convertirse al judaísmo y las fuentes históricas señalan que algunos optaban al cabo de cierto tiempo por aceptar el ofrecimiento, quizá en no pocos casos con la esperanza de mejorar su condición.

Por lo que se refiere a la condición de la mujer, la Torah manifestaba hacia ella una mayor consideración que la que podía esperar encontrar en el mundo helenístico. Aun así, no era posible negar que su *status* social era claramente subordinado. Durante los meses de su menstruación incurría en un estado de impureza ritual o *nidah,* impureza que volvía a producirse tras las relaciones sexuales, con posterioridad al parto. Aunque se esperaba en teoría que prestara su consentimiento libre al marido escogido por su familia, por regla general parece que se producía solo una aceptación de los hechos consumados. Por supuesto, la muerte de su esposo representaba un drama de tal magnitud que la viuda constituía un paradigma de ser menesteroso. Por añadidura, el hecho de que pudiera acceder a una cierta instrucción era por lo general muy excepcional.

Por último, el judaísmo —como las religiones con un fuerte contenido ritual— manifestaba un rechazo evidente hacia aquellos judíos que no cumplían de manera mínimamente meticulosa los principios mosaicos de limpieza religiosa. Para este sector de la población, que en muchos lugares debió de ser mayoritario, se reservaba el nombre de *am-ha-arets,* literalmente, la gente de la tierra, así como un comportamiento despectivo.

Los Evangelios aparecen repletos de ejemplos de esa conducta denigratoria —como, por ejemplo, la parábola del fariseo y el publicano (Lucas 18, 9 y sigs.) o el relato de la conversión de Mateo (Marcos 2, 13-17)—, pero, de forma comparativa, describe muchos menos de los que podemos hallar en las páginas del Talmud.

Sobre este trasfondo judaico, la enseñanza de Jesús resultaba excepcional y no debe resultar extraño que provocara reacciones muy negativas entre sus compatriotas. Para empezar, Jesús rechazó las diferenciaciones de tipo étnico o racial. Causando la sorpresa de sus mismos discípulos, se trató con 32 los samaritanos (Juan 4), un pueblo distanciado de los judíos por una enemistad de siglos[13], y, como ya hemos señalado, cometió la indecible osadía de afirmar que los gentiles se sentarían al lado de Abraham, Isaac y Jacob, los personajes fundacionales de Israel, mientras no pocos judíos serían rechazados.

El hecho de que una fe sea considerada universal y abierta a todos los pueblos puede parecer hoy día natural. No lo era en el siglo I y, desde luego, no provocó reacciones positivas ni entre los propios seguidores de Jesús, que tuvieron dificultades para adaptarse a esa circunstancia, ni entre sus compatriotas. Aún más difícil de asimilar resultaba la actitud de Jesús hacia los sectores más desfavorecidos de una sociedad rígidamente dividida por razones sociales y rituales. Un ejemplo elocuente de esa circunstancia se halla en su actitud hacia las mujeres. Jesús las trató con una cercanía y una familiaridad que llamó la atención incluso de sus mismos discípulos (Juan 4, 27). A diferencia de los rabinos de su tiempo, que no se hubieran acercado nunca a una mujer —¿quién se hubiera arriesgado a contraer la impureza ritual procedente de una menstruante?—, son repetidos los casos en que Jesús habló en público con ellas incluso en situaciones muy delicadas (Mateo 26, 7; Lucas 7, 35-50; 10, 38 y sigs.; Juan 8, 3-11). No solo eso. Las puso como ejemplo de conducta en el seno de una cultura acusadamente patriarcal (Mateo 13, 33; 25, 1-13; Lucas 15, 8) e incluso encomió en público sus virtudes (Mateo 15, 28). Desde luego, las fuentes recogen varios episodios en los que las mujeres fueron objeto de la atención de Jesús (Mateo 8, 14; 9, 20; 15, 22; Lucas 8, 2; 13, 11) y llegaron a convertirse en discípulos suyos, de nuevo un fenómeno reprobable desde la óptica judía (Lucas 8, 1-3; 23, 55).

Esta conducta desagradablemente provocativa llevó a Jesús incluso a compartir la mesa con los sectores sociales más despreciados. Su cercanía a «pecadores y publicanos» ocasionó acerbas críticas desde el principio de su predicación (Marcos 2, 12 y sigs.), así como el hecho de que uno de sus discípulos hubiera pertenecido al odiado grupo de los recaudadores de impuestos para Roma o de que acogiera con agrado el arrepentimiento de un jefe de publicanos como

13 Al respecto, véase «Samaritanos», en C. Vidal, *Diccionario de Jesús...*

Zaqueo (Lucas 19, 1 y sigs.). Asimismo, relatos como aquel en que contraponía a un odiado y pecador publicano con un cumplidor (y autosuficiente) fariseo, inclinándose en favor del primero, provocaron reacciones comprensiblemente irritadas (Lucas 18, 9-14).

Pese a su notable originalidad, pese a su visión marcadamente universalista, pese a su acusado contraste con la realidad del judaísmo coetáneo, resultaría un fácil anacronismo atribuir a Jesús una visión idealizada de la Humanidad. Él no cayó, desde luego, ni en un optimismo antropológico, ni en un apocalipticismo populista, ni en un idealismo feminista.

Por el contrario, hay que señalar que la perspectiva con que Jesús contemplaba al género humano era más bien pesimista, ya que descansaba en la creencia de que todos los seres humanos se hallan en una situación de extravío o perdición. En relatos como los recogidos en el capítulo 15 de Lucas, la Humanidad es asemejada a una oveja que se ha descarriado, a una moneda que se ha perdido o a un hijo pródigo que ha desperdiciado su fortuna y que se encuentra en una miserable situación de la que desearía salir aunque se ve incapaz de hacerlo.

Esa condición de seres perdidos explica de forma cabal que Jesús no deseara realizar —y no lo hiciera ciertamente— distingos entre hombres y mujeres, injustos y en apariencia justos, esclavos y libres, incluso entre judíos y no-judíos. Todos eran enfermos y todos necesitaban de médico sin excepción alguna (Marcos 2, 15-7).

Precisamente esa visión pesimista de los seres humanos explica la comprensión que del poder político tenía Jesús. Frente a la tesis de una monarquía de carácter divino, que Israel compartía matizadamente con otros pueblos de Oriente —y que Roma había comenzado a asimilar desde César y Augusto siquiera en provincias—, en Jesús encontramos una notable desconfianza hacia los poderes políticos. En Lucas 4 se conecta a estos de manera clara con el propio Satanás, y en Mateo 20, 24 y sigs. se recoge una referencia explícita de Jesús sobre los gobernantes: «Sabéis que los gobernantes de las naciones las gobiernan como señores y los grandes las oprimen con su poder». Esta actitud de Jesús hacia la política explica en buena medida su rechazo de opciones revolucionarias y de la violencia precisamente en el seno de una cultura que unas décadas después estallaría arrastrada por la espada de los zelotes[14]. Al mismo tiempo, Jesús no dejó de manifestar su desprecio hacia gobernantes como Herodes o Pilato. Lo que enseñaba no era la necesidad de sustituir a un gobernante por otro, sino la de cambiar una visión de la política por otra muy distinta. Como tendremos ocasión de ver, este aspecto de la enseñanza de Jesús tendría un fecundo trayecto durante los siglos venideros.

En segundo lugar, la visión de Jesús implicaba un compromiso ético y vivencial de características muy concretas que se denomina muchas veces en las fuentes con el nombre de conversión[15]. El llamado a la conversión formaba parte esencial de la predicación de Jesús (Marcos 1, 14-5), apareciendo esta simbolizada en relatos como el del hijo pródigo (Lucas 15) o en símiles como los del enfermo que ha de recibir la ayuda del médico (Marcos 2, 16-7). Según la enseñanza de Jesús, es la conversión la que permite acceder a la condición de hijo de Dios (Juan 1, 12) y obtener la vida eterna (Juan 5, 24), y precisamente por su importancia imprescindible a la hora de decidir el destino eterno del hombre, Dios se alegra de la conversión (Lucas 15, 4-32) y Jesús considera el llamado a ella como núcleo central e irrenunciable de su Evangelio (Lucas 24, 47).

Sin embargo, esta conversión no tenía como finalidad un mero cambio de ideas religiosas, sino el inicio real de una nueva vida. En ella resultaba esencial la encarnación de valores éticos como la relativización de lo material (Mateo 6, 25 y sigs.), la fidelidad conyugal y la estabilidad matrimonial (Mateo 5, 25-8 y 5, 31-2), el respeto a la palabra y la veracidad (Mateo 5, 33-7) o la renuncia a la violencia y a la venganza (Mateo 5, 38-42). Para Jesús, se trataba no tanto de aniquilar la ley de Moisés como de darle todo su contenido (Mateo 5, 17-9). Por ello, a la idea de un uso legítimo de la violencia oponía la no-violencia; al deseo del enriquecimiento, una visión providencialista; a la necesidad de juramento

---

14 Sobre la sublevación judía del 66 d. C., véase: C. Vidal, *Los primeros cristianos...*, págs. 179 y sigs. y 191 y sigs.

15 El término español viene a traducir de manera más o menos aproximada el verbo griego *epistrefo* (volver) (Mateo 12, 44; 24, 18; Lucas 2, 39) y el sustantivo *metanoia* (cambio de mente).

como garantía, la veracidad; al divorcio con escasas garantías para la mujer, la parte más desprotegida, no la negación —como algunos han pretendido— sino la lealtad a toda costa. De nuevo, Jesús se destacaba sobre la visión —muy noble desde ciertos puntos de vista y más si se la comparaba con el mundo pagano— del judaísmo. Porque además Jesús consideraba que los mandatos más audaces de la ética predicada por él —como el amor al prójimo— no debían quedar circunscritos a sus compatriotas judíos, ni siquiera solo a los correligionarios de la nueva fe.

Frente al exclusivismo judío —muy extremo en Qumrán, pero, en general, presente incluso en la Torah— Jesús enseñaba que debía abarcar incluso a los considerados enemigos (Mateo 5, 43-48).

Finalmente, Jesús abogaba por un sentido providencialista de la Historia. No creía en la posibilidad de darle vuelcos revolucionarios ni tampoco en la legitimación acrítica del *statu quo*. Era obvio que el mundo presente era malo, pero en él se podía ya vivir de una manera diferente. Era innegable también que las soluciones revolucionarias podían atraer a la gente, pero que, en general, resultarían origen de males sin cuento. En ambos casos, Jesús abogaba por un cambio espiritual que pudiera distanciarse tanto de los galileos sublevados contra Roma como del Pilato que los había ejecutado (Lucas 13, 1 y sigs.).

Con todo, para Jesús este mundo no era una suma de absurdos —a pesar de la maldad que hallamos en él—, sino un cosmos ordenado en el que Dios interviene providencialmente haciendo llover tanto sobre justos como sobre injustos (Mateo 5, 45) y en el que intervendrá al final de la Historia para hacer reinar la justicia. Precisamente por ello, ni la angustia ni la ciega ambición pueden ser los motores de la actividad humana, sino, más bien, la confianza en que todo tiene sentido —aunque este se nos escape— y que ese sentido se halla en las manos de un Dios de amor, deseoso de aceptar a los extraviados seres humanos como hijos.

La predicación de Jesús al respecto resultaba muy obvia, y a ella y a los actos de caridad se dedicó de manera incansable durante su ministerio en Galilea. Sin embargo, lo que le esperaba no era una recepción entusiasta de la población, sino una respuesta formalmente aciaga.

EL DESCENSO A JERUSALÉN Y LA EJECUCIÓN DE JESÚS

El ministerio de Jesús en Galilea —en el que hay que insertar varias subidas a Jerusalén, con motivo de las fiestas judías, narradas sobre todo en el Evangelio de Juan— fue seguido por un ministerio de paso por Perea (narrado casi en exclusiva por Lucas) y el año 30 d. C., la bajada última a Jerusalén, donde se produjo su entrada en medio del entusiasmo de buen número de peregrinos que habían bajado a celebrar la Pascua y que conectaron el episodio con la profecía mesiánica de Zacarías 9, 9 y sigs.

Contra lo que se afirma en alguna ocasión, es imposible cuestionar el hecho de que Jesús contaba con morir de forma violenta. De hecho, la práctica totalidad de los historiadores da hoy por seguro que esperaba que así sucediera y que así se lo comunicó a sus discípulos más cercanos. Su conciencia de ser el Siervo de Yahveh del que se habla en Isaías 53 (Marcos 10, 43-45), un personaje inocente que moriría por la salvación de los demás, o la mención a su próxima sepultura (Mateo 26, 12) apenas unos días antes de su prendimiento, son solo algunas de las circunstancias que obligan a llegar a esa conclusión.

De hecho, cuando Jesús entró en Jerusalén durante la última semana de su vida ya había concitado frente a él la oposición de un amplio sector de las autoridades religiosas judías, que consideraban su muerte como una salida aceptable e incluso deseable (Juan 11, 47 y sigs.) y que no vieron con agrado la popularidad de Jesús entre los asistentes a la fiesta. Durante algunos días, fue tanteado por diversas personas en un intento de atraparlo en falta o quizá solo de asegurar de modo irrevocable su destino final (Mateo 22, 15 y sigs. y paralelos).

La noche de su prendimiento, en el curso de la cena de Pascua, Jesús anunció la inauguración del Nuevo Pacto de Dios al que había hecho referencia medio milenio antes el profeta Jeremías (31, 27 y sigs.). Pero, de una manera extraordinariamente audaz, Jesús lo declaró basado en su próxima muerte, considerada de manera sacrificial y expiatoria. Tras concluir la celebración, consciente de lo cerca que se hallaba de su prendimiento, Jesús se dirigió a orar a Getsemaní junto con algunos de sus discípulos más cercanos.

Aprovechando la noche y valiéndose de la traición de uno de los apóstoles, las autoridades del templo —en su mayor parte saduceas— se apoderaron de él.

El interrogatorio, lleno de irregularidades, se celebró ante el Sanhedrín e intentó esclarecer, si es que no imponer, la tesis de que existían causas para condenarlo a muerte (Mateo 26, 57 y sigs. y paralelos). La cuestión se decidió en ese sentido sobre la base de testigos que aseguraban que Jesús había anunciado la destrucción del Templo (algo que tenía una clara base real, aunque con un enfoque radicalmente distinto al expuesto por la acusación) y sobre el propio testimonio del acusado que se identificó como el mesías-Hijo del hombre al que hace referencia la profecía contenida en el libro del profeta Daniel (7, 13).

El problema fundamental para llevar a cabo la ejecución de Jesús arrancaba de la imposibilidad por parte de las autoridades judías de aplicar la pena de muerte, una competencia de la que habían sido privadas por Roma. Cuando el preso fue llevado con esta finalidad ante el gobernador romano Pilato (Mateo 27, 11 y sigs. y paralelos), este comprendió que ante él se planteaba una cuestión meramente religiosa que no le afectaba y eludió en un principio comprometerse en el asunto. Posiblemente fue entonces cuando los acusadores comprendieron que solo un cargo de carácter político podría abocar a la condena a muerte que buscaban. En armonía con esta conclusión, indicaron a Pilato que Jesús era un sedicioso (Lucas 23, 1 y sigs.). Pero aquel, al averiguar que el acusado era galileo, y valiéndose de un problema de competencia legal, remitió la causa a Herodes (Lucas 23, 6 y sigs.), librándose en ese momento de dictar sentencia. Al parecer, Herodes no encontró políticamente peligroso a Jesús y, tal vez, no deseando hacer un favor a las autoridades del Templo apoyando su punto de vista en contra del mantenido hasta entonces por Pilato, prefirió devolvérselo a este. El romano le aplicó entonces una pena de flagelación (Lucas 23, 13 y sigs.), quizá con la idea de que sería suficiente escarmiento[16] y que los acusadores de Jesús se darían por satisfechos. Sin embargo, la mencionada

16 Véase, en este sentido, A. Sherwin-White, *Roman Society and Roman Law in the New Testament,* Oxford, 1963.

medida no quebrantó lo más mínimo el deseo de las autoridades judías de que Jesús fuera ejecutado. Cuando Pilato les propuso soltarlo acogiéndose a una costumbre —de la que también nos habla el Talmud— en virtud de la cual se podía liberar a un preso por Pascua,una multitud, tal vez reunida por los sacerdotes judíos, pidió que se pusiera en libertad a un delincuente llamado Barrabás en lugar de a Jesús (Lucas 23, 13 y sigs. y paralelos). Ante la amenaza de que aquel asunto llegara a oídos del emperador y el temor de acarrearse problemas con este, Pilato optó al final por condenar a Jesús a la muerte en la cruz.

El reo se hallaba tan extenuado por el suplicio sufrido que tuvo que ser ayudado a llevar el instrumento de tormento (Lucas 23, 26 y sigs. y paralelos) por un extranjero, cuyos hijos serían cristianos después (Marcos 15, 21; Romanos 16, 13). Crucificado junto con dos delincuentes comunes, Jesús murió al cabo de unas horas. Para entonces la mayoría de sus discípulos habían huido a esconderse —la excepción sería el discípulo amado de Juan 19, 25-26, y algunas mujeres entre las que se encontraba su madre— y uno de ellos, Pedro, le había negado en público varias veces.

Valiéndose de un privilegio concedido por la ley romana relativa a los condenados a muerte, el cuerpo fue depositado en la tumba propiedad de José de Arimatea, un discípulo secreto de Jesús. Sus enseñanzas podían haber sido, además de originales, sublimes. Ahora parecía que todo había terminado.

«… Cristo fue muerto por nuestros pecados, conforme a las Escrituras, y fue sepultado, conforme a las Escrituras, y se apareció a Pedro, y después a los Doce. Después se apareció a más de quinientos hermanos juntos, de los que muchos viven aún, aunque algunos ya han muerto. Después se apareció a Santiago; después a todos los apóstoles, y el último de todos, como si fuera un aborto, a mí».

(I Corintios 15, 3-8)

«Solamente tenían en su contra ciertas cuestiones acerca de su superstición y de un tal Jesús, muerto, que afirmaba que estaba vivo».

(Hechos 25, 19)

2

LA NUEVA FE ALCANZA AL IMPERIO ROMANO

EL MOVIMIENTO SOBREVIVE A LA MUERTE DE JESÚS

La ejecución de Jesús en la cruz debió de provocar en sus contemporáneos la sensación —seguramente de alivio para no pocos— de que todo lo relacionado con él podía darse por terminado. Para Pilato significaba, desde luego, la conclusión de un engorroso episodio susceptible de ocasionar molestias sin cuento; para las autoridades judías del Sanhedrín implicaba también la desaparición de un elemento conturbador en medio de las relaciones, por lo general buenas, con Roma (Juan 11, 45 y sigs.). Ni siquiera los seguidores de Jesús se sustrajeron a la sensación de que todo había acabado. El relato de los discípulos de Emaús recogido en Lucas 24, 13 y sigs. muestra que incluso entre los más cercanos a él habían cundido el desánimo y el desconcierto, amén de la sensación de que las esperanzas relacionadas con Jesús podían darse por finiquitadas.

La razón de que al final el cristianismo no fuera uno de tantos movimientos mediterráneos muertos apenas nacidos se debió a un acontecimiento que sobrepasa el terreno de lo meramente histórico para adentrarse de lleno en el de la fe religiosa. A los tres días de llevarse a cabo la sepultura de Jesús, algunas mujeres, que habían ido a llevar aromas para el cadáver, encontraron el sepulcro vacío (Lucas

24, 1 y sigs. y paralelos). En el espacio de apenas unas horas algunos de los seguidores de Jesús fueron informados de que no solo aquellas mujeres habían hallado la tumba abierta y sin el cuerpo del ejecutado en su interior, sino también de que se les había anunciado la resurrección del mismo (Lucas 24, 22-3).

La primera —y comprensible— reacción de los discípulos al escuchar que Jesús había resucitado fue de incredulidad (Lucas 24, 11). Algunos sectores del judaísmo —como los fariseos— afirmaban la creencia en la resurrección de los muertos, pero no la de anticipos históricos de ese magno evento escatológico. Incluso aunque la idea de un mesías sufriente y muerto no era ajena al judaísmo como se desprende de diversos textos del Talmud[1], sin embargo, se afirmaba que este sería arrebatado hasta la presencia de Dios, de donde regresaría al final de los tiempos para inaugurar el mundo venidero.

Pese a todos estos aspectos contrarios, lo cierto es que la creencia en la resurrección de Jesús se extendió en un plazo brevísimo. Pedro, uno de sus discípulos más cercanos, quedó convencido de la realidad de lo que las mujeres habían anunciado tras visitar el sepulcro (Lucas 24, 12; Juan 20, 1 y sigs.), y en el curso de pocas horas varios discípulos afirmaron haber visto a Jesús resucitado (Juan 20, 24 y sigs.).

La afirmación podría haber sido descartada con absoluta facilidad si las autoridades judías o romanas hubieran podido presentar el cuerpo muerto de Jesús, pero, para desgracia suya, tal circunstancia se reveló imposible. Incluso, en un plazo de tiempo muy breve, el fenómeno dejó de circunscribirse a los seguidores de Jesús y trascendió a los confines del grupo.

Un par de décadas después de la muerte de Jesús, las fuentes[2] hacen referencia a una multitud de testigos de la resurrección de los que algunos de los más significativos no habían formado parte de los discípulos inicialmente. Así, Santiago, el hermano de Jesús, que no había aceptado con anterioridad las pretensiones de este, pasó ahora a creer en él como consecuencia de una de estas apariciones (I Corintios 15, 7). Para entonces, según la misma fuente, Jesús se

---

1 Al respecto, véase: C. Vidal, *Los primeros cristianos...*, Madrid, págs. 308 y sigs.

2 El testimonio más importante —aunque en absoluto único—, en I Cor 15, 1 y sigs.

había aparecido ya a más de quinientos discípulos a la vez y muchos vivían todavía un par de décadas después (I Corintios 15, 6).

Las escuelas interpretativas de la denominada «Alta crítica» han intentado desde finales del siglo XIX explicar los datos de los Evangelios al respecto como relatos cargados de simbolismo. Lo cierto, sin embargo, es que semejante pretensión implica un grave desconocimiento de la época en que se escribieron, pero, sobre todo, pasa por alto el hecho de que aquellos que decidieron unirse al grupo de los seguidores de Jesús no lo hicieron por la riqueza simbolista de su predicación, sino porque estaban en absoluto convencidos de que el crucificado se había levantado de entre los muertos (Hechos 2, 14 y sigs.).

Para ellos no existía el problema —tan común en algunos teólogos contemporáneos— de intentar adaptar a una visión marcadamente escéptica enseñanzas religiosas incompatibles con la misma. Desde su punto de vista, la afirmación de que Jesús había resucitado no significaba otra cosa que el hecho de que había sido ejecutado en la cruz pero había regresado de la muerte con un cuerpo transformado que le había permitido incluso comer con sus discípulos (Lucas 24, 36-43; Juan 21, 10-14). Cualquier otro significado —por muy hermoso que pueda parecernos a finales del siglo XX— carecía de sentido para ellos y, desde luego, no les hubiera impulsado a adoptar una forma de vida difícil y despreciada.

Esta circunstancia explica hasta qué punto la creencia en la resurrección no solo no nació de la comunidad cristiana, sino que, por el contrario, el grupo inicial de discípulos brotó de aquella. De hecho, las experiencias concretas del resucitado provocaron un cambio radical en los hasta entonces atemorizados discípulos que, solo unas semanas después, se enfrentaron con denuedo a las mismas autoridades que habían orquestado la muerte de Jesús (Hechos 4). En términos históricos resulta difícil discutir que sin la fe convencida en que «a este Jesús lo resucitó Dios de lo cual todos nosotros somos testigos» (Hechos 1, 32) el cristianismo se hubiera visto abortado antes de nacer. Por el contrario, su expansión geográfica en apenas unos años resultó en verdad espectacular.

El entramado teológico del cristianismo que conocemos a través de las páginas del Nuevo Testamento estaba del todo configurado ya a las pocas semanas de la muerte de Jesús y, de hecho, los primeros escritos cristianos fueron en buena medida o testimonio de esas creencias ya establecidas o traducción de estas al lenguaje cultural de pueblos distintos del judío a los que iba alcanzando la nueva fe. Afirmaciones esenciales como las de que Jesús era el mesías que había cumplido las profecías contenidas en el Nuevo Testamento, que era el Hijo de Dios, que su muerte era la expiación por el pecado, que había resucitado al tercer día o que regresaría a juzgar a los vivos y a los muertos aparecen vez tras vez en las fuentes más antiguas (Hechos 2, 3 y 4), y hasta el día de hoy siguen constituyendo el núcleo de la doctrina cristiana por encima de las distintas divisiones confesionales producidas históricamente.

A pesar de la oposición inicial de las autoridades judías que se tradujo en encarcelamientos (Hechos 8, 1 y sigs.; 12, 1 y sigs.), flagelaciones y algunas muertes (Hechos 7, 54 y sigs.; 12, 1 y sigs.)[3], el cristianismo no optó por una vía de oposición violenta al poder establecido, pero sí señaló que, entre la disyuntiva de someterse a las autoridades o a determinados principios morales considerados superiores, su actitud sería la de «obedecer a Dios antes que a los hombres» (Hechos 5, 29).

Junto con esa visión crítica del poder, prácticamente a los pocos meses de la muerte de Jesús, el cristianismo ya había comenzado también a romper las barreras étnicas típicas del judaísmo. Sobre el año 32-33 d. C. tenemos noticia de la aceptación en el seno de la nueva fe de prosélitos de Samaria (¡el pueblo archienemigo de Israel!) (Hechos 8, 5 y sigs.) y de Etiopía (Hechos 8, 26 y sigs.), así como de la expansión en zonas gentiles como Damasco (Hechos 8, 10), Lida o Sarón (Hechos 8, 36). Pero —lo que resulta más importante— también se produjo la entrada de los primeros gentiles. El relato —contenido en Hechos 10 y 11— indica que los primeros conversos eran miembros de la familia de un centurión romano de Cesarea, y que su inclusión en el seno de la incipiente comunidad vino de la mano de Pedro sobre la base del principio de que «ahora entiendo que Dios no hace acepción de personas, sino que siente agrado por todo aquel que en toda nación le teme y hace lo correcto» (Hechos 10, 33-4).

3 Un relato de este primer periodo del cristianismo con abundante bibliografía véase la segunda parte de C. Vidal, *Los primeros cristianos...*

Desde su mismo nacimiento, la nueva fe mostró, por lo tanto, una tendencia cosmopolita relacionada —y no debería extrañarnos— con los discípulos judíos más cercanos a Jesús. No era el único aspecto en que la herencia específica de Jesús era seguida por el movimiento que predicaba su mesianidad, muerte y resurrección. Ya en sus prístinos inicios, la comunidad cristiana afincada en Jerusalén había optado por mantener un sistema de asistencia a los necesitados (Hechos 2, 43- 47; 4, 33-37) que perseguía la erradicación de la pobreza y que, al parecer, funcionó con cierto éxito aunque tuviera que irse sofisticando precisamente para evitar los roces que planteaba su aplicación al crecer el número de miembros de la comunidad (Hechos 6, 1 y sigs.).

A menos de una década de la muerte de Jesús, el cristianismo iba mostrando ya de manera muy distintiva algunos de los rasgos que lo diferenciarían —y definirían— de otras creencias de la época. Al etnicismo nacionalista oponía el universalismo y la negación de la discriminación por cualquier razón personal; a la sumisión acrítica al poder, una visión realista y crítica de este sustentada sobre valores que consideraba superiores; a la inmediatez, un sentido finalista de la Historia que concluiría cuando Jesús regresara a juzgar a los vivos y a los muertos; y al aislacionismo social propio de otros grupos religiosos, la búsqueda del final de la pobreza con acciones concretas y prácticas derivadas de la propia comunidad cristiana. En todos y cada uno de los casos, la nueva comunidad podía remitirse a la enseñanza de Jesús; en todos y cada uno de los casos, presentaba una fresca originalidad que contaría con un dilatado futuro.

PABLO Y LA EXPANSIÓN DEL CRISTIANISMO EN EUROPA[4]

Pese a todo lo anterior, casi durante un par de décadas desde su nacimiento, el cristianismo quedó muy circunscrito geográficamente a uno de los extremos del imperio. Es cierto que la expansión por Samaria o por Siria —y eso entre samaritanos y sirios, no solo

4 La bibliografía acerca de Pablo es extensísima. De especial interés, por la discusión de la problemática sobre esta figura, es con abundante bibliografía: C. Vidal, *Pablo el judío de Tarso,* Madrid, 2006, Idem, «Pablo», en *Diccionario de Jesús...*; ídem, «Pablo de Tarso», en *Diccionario histórico del cristianismo,* Estella, 1999; F. F. Bruce, *Paul and Jesus,* Grand Rapids, 1982; J. A. Fitzmyer, *Teología de san Pablo,* Madrid, 1975; M. Hengel, *The Pre-Christian Paul,* Filadelfia, 1991; E. Cothenet, *San Pablo y su tiempo,* Estella, 1995.

entre judíos— implicaba un salto cuya trascendencia se nos escapa en buena medida en la actualidad. Sin embargo, basta observar un mapa para percatarse de que aquella fe no arrancaba de los límites, no precisamente amplios, del mundo bíblico.

La salida de esa zona del Mediterráneo y —lo que resulta históricamente más importante— el paso de la nueva fe a Europa iban a estar relacionados con un personaje llamado Pablo de Tarso. Nació en Tarso con el nombre de Saulo o Saúl en una fecha cercana al 10 d. C. Aunque se ha insistido hasta la saciedad en que Saulo era un judío helenizado, en que se hallaba del todo —o en buena medida— separado de sus raíces hebreas y en que a él debe atribuirse la fundación del cristianismo, lo cierto es que ninguna de estas tres afirmaciones soporta el escrutinio de las fuentes[5].

En verdad, Saulo era ciudadano romano al parecer en virtud de una concesión recibida por su familia, pero, por lo demás, su judaísmo hay que identificarlo con el estricto de Palestina y no con el más helenizado de la Diáspora. Miembro de la tribu de Benjamín —a fin de cuentas llevaba el nombre del único rey, Saúl, que había pertenecido también a la misma—, no estudió en el extranjero, sino en Jerusalén, y además con el rabino Gamaliel. No debe sorprender por ello que se adhiriera al grupo estricto de los fariseos (Filipenses 3). Son distintas —y unánimes— las fuentes que mencionan su animadversión inicial hacia el cristianismo. En torno al año 33 d. C. participó incluso en el linchamiento del judeocristiano Esteban (Hechos 7), un episodio que se produjo aprovechando un vacío de poder romano en Jerusalén[6]. Tras su intervención en este hecho, Pablo fue comisionado por el Sanhedrín judío a fin de que viajara a Damasco y prendiera a los cristianos de esta ciudad (Hechos 9, 1 y sigs.). En este viaje se iba a producir un acontecimiento, sin embargo, que alteraría de forma sustancial el curso de su existencia y, con ello, el de la Historia universal.

Cuando se hallaba relativamente cerca de la mencionada ciudad, Saulo experimentó una visión de Jesús resucitado que le reprendió la manera en que estaba persiguiendo a sus discípulos y

5 En este sentido, de especial interés es la obra de M. Hengel, *The Pre-Christian Paul*, Filadelfia, 1991.

6 Sobre la muerte de Esteban con bibliorafía, véase C. Vidal *El judeocristianismo...*, págs 129 y sigs.

que le instó a unirse a ellos. El mismo Pablo dejó un repetido testimonio de este episodio en sus escritos (I Corintios 15, 1 y sigs.; Gálatas 1 y sigs., etc.). Los intentos de explicar el episodio en cuestión han sido diversos, pero lo cierto es que no alteran los hechos históricos concretos: Saulo quedó convencido de la resurrección de Jesús por aquella visión, abrazó la nueva fe y se entregó con fervor a su expansión. Algunos años después relataría que aquel encuentro en el camino de Damasco era lo que había cambiado su vida y apuntaría al paralelo de su experiencia con la de centenares de personas que aún vivían (I Corintios 15, 1 y sigs.).

Cegado temporalmente, Saulo fue llevado a Damasco, donde fue bautizado e instruido en la nueva fe y de donde tuvo que huir de manera clandestina para evitar ser asesinado por un grupo de judíos que se resintieron de sus creencias (Hechos 8, 20 y sigs.). Hacia el año 35 d. C. bajó a Jerusalén con la intención de contrastar sus creencias con las del grupo de discípulos más cercanos a Jesús. En contra de lo que ha repetido vez tras vez la «Alta crítica» desde el siglo XIX, las fuentes de la época nos informan de que Saulo pudo comprobar que su comprensión del cristianismo era similar a la de los dirigentes judeocristianos de esta ciudad (Gálatas 1, 18 y sigs.), incluyendo a Pedro, a Santiago y a Juan.

Se trataba de un hombre ya entusiasmado con la idea de extender la nueva fe, pero durante más de una década llevó una existencia más bien tranquila. Del año 35 al 46 estuvo en Siria y Cilicia (Gálatas 1), estableciéndose por fin en la comunidad cristiana de Antioquía. Esta había manifestado desde el principio un interés muy especial por hacer llegar la nueva fe a los no-judíos y era el lugar donde por primera vez —y casi con seguridad en tono despectivo— los discípulos habían sido llamados «cristianos» (Hechos 11, 26). Es muy posible que para Pablo —un judío de acusada etnicidad hasta entonces— resultara sorprendente el comprobar que la nueva fe no se cerraba sobre sí misma y sobre sus miembros predominantemente (exclusivamente en un primer momento) judíos. De hecho, su paso por Antioquía coincidió con la apertura de la nueva fe a los gentiles que Pedro había llevado a cabo en Cesarea (Hechos 10 y 11).

Hacia el año 46, Saulo volvió a descender a Jerusalén (Hechos 11, 29-30; Gálatas 2, 1 y sigs.), donde tanto él como un amigo llamado Bernabé recibieron el beneplácito de los dirigentes judeocristianos para ocuparse de la evangelización entre los gentiles. Fue así como se originaría lo que convencionalmente se conoce como el primer viaje misionero de Pablo (47-8 d. C.). Se trató de un periplo que tendría importantísimas consecuencias. En el curso del mismo, por ejemplo, alcanzó por primera vez tierra europea, aunque se limitó a la isla de Chipre —Bernabé era chipriota— y Galacia. Pero, sobre todo, poco después motivó el que Saulo —a partir de entonces llamado Pablo, quizá como una forma de congraciarse con sus prosélitos de origen no-judío— escribiera la primera de sus epístolas, la dirigida a los gálatas. Redactada en el año 48 d. C., ya hemos indicado en otro lugar[7] cómo constituye uno de los documentos más importantes de la Historia de la Humanidad. Tras su marcha de las comunidades fundadas por Pablo en Galacia, estas recibieron la visita de algunos judeocristianos que deseaban mantener enclaustrada a la nueva fe en los estrechos límites del judaísmo. De acuerdo con sus enseñanzas, los nuevos fieles debían circuncidarse y guardar la ley de Moisés si deseaban salvarse; en otras palabras, para ser cristianos debían ser primero y ante todo judíos. El cristianismo quedaba así reducido a ser un movimiento en el seno del judaísmo. El más completo, el único del todo realizado si se deseaba, pero un movimiento judío más a fin de cuentas.

La tesis de Pablo es radicalmente opuesta a lo expresado por los judeocristianos que habían perturbado a sus prosélitos, y para dejar de manifiesto lo peligroso de su postura redactó el escrito que conocemos como Carta o Epístola a los Gálatas. Se trata de una obra breve. Dividida en la actualidad en seis capítulos, en su conjunto se extiende a lo largo de cinco o seis páginas en cualquier edición de la Biblia.

Pablo comienza su epístola indicando cuál ha sido su trayectoria vital. Para empezar, desea dejar claro que su labor no arranca de la legitimidad que deriva de una institución humana, sino del propio Jesús (1, 12). A diferencia de sus adversarios que, quizá, habían intentado imponer sus puntos de vista apelando a alguna autoridad humana, Pablo señalaba que él debía solo a Jesús precisamente el haber pasado de ser un antiguo perseguidor del cristianismo (1,

7 C. Vidal, *Los textos que cambiaron la Historia,* Barcelona, 1998, págs. 103 y sigs.

13-4) a cristiano. No es que con esta afirmación deseara distanciarse de los otros apóstoles o descalificarlos, pero sí quería dejar de manifiesto que, en primer lugar, no existía una jerarquía que pudiera imponer sus opiniones sobre las de él; segundo, que lo que él predicaba no se contradecía con lo que aquellos anunciaban, y tercero, que la guía de los creyentes no podía ser nunca la de uno o varios hombres, sino solo el Evangelio.

La manera en que Pablo desarrolla estos aspectos en los dos primeros capítulos de la carta es en verdad brillante. Para empezar, señala que aunque había tenido la posibilidad de visitar Jerusalén dos veces después de su conversión y charlar con Pedro, Juan y Santiago, en ningún momento descalificaron lo que él enseñaba. Además, habían compartido su postura de no obligar a los gentiles a convertirse en judíos solo porque habían creído en Jesús. De hecho, Tito, uno de sus colaboradores más cercanos «con todo y siendo griego» (2, 3), no había sido obligado a someterse a la circuncisión pese a las presiones que en este sentido habían realizado algunos judeocristianos, y tanto él como Bernabé habían sido reconocidos por los apóstoles como las personas que debían encargarse de transmitir el Evangelio a los gentiles (2, 9-10). Pablo reconocía que, en el curso del proceso de no someter al judaísmo a los cristianos de origen gentil, se había visto sometido a ataques en medio de los que no todos habían sabido mantenerse a la altura de las circunstancias. A este respecto, el comportamiento del apóstol Pedro en Antioquía había constituido un verdadero ejemplo de cómo no debían hacerse las cosas. La reacción de Pablo ante ese comportamiento que vulneraba los principios más elementales del Evangelio había sido fulminante:

> ...cuando vi que no caminaban correctamente de acuerdo con la verdad del Evangelio dije a Pedro delante de todos: ¿Por qué obligas a los gentiles a judaizar cuando tú, pese a ser judío, vives como los gentiles y no como un judío? Nosotros, que hemos nacido judíos, y no somos pecadores gentiles, sabemos que el hombre no es justificado por las obras de la ley, sino por la fe en Jesús el mesías, y hemos creído asimismo en Jesús el mesías a fin de ser justificados por la fe en el mesías y no por las obras de la ley, ya que por las obras de la ley nadie será justificado (2, 14-16).

Con un valor que hoy resultaría difícil de concebir en situaciones equivalentes, Pablo había reprendido en público a Pedro acusándolo de actuar con hipocresía y contribuir con ello a desvirtuar el mensaje del Evangelio. Este, de acuerdo a Pablo, señalaba que la justificación no procedía de cumplir las obras de la ley, sino, por el contrario, de creer en Jesús el mesías, una cuestión reconocida en octubre de 1999 por una declaración conjunta de teólogos católicos y luteranos. Precisamente por ello, el someter a los gentiles a un comportamiento propio de judíos no solo era un sinsentido, sino que contribuiría a que estos creyeran que su salvación podía derivar de su sumisión a la ley y no de la obra realizada por Jesús. Para Pablo este aspecto resultaba tan esencial que no dudó en formular una afirmación, clara, tajante y trascendental, la consistente en señalar que si alguien pudiera obtener la salvación por obras no hubiera hecho falta que Jesús hubiera muerto en la cruz:

> ...lo que ahora vivo en la carne, lo vivo en la fe del Hijo de Dios, que me amó y se entregó por mí. No rechazo la gracia de Dios, ya que si fuese posible obtener la justicia mediante la ley, entonces el mesías habría muerto innecesariamente (2, 20-21).

La afirmación de Pablo resultaba tajante (la salvación se recibe por la fe en el mesías y no por las obras) y no solo había sido aceptada previamente por los personajes más relevantes del cristianismo primitivo, sino que incluso podía retrotraerse a las enseñanzas de Jesús. De hecho, Pablo podía citar precedentes de su enseñanza sobre la justificación por la fe en el mismo Antiguo Testamento y, más concretamente, de su primer libro, el del Génesis, ya que en este se relata (Génesis 15, 6) cómo Abraham, el antepasado del pueblo judío, fue justificado ante Dios, pero no por obras o por cumplir la ley mosaica (que es varios siglos posterior), sino por creer. Como indica Génesis: «Abraham creyó en Dios y le fue contado por justicia». Esto —como bien supo ver Pablo— tenía una enorme importancia no solo por la especial relación de Abraham con los judíos, sino también porque cuando Dios lo había justificado por la fe ni siquiera estaba circuncidado. En otras palabras, una persona puede salvarse por creer sin estar circuncidado ni seguir la ley mosaica, y el ejemplo más obvio de ello era el propio Abraham, el padre de los judíos. Por añadidura, Dios había prometido bendecir a los gentiles no mediante la ley mosaica, sino a través de la descendencia de Abraham, lo que significa el mesías:

> ... a Abraham fueron formuladas las promesas y a su descendencia. No dice a sus descendientes, como si se refiriera a muchos, sino a uno: a tu descendencia, que es el mesías. Por lo tanto, digo lo siguiente: el pacto previamente ratificado por Dios en relación con el mesías no lo deroga la ley que fue entregada cuatrocientos treinta años después porque eso significaría invalidar la promesa, ya que si la herencia fuera por la ley, ya no sería por la promesa, y, sin embargo, Dios se la otorgó a Abraham mediante la promesa (3, 16).

El argumento de Pablo es de una enorme solidez porque muestra que más de cuatro siglos antes de la ley mosaica e incluso antes de imponer la marca de la circuncisión, Dios había justificado a Abraham por la fe y le había prometido bendecirle no a él solo, sino a toda la Humanidad, mediante un descendiente suyo. Ahora bien, la pregunta que surgía entonces resulta obligada: ¿para qué había dado Dios la ley a Moisés? La respuesta de Pablo era de nuevo radicalmente clara. Si Dios había entregado la ley a Israel, había sido como una medida meramente pedagógica y no como el final de un proceso:

> Entonces, ¿para qué sirve la ley? Fue añadida por causa de las transgresiones *hasta que viniese la descendencia* a la que se había hecho la promesa... antes que viniese la fe, estábamos confinados bajo la ley, recluidos en espera de aquella fe que tenía que ser revelada de tal manera que la ley ha sido nuestro ayo para llevarnos hasta el mesías, para que fuéramos justificados por la fe; pero llegada la fe, *ya no estamos bajo ayo,* pues todos sois hijos de Dios por la fe en Jesús el mesías (3, 19-26).
>
> [...]
>
> También digo que mientras el heredero es niño no se diferencia en nada de un esclavo aunque sea señor de todo. Por el contrario, se encuentra sometido a tutores y cuidadores hasta que llegue el tiempo señalado por su padre. Lo mismo nos sucedía a nosotros cuando éramos niños: estábamos sometidos a la esclavitud de acuerdo con los rudimentos del mundo. Sin embargo, cuando llegó el cumplimiento del tiempo, Dios envió a su Hijo, nacido

> de una mujer y nacido bajo la ley, para que redimiese a los que estaban bajo la ley, a fin de que recibiéramos la adopción de hijos (4, 1-5).

La ley de Moisés era de origen divino y, por supuesto, había tenido un papel en los planes salvadores de Dios, pero ese papel era limitado en el tiempo, extendiéndose desde su entrega en el Sinaí hasta la llegada del mesías. También era limitado su papel en términos espirituales. Fundamentalmente, cumplía una misión de preparar a las personas para reconocer al mesías. Igual que el esclavo denominado por los griegos *paidagogos* (ayo) acompañaba a los niños a la escuela pero carecía de papel una vez que estos llegaban al estado adulto, la ley servía para mostrar a los hombres que el camino de la salvación no se podía encontrar en las obras, sino en la fe en el mesías.

De esto además se desprendía otra consecuencia no carente de relevancia y que podía hundir sus raíces en la propia enseñanza de Jesús. En la nueva comunidad, la raza, la nación, la condición social, incluso el género sexual carecían de importancia. Por primera vez en la Historia, una comunidad religiosa se convertía en totalmente universal:

> Ya no hay judío ni griego; no hay esclavo ni libre; no hay varón ni mujer; porque todos vosotros sois uno en Jesús el mesías y sois del mesías, sois realmente linaje de Abraham y herederos de acuerdo con la promesa (3, 28-29).

Semejantes palabras, sin duda, podían ser interpretadas de manera muy ofensiva por los judíos de la época de Pablo, ya que separaban, en un sentido espiritual, de Israel a un número considerable de ellos y por añadidura concedía tal consideración a gentiles de origen pagano. Con todo —insistamos en ello— Pablo no era, en absoluto, original. Podrían incluso mencionarse algunos precedentes en el propio judaísmo. De hecho, fue Juan el Bautista y no Pablo el que señaló que solo aquellos que se volvían a Dios eran hijos de Abraham y no todos sus descendientes, ya que Dios podía levantar hijos de Abraham hasta de las piedras (Lucas 3, 8-9 y paralelos). De la misma manera, Isaías, quizá el profeta más importante del Antiguo Testamento, consideró que los judíos contemporáneos que se negaban a volverse a Dios no eran tales judíos, sino miembros de Sodoma y Gomorra (Isaías 1, 10).

La desvinculación de la ley mosaica —indispensable para que el cristianismo fuera lo que debía ser— no iba a implicar, sin embargo, el seguimiento de un rumbo de relajación moral. En realidad, debía traducirse en un compromiso ético del todo diferente de libertad, pero no de libertinaje, que, por sus propias características, tenía que superar a la normativa de la ley mosaica:

> Por lo tanto, permaneced firmes en la libertad con que el mesías nos liberó y no os sujetéis de nuevo al yugo de la esclavitud... del mesías os desligasteis los que os justificáis por la ley, de la gracia habéis caído... porque en el mesías Jesús ni la circuncisión ni la incircuncisión tienen valor sino la fe que actúa mediante el amor... porque vosotros, hermanos, fuisteis llamados a la libertad solo que no debéis usar la libertad como excusa para la carne, sino que debéis serviros los unos a los otros por amor, ya que toda la ley se cumple en esta sola frase: Amarás a tu prójimo como a ti mismo (5, 1, 6, 13-4).

Lo que tenía que caracterizar, pues, sobre todo al creyente era el hecho no de que se había visto liberado de la ley y caía en una especie de indeterminación ética, sino, por el contrario, que ahora, como hijo de Dios y descendiente espiritual de Abraham, se sometía al Espíritu Santo. Esto debía tener como consecuencia su repulsa ante las obras de la carne y su caracterización por los frutos del Espíritu:

> Por lo tanto, digo: Andad en el Espíritu y no satisfagáis los deseos de la carne porque el deseo de la carne es contrario al Espíritu y el del Espíritu es contrario al de la carne... Sin embargo, si sois guiados por el Espíritu no os encontráis bajo la ley. Las obras de la carne son evidentes: adulterio, fornicación, inmundicia, lascivia, idolatría, hechicerías, enemistades, disensiones, envidias, iras, contiendas, enfrentamientos, herejías, celos, homicidios, borracheras, orgías y cosas similares a estas, sobre las que os amonesto, como ya he dicho con anterioridad, que los que las practican no heredarán el reino de Dios. Pero el fruto del Espíritu es amor, alegría, paz, paciencia, benignidad, bondad, fe,

mansedumbre, gobierno de uno mismo. Contra estas cosas no existe ley (5, 16-23).

Sin duda, el modelo ético de Pablo era más difícil que el centrado en el cumplimiento de la ley, en la medida en que implicaba no tanto ceñirse a un código moral como incorporar una serie de principios éticos coronados por el del amor al prójimo. Que se trataba de una concepción inspirada en la de Jesús resulta innegable, pero que de ella se derivaba una enorme dificultad práctica también resulta imposible de discutir. Precisamente por ello, Pablo insistía en la necesidad de someterse a esa nueva vida del Espíritu sin desanimarse por los posibles contratiempos y de comprender que lo importante en Jesús es transformarse en una nueva criatura:

> No os engañéis. De Dios nadie se burla porque todo lo que el hombre siembra, lo segará. Porque el que siembra para su carne, segará corrupción de la carne, pero el que siembra para el Espíritu, segará vida eterna del Espíritu. Por lo tanto, no nos cansemos de hacer el bien, porque llegado el tiempo segaremos si no hemos desfallecido... en Jesús el mesías no tienen ningún valor ni la circuncisión ni la incircuncisión, sino una nueva creación (6, 7-9, 15).

Examinadas con la perspectiva de casi veinte siglos, hay que señalar que las conclusiones expuestas por Pablo en la Epístola a los gálatas no podían resultar más trascendentales. En primer lugar, el apóstol dejaba de manifiesto que la salvación era por fe sin las obras de la ley y que los cristianos gentiles no estaban sometidos a esta última. De esto se derivaba que la nueva fe era universalista, repudiando las divisiones por razón de cultura, raza, condición social o género sexual, pero que además el profesarla implicaba un compromiso ético profundo que se resumía en el amor al prójimo. Lejos, sin embargo, de manifestarse como un pensador original, Pablo insistía en que estos puntos de vista eran compartidos por los judeocristianos de Palestina sin excluir al mismo Pedro, aunque este en algún caso no hubiera sido consecuente consigo mismo por razones de estrategia misionera, lo que había provocado una discusión en Antioquía con Pablo (Gálatas 2, 11 y sigs.).

La visión universalista de Pablo —con precedentes explícitos en Jesús, Pedro o la comunidad de Antioquía— se vio del todo consagrada en torno al año 49 d. C., en lo que se denomina convencionalmente el Concilio de Jerusalén. En esta asamblea se volvió a afirmar que la salvación era por gracia y no por las obras de la ley (Hechos 15, 8-11) y que, por lo tanto, los gentiles no estaban obligados a guardar la ley de Moisés, aunque sería conveniente que las iglesias de Antioquía, Siria y Cilicia adoptaran ciertas medidas destinadas a evitar el escándalo de los posibles conversos del judaísmo (Hechos 15, 22-31). El cristianismo, de manera más formal, pero, desde luego, no más material, había dejado de ser una secta judía más para confirmarse como fe universal. Cuando en torno al año 90 d. C. el concilio judío de Jamnia expulsara del seno del judaísmo a los últimos judeocristianos, la ruptura formal entre ambas fes quedaría definitivamente concluida[8].

Ese mismo año, Pablo inició su segundo viaje misionero y en el curso del mismo se produjo la llegada a Europa de la nueva fe. Esta vez acompañado por Silas, Pablo atravesó Asia Menor hacia Macedonia y Acaya (Hechos 16-17). El texto lucano (Hechos 16, 6-7) señala que en principio Pablo había pensado en seguir su periplo en dirección a Asia, pero que fue una intervención directa del Espíritu Santo la que se lo impidió, impulsándole a dirigirse a Europa. Es obvio que se puede interpretar este pasaje de distintas maneras y, por supuesto, cuestionar su contenido espiritual. Lo que resulta innegable es que el inicio de la misión paulina en Europa cambió la Historia.

En el 50 d. C., Pablo ya escribía epístolas dirigidas a fieles de la nueva fe afincados en Europa —las dos a los tesalonicenses— y desde ese año hasta el 52 su base misionera estuvo establecida en Corinto (Hechos 18). Descendió ese año a Jerusalén (Hechos 18, 19-21), pero ya su tercer viaje misionero, emprendido inmediatamente a continuación, estuvo centrado en Europa, contando como escenario con Éfeso, Macedonia, Ilírico y Acaya (Hechos 19-20).

Escribió en esa época las Cartas a los corintios (55-56) y a los romanos (inicios del 57) y por ellas sabemos que en Corinto habían estado también otros misioneros cristianos como Apolos y el apóstol Pedro. Este es muy posible que no hubiera llegado a Roma todavía porque no se le menciona en la epístola dirigida por Pablo a la comunidad cristiana de esta ciudad, pero no deja de ser significativo

8 Sobre este episodio, véase la segunda parte de C. Vidal, *Los primeros cristianos...*. Pese a todo, la imbricación de cristianismo y judaísmo prosiguió durante siglos.

que, un cuarto de siglo después de la ejecución de Jesús, la doctrina predicada por este se hubiera extendido por el Mediterráneo oriental y alcanzado la capital del imperio. Además —como tendremos ocasión de señalar después— la nueva fe, en contra de lo tantas veces señalado, no era una creencia de parias y desposeídos. En realidad, su mayor crecimiento estaba dándose entre las clases medias e incluso en las altas, y eso en medio de una sociedad cuyos valores eran aún más radicalmente opuestos a los cristianos que la judía.

En mayo del 57, Pablo visitó por cuarta y última vez a la iglesia judeocristiana de Jerusalén[9]. Llevaba donativos de las iglesias fundadas por él en tierras de gentiles y fue recibido calurosamente por Santiago, el hermano de Jesús, quien le rogó que, para acallar los ataques que se le hacían de llevar a los judíos a apostatar de la ley, procediera a pagar los votos de unos jóvenes nazireos (Hechos 21, 1-16). Pablo aceptó la posibilidad, pero en su visita al templo de Jerusalén fue atacado por la multitud que lo acusaba de introducir gentiles en su interior (Hechos 21, 17 y sigs.). La oportuna intervención de la guarnición romana evitó que Pablo fuera linchado por un grupo de fanáticos judíos y su traslado a Cesarea le salvó de una conspiración urdida para asesinarlo (Hechos 22-3).

Permaneció encarcelado hasta el 59 (Hechos 24) y, vista su causa por el procurador Festo, en presencia del rey Agripa, apeló al césar, en su calidad de ciudadano romano. Esta acción impidió quizá su puesta en libertad, ya que no era culpable de ningún crimen, pero, al decidir su traslado a Roma, estuvo cargada de importancia. Partió hacia la capital del imperio en septiembre del 59 (Hechos 25-6). Tras un accidentadísimo viaje (Hechos 27, 1- 28, 10) —que incluyó un naufragio y una breve estancia en la isla de Malta— llegó por fin a Roma en febrero del 60 (Hechos 28, 11 y sigs.). Hasta el año 62 estuvo sometido a arresto domiciliario y, durante ese periodo, escribió las denominadas Cartas de la cautividad (Efesios, Filipenses, Colosenses y Filemón), dirigidas todas ellas a comunidades asentadas en territorio europeo. Con posterioridad, según algunos autores, fue ejecutado después de escribir las epístolas pastorales (I y II Timoteo, Tito). Otra posibilidad es que fuera liberado hacia el

9 Acerca de este episodio, véase in situ: C. Vidal, *Pablo, el judío de Tarso* y *Los primeros cristianos*.

62 por prescripción de la causa y hubiera visitado España en torno al 65. Detenido por esa fecha (en el 64 fue el incendio de Roma), habría sido trasladado a Roma, donde sufrió el martirio.

Por aquel entonces cualquier observador imparcial hubiera juzgado que el cristianismo estaba viviendo sus últimos días. Desde luego, las desgracias se habían sucedido sobre la nueva fe en auténtica cascada. En el año 62, Santiago, el máximo dirigente de la comunidad judeocristiana de Jerusalén, fue asesinado por las autoridades judías, que aprovecharon un vacío de poder romano[10]. Dos años después, cuando ni con mucho el cristianismo podía haberse repuesto de semejante golpe, se desencadenó la primera persecución imperial contra los cristianos, en el curso de la cual perecieron Pedro y Pablo, dos de los tres personajes más relevantes en su extensión por el mundo gentil. En el año 66, en Palestina estalló una sublevación contra el poder romano que acentuó —más de lo habitual— la aversión que Roma sentía hacia todo lo judío. Sin duda, se trató de una circunstancia que no operó precisamente en favor de una religión cuyos vínculos con el judaísmo seguían siendo muy estrechos y cuyo fundador (¡ajusticiado por un procurador romano!) y principales dirigentes también eran en su mayoría judíos.

La revuelta antirromana tampoco se tradujo en un mayor aprecio del cristianismo por parte de las autoridades judías. La oposición de los cristianos a la violencia nacionalista los convirtió en un grupo verdaderamente odioso cuyo seguimiento se asimilaba con la traición[11].

Poco después del 66 d. C. y de las primeras victorias judías contra Roma, la comunidad judeocristiana de Jerusalén decidió abandonar una ciudad sumida en el fervor nacionalista y refugiarse en la población de Petra. Se trató de una medida sensata que salvó a los judeocristianos de la destrucción de Jerusalén, llevada a cabo por las legiones del romano Tito en el año 70 d. C. Sin embargo, no parece verosímil que esa circunstancia le otorgara una situación

10 La muerte de Santiago —narrada por Flavio Josefo, como vimos en el capítulo anterior— no es mencionada en el libro de los Hechos de los Apóstoles, pese a la importancia que este le concede. Semejante circunstancia es uno de los argumentos para fijar la redacción de este escrito veterotestamentario antes del año 62 d. C.

11 Al respecto, véase in situ C. Vidal, *Los primeros cristianos...*

mejor durante el proceso represivo que se extendió a lo largo de los años siguientes.

Al comenzar la penúltima década del siglo I, los cristianos eran una minoría detestada tanto en el ámbito judío como en el gentil. Para los primeros eran traidores y, a partir del concilio fariseo de Jamnia en el 90 d. C., se convertirían de forma oficial en herejes expulsados de Israel. Para los segundos, constituían una minoría odiosa, una superstición que no alcanzaba la categoría de religión lícita, cuyo final era más que deseable e intentaría lograrse eventualmente en virtud de medidas policiales. En apariencia su impronta universalista, misericordiosa, crítica hacia el poder, cargada de esperanza, vinculada con la idea del amor al prójimo, no solo había constituido una rara extravagancia, sino que además estaba condenada a la extinción, privada como se había visto de figuras de relevancia en apenas unos años.

La realidad sería muy distinta. En apenas dos siglos, la fe perseguida y despreciada se convirtió en la religión del imperio. El cómo se produjo un fenómeno tan extraordinario tendremos ocasión de contemplarlo, siquiera someramente, en el capítulo próximo.

«No odiarás a ningún hombre, sino que a algunos los reprenderás, por otros orarás y a algunos los amarás más que el aliento de vida que hay en ti».

(Didajé, 4, 7)

«Somos de ayer y ya hemos llenado todo vuestro mundo: ciudades, islas, fortalezas, urbes, mercados, el campo, las tribus, las compañías, el palacio, el senado, el foro. ¡Solo os hemos dejado los templos!».

(Tertuliano, Apología, 37, 4)

3

EL CRISTIANISMO CONQUISTA EL IMPERIO

EL IMPERIO PERSEGUIDOR

La ejecución de los dirigentes cristianos más relevantes —la única excepción sería la de Juan, e incluso este no pudo escapar de la reclusión en la isla de Patmos— no pudo producirse en un contexto menos favorable para un movimiento que aún era muy joven. Es cierto que su extensión territorial era importante y real, pero, a la vez, eso ampliaba las dificultades con las que tenía que enfrentarse. Se trataba de un colectivo demasiado dilatado en el espacio y que se acercaba a lo que los sociólogos de la religión consideran el inicio del espacio de tiempo —la cuarta década— en que una nueva fe puede consolidarse como tal, estancarse o incluso desaparecer.

A esta circunstancia ciertamente desfavorable se sumaban otras dos. La primera iba a ser la hostilidad creciente del imperio romano; la segunda, la vivencia de una forma de vida enfrentada con los valores sociales del mismo imperio. En relación con la oposición estatal hay que señalar que ya había sido vaticinada por Jesús. De acuerdo con las enseñanzas de este, resultaba imposible que un profeta o un discípulo no se enfrentara con el rechazo y la oposición (Mateo 5, 12; Marcos 10, 30) en un mundo cuyos valores resultan distintos a los del cristianismo (Juan 15, 18-20). Sin embargo, a diferencia de la enseñanza de otras religiones sin excluir al judaísmo,

Jesús había enseñado que esa situación, lejos de generar odio, debía llevar al discípulo a orar por sus perseguidores (Mateo 5, 44), sabiendo además que existía una bendición en esa situación (Mateo 5, 10) y que contaba con la ayuda de Dios para enfrentarse a ella (Mateo 10, 19 y sigs.; Lucas 21, 12-15).

Una visión idéntica a la de Jesús aparece reproducida en la experiencia apostólica (Hechos 8, 1; 11, 19; 13, 50) y en las cartas de Pablo (Romanos 8, 35; I Corintios 4, 12; II Tesalonicenses 1, 14; II Timoteo 3, 11), donde se llega a afirmar taxativamente que todo el que desee vivir de manera piadosa sufrirá persecución (II Timoteo 3, 12). Se piense lo que se piense de esta creencia, lo cierto es que la historia del cristianismo primitivo se vio marcada de manera muy directa por el fenómeno de la persecución.

Tradicionalmente se ha hecho referencia a diez persecuciones generales contra el cristianismo además de algunas locales. De las primeras, alguna es dudosa históricamente; en cuanto a las segundas, nunca podremos cuantificar con seguridad el número exacto de episodios anticristianos. Sin embargo, lo cierto es que a medida que la nueva fe fue ganando en número e influencia la actitud del imperio se fue encrespando crecientemente en su contra. De esta manera, si hasta mediados del siglo III las persecuciones derivaron más bien de la hostilidad local que de una política imperial específica, a partir de ese siglo nos encontramos con verdaderas campañas de exterminio cuyo significado queda aún más de manifiesto si tenemos en cuenta que el imperio romano solía caracterizarse por una actitud de tolerancia hacia las más diversas religiones, sin excluir ni siquiera el monoteísmo judío. Los datos históricos, sin embargo, no pueden ser más elocuentes.

En el año 64 se desencadenó la primera persecución contra los cristianos durante el principado de Nerón. El hecho de que se iniciara al descargar este emperador sobre los cristianos la responsabilidad de haber incendiado Roma pone de manifiesto que el colectivo era bastante impopular y que, hasta donde sabemos, nadie protestó ante el hecho de que se les convirtiera en chivos expiatorios de un desastre quizá fortuito. Para los cristianos, aquella primera persecución imperial resultó acentuadamente traumática. No solo es que todo hace pensar que durante ella murieron los apóstoles Pedro y Pablo, sino que además resulta más que verosímil que tuviera algún efecto en provincias a juzgar por los datos proporcionados por el libro de Apocalipsis[1]. A partir de ese momento, Roma se reveló como la Bestia —el significado de 666, el número de la Bestia, es fácil de relacionar — que había desencadenado la guerra contra los discípulos de Jesús matándolos (Apocalipsis 13, 1-10) y que buscaba la alianza de Babilonia la grande. Esta no es sino un símbolo de las autoridades religiosas que habían iniciado el proceso del mesías y después habían causado la muerte de Esteban, Santiago y otros judeocristianos, algo que se desprende con facilidad del texto de Apocalipsis. Su poder —político, religioso y económico— había descansado sobre las siete colinas (Roma), pero lo cierto es que, al final, sería aniquilada por el poder político (Apocalipsis 17, 9).

En contra de lo señalado en ocasiones, hoy día ya no puede sostenerse que hubo una persecución bajo Domiciano —mucho menos que esta es la descrita en Apocalipsis—; sin embargo, sí es posible que la ejecución de Flavio Clemente y el destierro de Domitila estuvieran relacionados con su conversión al cristianismo.

Por lo tanto, la segunda persecución tuvo lugar bajo el emperador Trajano. Su correspondencia con Plinio (112) deja claramente de manifiesto que se celebraron juicios contra los cristianos en Bitinia. Por lo que relata Plinio, se trataba de gente inofensiva cuyo único delito consistía en reunirse los domingos a adorar a Cristo. Sin embargo, ni siquiera esta circunstancia apartó de ellos la posibilidad de la persecución. Trajano no simpatizaba con ellos y, aunque ordenó a Plinio que no los buscara para juzgarlos, dejó de manifiesto que en caso de mediar una denuncia debía procederse en su contra.

El que la muerte o la prisión de una persona pudiera depender de una delación por profesar una fe distinta muestra que el imperio distaba mucho de considerar con tolerancia a los cristianos. De hecho, un rescripto de Adriano en el que se prohibía la persecución de los cristianos, salvo que fueran culpables de algún crimen concreto, obliga a pensar que en alguna ocasión el mero hecho de ser cristiano había ocasionado sanciones penales.

---

1 Sobre esta obra, véanse: C. Vidal, *Los textos que cambiaron la Historia,* Barcelona, págs. 125 y sigs.; ídem, *Los primeros cristianos....*

Ni siquiera emperadores con fama —más o menos merecida— de ilustrados se vieron libres de desencadenar el arma de la persecución contra los aborrecidos cristianos. El ejemplo más palmario es, desde luego, el de Marco Aurelio. El emperador sentía una clara aversión hacia los cristianos y apoyó 70 de manera directa una severa persecución acontecida en Lyon (177). Aún más: consciente de que semejante conducta debía contar con una legitimación presunta, incluso impulsó a Celso a escribir una obra en contra de los seguidores de Jesús. No sería el primero ni el último intelectual que prostituyera su talento justificando el exterminio físico de una minoría perseguida, pero al leer los fragmentos que han sobrevivido de su obra no se puede evitar que una creciente sensación de repugnancia se vaya apoderando de nosotros. Lo que justifica la eliminación física de los cristianos es, ni más ni menos, que creen de manera diferente, que contemplan la existencia de manera diferente, que viven de manera diferente. No ilegal o perversamente. Solo diferente. Que un emperador al que se ha denominado «filósofo» —con razón— adoptara esa postura resulta más que revelador. De hecho, hasta el reinado de Cómmodo (180-192), los cristianos no volvieron a disfrutar de tolerancia.

Incluso entonces fue por un periodo breve de tiempo. Bajo el emperador Septimio Severo, la conversión al cristianismo se convirtió en un delito penado por la ley. Tras su muerte en el 211 se inició un periodo de tolerancia relativa, pero no llegaría al cuarto de siglo. Reinando Maximino, en el 235 volvió a producirse una nueva persecución contra los cristianos. Fue solo un anticipo de la gran persecución que tendría lugar bajo Decio.

Para aquel entonces, el imperio no consideraba a los cristianos meramente como oportunos chivos expiatorios (Nerón), miembros de una minoría despreciable a los que podía ejecutarse si se hacía pública su condición (Trajano) o seguidores de un culto repugnante que merecían la proscripción y la muerte (Marco Aurelio). Se habían convertido en un grupo social cuya escala de valores —y cuya influencia— colisionaba directamente con el imperio. De hecho, la orden, promulgada por Decio, de sacrificar a los dioses imperiales (250) no carecía del todo de precedentes, pero en su contexto implicó un ataque directo contra el cristianismo, y que así era no escapó a los contemporáneos. Durante la persecución —una persecución en que se podía presentar con facilidad a los cristianos como enemigos del imperio— el número de martirizados fue muy considerable y, casi por primera vez, las apostasías no fueron escasas. Sin embargo, era solo el primero de una serie de golpes que iban a descargarse con una violencia creciente ya hasta el siglo IV.

En el 257, bajo el emperador Valeriano, se prohibieron las reuniones cristianas y se procedió al arresto de numerosos obispos. Quizá se esperaba que el ataque contra los dirigentes debilitaría de manera irreversible el movimiento. Valeriano no tardó en percatarse de su error de juicio. Al año siguiente, convencido de que la aniquilación de la jerarquía no se traduciría en el final del cristianismo, ordenó la ejecución de todos los sacerdotes y laicos de relevancia que no apostataran. La nueva medida —fuente de un número de muertes en absoluto escaso— estuvo en vigor durante dos años y solo concluyó cuando Galieno decidió derogarla y devolver sus propiedades a las iglesias.

En apariencia, el cristianismo iba a disfrutar de un *status* de tolerancia en el futuro. En realidad, le esperaba una de sus peores pruebas en una historia que nunca estaría exenta de ellas. En el 303, Diocleciano ordenó, por influencia de Galerio, la destrucción de las iglesias y la quema de todos los volúmenes donde aparecieran recogidas porciones de las Sagradas Escrituras[2]. Se trataba, como había sucedido con Valeriano, solo de un primer paso. La medida, pese a su rigor, no obtuvo los objetivos esperados, y un edicto promulgado al año siguiente autorizó incluso el empleo de la pena de muerte contra los cristianos.

Ni siquiera la abdicación de Diocleciano significó el final de la persecución. Los cristianos eran considerados enemigos directos del imperio y esta convicción tuvo como resultado el que continuara la persecución, aunque su intensidad variara según los distintos gobernantes. Por fin, en el 311, Galerio promulgó un edicto de tolerancia que obligó al año siguiente a Maximino, un feroz perseguidor de los cristianos, a seguir su ejemplo. De la misma manera

2 Se ha hecho referencia tradicionalmente a una novena persecución bajo Aureliano. Lo cierto es que, como en el caso de Domiciano, no se produjo ninguna persecución bajo este emperador y semejante afirmación no pasa de lo legendario.

Constantino y Licinio proclamaron la libertad religiosa completa. A partir de ese momento se dan por concluidas las persecuciones imperiales, aunque lo cierto es que tanto Licinio (322-323) como Juliano (361-363) las desencadenarían nuevamente en intentos anacrónicos de aplastar una fe que ya había vencido al imperio.

Pero ¿por qué esa contumacia persecutoria?, ¿por qué emperador tras emperador intentaron acabar con un colectivo religioso que, lejos de debilitarse, emergía siempre más fuerte?, ¿por qué, por último, este emergió vencedor del paganismo?

EL ENFRENTAMIENTO ENTRE EL CRISTIANISMO Y EL IMPERIO

(I): LA MUJER

Existe la tesis —tan repetida como inexacta— de que el cristianismo acabó imponiéndose sobre el paganismo meramente en virtud de la utilización de la fuerza bruta. Un cristianismo intolerante e inculto se habría así alzado vencedor gracias al apoyo imperial y habría eliminado a un paganismo tolerante e ilustrado amén de pujante. No hace falta decir que la defensa de esa tesis es fácilmente instrumentalizable como un arma dialéctica en contra del cristianismo y en favor de las supuestas virtudes humanistas de la sociedad pagana. La realidad histórica resulta, según se desprende de las distintas fuentes, muy diferente. Lo cierto es que el paganismo demostró sobradamente su intolerancia al perseguir vez tras vez a una pacífica minoría religiosa que —a diferencia de, por ejemplo, los judíos que se alzaron en el 66 d. C. y a inicios del siglo II bajo Bar Kojba, solo por citar los dos ejemplos más sobresalientes— ni una sola vez se enfrentó con las armas al imperio romano. Lo cierto es que la sociedad pagana encarnaba unos valores que difícilmente, a diferencia de los del cristianismo, podrían ser defendidos en la actualidad en su mayoría; asimismo, que el cristianismo no hubiera podido imponerse mediante el único recurso a la fuerza como no lo consiguió frente a él la cultura pagana. La verdad es, finalmente, que la supervivencia del cristianismo frente a las continuadas ofensivas imperiales revirtió en consecuencias positivas para la historia ulterior de Occidente.

Desde luego, el choque de valores entre las dos cosmovisiones no podía resultar más obvio. Sin duda, unos ejemplos bastarán para dejarlo de manifiesto e indicar al mismo tiempo las consecuencias que debían derivarse de un enfrentamiento en el que, más tarde o más temprano, una de ellas debía alzarse con la victoria.

La sociedad imperial se regía por ese prodigioso entramado de normas que conocemos como derecho romano. Dado que su influencia llega hasta nuestros días, poco puede cuestionarse que nos hallamos ante un auténtico monumento de la mente humana capaz de sobrevivir al paso de los siglos y a las no escasas alteraciones históricas sufridas por Occidente. Resultaría, sin embargo, una grave equivocación equiparar perdurabilidad e incluso pragmatismo con bondad ética. El derecho romano estaba concebido en función de los varones romanos y libres. Poca atención, salvo cuando se cruzaban en el camino de estos, concedía a las mujeres, a los no-romanos o a los esclavos, a los que se consideraba *res,* palabra que en latín significa cosa y que en castellano ha terminado por designar, no sin razón etimológica, a las cabezas de ganado.

Por otro lado, la sociedad romana se asentaba en buena medida en un culto a la violencia física que no solo se manifestaba, como en otras a lo largo de la Historia, en su abierto militarismo, sino, de manera muy especial, en las propias diversiones de la gente. Resulta revelador que la plebe pudiera ser complacida mediante *panem et circenses,* es decir, pan y circo, cuando esos juegos incluían de forma ineludible los combates de gladiadores que se saldaban con la muerte en la arena. Este culto a la violencia tenía además un reverso y era el claro desprecio por todo aquello que pudiera ser considerado débil o meramente molesto.

Los ejemplos que se pueden aducir en defensa de nuestra tesis a partir de las fuentes resultan numerosísimos. Comencemos por el *status* de las mujeres. La cultura grecolatina era todo salvo benévola hacia ellas. En la cultivada Atenas[3] —una de las ciudades

3 Sobre la situación de la mujer en Grecia, véanse: M. Finley, *Economy and Society in Ancient Greece,* Nueva York, 1982, (*La economía de la antigüedad,* Fondo de Cultura Economica de España SL, 2004); M. Guttentag y P. E. Secord, *Too Many Women? The Sex Ratio Question,* Beverly Hills, 1983; S. Pomeroy, *Goddesses, Whores, Wives, Slaves: Women in Classical Antiquity,* Nueva York, 1975 (*Diosas, rameras y esclavas: mujeres en la antigüedad clásica,* Akal, Madrid 2004).

donde el apóstol Pablo predicó el Evangelio— su situación era, sin ningún tipo de exageración, penosa. Para empezar, su número era reducido a causa del muy común infanticidio femenino. Además, se les proporcionaba poca o nula educación y se concertaba su matrimonio en la infancia, celebrándose apenas llegada la joven a la pubertad y en ocasiones incluso con anterioridad. Legalmente, su *status* era similar al de un niño, aunque en la práctica no pasaba de constituir una propiedad en manos de un varón. Incluso aunque podían poseer alguna propiedad, esta, en realidad, quedaba en manos del hombre que gobernaba su vida. Porque eso era lo que hacía y no precisamente de manera benévola. Llegado el caso, podía divorciarse de la mujer sin indemnización ni compensación mediante el fácil expediente de expulsarla de su casa. Era esta una medida obligatoria legalmente si la mujer, por ejemplo, había sido violada. Por lo que se refería a la mujer, si deseaba el divorcio se veía subordinada al hecho de que algún varón de su familia aceptara defenderla ante los tribunales.

La condición femenina en Roma no resultaba, desde luego, mejor. El estudio de las fuentes epigráficas romanas deja de manifiesto que las mujeres romanas se casaban en su mayoría cuando eran simples niñas[4] que, en no pocos casos, ni siquiera habían alcanzado la pubertad. Esta grave circunstancia no excluía —todo lo contrario— a las mujeres pertenecientes a las clases altas. Así, Octavia se casó a los once años; Agripina, a los doce; Tácito contrajo matrimonio con una joven de trece años, o Quintiliano tuvo su primer hijo de una esposa de esa misma edad. Plutarco menciona que los romanos entregaban a sus hijas para que contrajeran matrimonio cuando «tenían doce años o incluso menos»[5], y encontramos noticias similares en otros historiadores como Dión Casio. Es cierto que el derecho romano consideraba edad núbil para la mujer los doce años, pero ni siquiera esa barrera era respetada siempre. De hecho, la niña podía ser casada antes, aunque solo se la considerara

4 Sigue siendo clásico el artículo de K. Hopkins, «The Age of Roman Girls at Marriage», en *Population Studies,* 1965, 18, págs. 309-327. Un estudio también interesante basado sobre todo en inscripciones, en A. G. Harkness, «Age at Marriage and at Death in the Roman Empire», en *Transactions of the American Philological Association,* 27, págs. 35-72.

5 Hopkins, *op. cit.,* pág. 314.

esposa legal cuando alcanzaba los doce años. Desde luego, las críticas frente a esos comportamientos eran del todo inexistentes y las evidencias arqueológicas muestran que los matrimonios —incluso si se celebraban antes de que la niña alcanzara los doce años— eran consumados[6]. De ahí que no resulte sorprendente que la ley romana incluso se ocupara de articular mecanismos sancionatorios para las adúlteras de menos de doce años[7].

Sin duda, la suerte de aquellas niñas no era envidiable y, sin embargo, en el contexto de la época hay que considerarlas obligatoriamente afortunadas, ya que, al menos, habían logrado llegar a esa edad. El infanticidio era no solo común en el mundo clásico, sino además totalmente tolerado y legitimado. Séneca contemplaba el hecho de ahogar a los niños en el momento del nacimiento como algo provisto de razón, y, por supuesto, la idea de que debiera mantenerse la vida de un hijo no deseado provocaba una repulsa directa. Al respecto, debe recordarse que Tácito censuró como una práctica «siniestra y perturbadora» el que los judíos condenaran como «pecado el matar a un hijo no deseado» *(Historias* 5, 5). No se trataba, desde luego, de excepciones. Platón *(República* 5) y Aristóteles *(Política* 2, 7) habían recomendado el infanticidio como una de las medidas políticas que debía seguir el Estado.

Por supuesto, los niños abandonados o muertos tras nacer pertenecían a ambos sexos, pero, de manera ostentosamente preferente, este triste destino recaía en las hembras o los enfermos. Al respecto, no deja de ser interesante la carta que un tal Hilarión[8] envió a su esposa Alis, que estaba encinta:

Sabe que estoy aún en Alejandría y no te preocupes si todos regresan y yo me quedo en Alejandría. Te ruego que cuides de nuestro hijito y tan pronto como me paguen te haré llegar el dinero. Si das a luz, conservarlo si es varón, y *si es hembra, desembarázate de ella.* Me has escrito que no te olvide. ¿Cómo iba a olvidarte? Te suplico que no te preocupes. [Cursiva del autor.]

---

6 En este sentido, mostrando que los matrimonios eran consumados incluso antes de que la esposa alcanzara la pubertad, véase: M. Durry, «Le mariage des filles impubères dans la Rome antique», en *Revue Internationale des Droits de l'Antiquité,* ser. 3, 2, 1955, págs. 263-73.

7 En ese sentido, véase: Hopkins, *op. cit.*

8 Reproducida en Lewis, *op. cit.,* pág. 54.

Hilarión, amante esposo y afectuoso padre, aunque solo de hijos varones, no constituía un caso marginal. Simplemente, era un ejemplo de lo que aparecía en las normas legales y en la práctica cotidiana. La ley de las Doce Tablas, por ejemplo, permitía al padre abandonar a cualquier hembra o a cualquier varón, si bien en este último caso debía tratarse además de una criatura débil o con malformaciones. Por otro lado, recientes excavaciones han dejado de manifiesto que de las docenas de niños arrojados a la muerte en una ciudad mediterránea de la época la inmensa mayoría eran hembras[9]. Que los hombres superaran a las mujeres demográficamente en una proporción de 131 a 100 en la ciudad de Roma y de 140 a 100 en Italia, Asia Menor y África[10] no era sino una consecuencia de la nula consideración que se tenía socialmente hacia el sexo femenino. ¿Acaso podía ser de otra manera cuando era rara la familia que aceptaba en su seno más de una hija? De acuerdo con un estudio arqueológico realizado por Lindsay, de seiscientas familias estudiadas en una de las ciudades del imperio solo seis —es decir, el 1 por 100— contaba con más de una hija[11].

Teniendo en cuenta que ya constituía una verdadera fortuna el poder sobrevivir hasta la pubertad para contraer enseguida matrimonio, no debería sorprendernos que el papel de las mujeres en las religiones paganas fuera mínimo. El movimiento de la Nueva Era —tan ahistórico e indocumentado en la práctica totalidad de sus manifestaciones— ha insistido en las últimas décadas en contraponer a un cristianismo supuestamente patriarcal la imagen de un paganismo felizmente feminista. Semejante pretensión no pasa de ser un dislate histórico de enorme envergadura. Si, en ocasiones, hubo mujeres que desempeñaron algún papel en ciertos templos y santuarios paganos, los grupos religiosos a los que pertenecían y los centros en que desempeñaban sus funciones eran tan periféricos que apenas tenían importancia en el seno de la sociedad pagana. Por otro lado, religiones como el mitraísmo permitían solo una participación masculina.

---

9 L. E. Stager, «Eroticism and Infanticide at Ashkelon», en *Biblical Archaeology Review,* 17, 1991, págs. 34-53. Estos cuerpos infantiles contaban apenas con unos días cuando fueron abandonados, según P. Smith y G. Kahila, «Bones of a Hundred Infants Found in Ashkelon Sewer», en *Biblical Archaeology Review,* 17, 1991, pág. 47.

10 J. C. Russell, *Late Ancient and Medieval Population,* Filadelfia, págs. 14 y sigs.

11 J. Lindsay, *The Ancient World: Manners and Morals,* Nueva York, 1968, pág. 168.

El contraste que el cristianismo ofrecía frente a esta cosmovisión no solo aceptada socialmente, sino además estructurada de forma legal, era, pura y simplemente, extraordinario. Como ya tuvimos ocasión de ver, Jesús había actuado en agudo contraste con otra cultura —la judía— donde la situación de la mujer era, no obstante, mejor que en el mundo clásico. Para sorpresa —y escándalo— de sus contemporáneos, las había integrado entre sus seguidores otorgándoles un trato igualitario. Lo mismo había sucedido con sus discípulos posteriores. Pablo había afirmado que en el seno de la comunidad cristiana no existían diferencias entre hombre y mujer (Gálatas 3, 27-28), y a juzgar por los datos que se desprenden de las fuentes paleocristianas hay que concluir que semejante afirmación no fue una mera declaración de buenos principios. En su Epístola a los Romanos (16, 1 y sigs.), por ejemplo, Pablo menciona un número considerable de colaboradores de los que, prácticamente, la mitad son mujeres. De entre estas, Febe (16, 1-2) era diaconisa en la comunidad cristiana de Cencrea, y Junia era «insigne entre los apóstoles» (16, 7). La participación femenina en los oficios eclesiales vuelve a repetirse en otros escritos paulinos como las pastorales, y así en I Timoteo 3, 11 y sigs., Pablo indica los requisitos que debían cumplir las aspirantes al diaconado. No se trataba de una excepción. Plinio el Joven, al relatar la persecución desencadenada contra los cristianos, informa de que había torturado a dos jóvenes «que eran diaconisas»[12]. Encontramos también testimonios similares en Clemente de Alejandría y en Orígenes, así como en decisiones conciliares como las del Concilio de Calcedonia del año 451, que marcó distintas condiciones para que las mujeres accedieran al diaconado.

Sin embargo, el acceso de las mujeres a un ministerio religioso no era, muy posiblemente, lo que más las atraía hacia la nueva fe. El factor esencial era la manera tan distinta en que esta las contemplaba y cómo tenía consecuencias, literalmente, de vida o muerte. De entrada, el cristianismo condenaba sin ningún tipo de paliativos el

---

12 No fue un caso excepcional. B. Bowman Thurston, *The Widows: A Women's Ministry in the Early Church*, Minneápolis, 1989, en un estudio que puede considerarse clásico, indica cómo del número considerable de mártires femeninas hay que deducir que las autoridades romanas las identificaban con ciertas posiciones ministeriales en el seno de la iglesia primitiva.

infanticidio. Por supuesto, no hacía acepción de sexos al respecto, pero no puede dudarse, por lo ya visto, que los principales beneficiarios de esa actitud eran los recién nacidos de sexo femenino. El privar de vida a un bebé se consideraba moralmente nefasto y, a diferencia de lo contenido en la carta de Hilarión, no se aceptaba una excepción con el caso de las niñas. Pero, además, los cristianos propugnaban estrictas normas morales en el terreno de la vida conyugal, equiparando de nuevo al hombre y a la mujer. Así, condenaban el divorcio (con matices, porque aceptaban algunas causas), el incesto, la infidelidad matrimonial y la poligamia. Por supuesto, el cristianismo valoraba la castidad femenina, pero, al mismo tiempo, rechazaba la doble vara de medir que consideraba con benevolencia el adulterio masculino[13]. Por el contrario, la infidelidad masculina era objeto de una censura tan acentuada como la femenina[14]. De la cristiana se podía esperar una conducta de fidelidad, pero a la vez era consciente de que su esposo se vería sometido a las mismas exigencias morales. Una vez más la equiparación entre ambos sexos era considerada natural.

Además, las mujeres que se convertían al cristianismo gozaban de ventajas adicionales. Por ejemplo, contraían matrimonio a una edad mayor que sus coetáneas y tenían posibilidad de escoger a su cónyuge. De nuevo los estudios arqueológicos resultan contundentes. Una mujer pagana tenía tres veces más posibilidades que una cristiana de haber contraído matrimonio antes de los trece años; y el 44 por 100 de las paganas ya estaban casadas a los catorce años en comparación con el 20 por 100 de las cristianas, es decir, menos de la mitad. De hecho, el 48 por 100 de las cristianas eran solteras aún a los dieciocho años[15].

Si se producía la viudedad, la situación que el cristianismo ofrecía a las mujeres era también considerablemente mejor a la que estas experimentaban en la sociedad clásica. La crisis demográfica relacionada con la propia ética del paganismo se traducía en una enorme presión social —incluso legal— para que las viudas volvieran a

---

13 A. T. Sandison, «Sexual Behavior in Ancient Societies», en D. Brothwell y A. T. Sandison (eds.), *Diseases in Antiquity*, Springfield, págs. 734-755.

14 H. Chadwick, *The Early Church*, Harmondsworth, 1967, pág. 59.

15 Cifras con tablas comparativas, en Hopkins, *op. cit.*

contraer matrimonio. Augusto llegó a disponer que si la nueva boda no se celebraba en un plazo de dos años las viudas se vieran sujetas a una sanción legal. Por el contrario, el cristianismo manifestó desde un principio un respeto muy especial hacia las viudas e incluso organizó un sistema de asistencia de sus necesidades que carecía de parangón en la Antigüedad.

Los orígenes de este sistema asistencial se hallan desde luego en el cristianismo apostólico. De hecho, Pablo menciona en las pastorales el cuidado que la congregación debía tener para con aquellas viudas que carecían de recursos (I Timoteo 5, 3 y sigs.). Una vez más no se trató de una excepción, sino de una práctica que se vio continuada de manera fecunda. En el año 251, por ejemplo, precisamente en medio de la terrible persecución de Decio, Cornelio, el obispo de Roma, escribía a Fabio, obispo de Antioquía, que las iglesias de su diócesis estaban atendiendo «a más de mil quinientas viudas y personas desamparadas».

¿Supieron las mujeres de la época apreciar la situación muy superior que les ofrecía el cristianismo en relación con el paganismo? Una vez más, las fuentes son terminantes al respecto. El cristianismo tuvo un éxito extraordinario entre la población femenina del imperio mucho antes de convertirse en religión oficial. De hecho, el número de fieles femeninas de la nueva fe debió de exceder de manera considerable el de varones, y esto en una sociedad donde la *ratio* demográfica por sexos era exactamente la contraria[16]. Por ejemplo, en un inventario de la propiedad confiscada en una iglesia de la ciudad norteafricana de Cirta durante una persecución en el año 303, hallamos dieciséis túnicas de varón frente a ochenta y dos de mujeres... ¡una desproporción superior a cinco a uno!

La crítica racionalista ha intentado en ocasiones minimizar esta circunstancia aludiendo a la escasa racionalidad de las mujeres. El argumento, sin embargo, es ridículo. Si la clave de las conversiones femeninas hubiera sido la supuesta irracionalidad habrían abarrotado también los templos paganos, lo que, desde luego, no fue el caso. Si, en buena medida, las mujeres se

16 En el mismo sentido, véanse: R. L. Fox, *Pagans and Christians*, Nueva York, 1987; A. Harnack, *The Mission and Expansion of Christianity in the First Three Centuries*, Nueva York, 1908, t. II, pág. 73.

adhirieron al cristianismo fue, ni más ni menos, que porque las consideraba seres humanos, porque condenaba su exterminio, porque las equiparaba con los varones, obligando además a estos a adoptar patrones de conducta igualitarios como, por ejemplo, el de la fidelidad conyugal, y porque les otorgaba un *status* muy superior al reconocido por el paganismo en terrenos como la vida conyugal, la familia o la viudedad.

Como señaló muy adecuadamente Chadwick[17], el cristianismo no solo tuvo un enorme éxito entre las mujeres, sino que además fue gracias a ellas como penetró en estratos superiores de la sociedad. Es conocido el caso de la cristiana Marcia, una concubina del emperador Cómmodo, que logró que se indultara a Calixto, futuro obispo de Roma, de una sentencia de trabajos forzados en las minas. No fue el suyo un caso excepcional. De hecho, las disposiciones eclesiásticas muestran un número creciente de cristianas que contraían matrimonio con paganos e incluso una considerable comprensión hacia esas situaciones. El cristianismo no temía perder miembros en esos matrimonios. Por el contrario, tal y como se desprende incluso de las fuentes bíblicas (I Pedro 3, 1-2; I Corintios 7, 13-4), contaba con razonables esperanzas de lograr la conversión de los esposos paganos. Calixto, ya convertido en obispo de Roma, encontró incluso admisible el concubinato entre una cristiana y un pagano siempre que se guardara la fidelidad propia del matrimonio[18]. Por supuesto, los hijos nacidos de esos matrimonios —y otras uniones— solían ser educados en la fe cristiana.

A la altura del siglo IV, cuando el cristianismo estaba en puertas de convertirse en religión del imperio, al menos la mitad de la población era ya cristiana. Sin embargo, su influencia demográfica era mucho mayor, ya que el porcentaje de conversas femeninas era más elevado y se extendía sobre familias en las que el esposo continuaba siendo pagano. Para alcanzar esa situación, en contra de lo sostenido por los apologetas del paganismo, la nueva fe no había tenido que recurrir a la violencia ni al respaldo estatal. Más bien, enfrentarse con ambos.

---

17 H. Chadwick, *op. cit.*, pág. 56.

18 A. Harnack, *op. cit.*, t. II, págs. 83 y sigs.

EL ENFRENTAMIENTO ENTRE EL CRISTIANISMO Y EL IMPERIO

(II): EL RECHAZO DE LA ESCLAVITUD Y LA DEFENSA DE LA VIDA

Pese a lo que hemos examinado en las páginas anteriores, el cristianismo no solo resultaba atractivo para la población femenina del imperio. Había otros sectores, no necesariamente formados por mujeres, que también eran considerados con dignidad por la nueva fe. Entre ellos ocupaban un lugar predominante los extranjeros y los esclavos, precisamente aquellos para los que, según Pablo había señalado en su Epístola a los Gálatas, no existían barreras en el seno de la comunidad cristiana.

En verdad, la situación de los esclavos era todo menos envidiable en el mundo clásico. Algunos conseguían la emancipación y su paso al estado de libertos, pero hasta donde sabemos se trataba más bien de casos excepcionales. La suerte, desde luego, de los esclavos que trabajaban en el campo era pésima, ya que se les sometía a una vida miserable basada en los consejos de personajes avariciosos y codiciosos como Columela (*De Agricultura* 1.8.1, 2, 5, 6, 9, 10, 11, 16, 18, 19) o Catón el Viejo (*De Agricultura* 2, 56-59). Con todo, resultaba casi envidiable si se la comparaba con la de aquellos que trabajaban en las minas (Diodoro Sículo, *Historia,* 5, 38, 1). Pero incluso aquellos esclavos que vivían en las ciudades al servicio de un gran señor no podían escapar de un destino pespunteado de circunstancias aciagas. Las fuentes clásicas nos señalan que era normal en la existencia de los esclavos el sufrir la flagelación (Marcial, *Epigramas,* 3, 94), la mutilación a veces por puro divertimento (Plinio el Viejo, *Historia natural,* 9, 39, 77) y el sadismo más brutal e injustificado (Juvenal, *Sátiras,* 6, 475-6; 480-4; 490-3).

La ley romana era además considerablemente dura con los esclavos. Por ejemplo, cualquier esclavo objeto de una investigación judicial era siempre sometido a tortura porque se partía de la base de que mentiría, y en caso de que se sospechara que un esclavo era culpable de la muerte de su amo se procedía a la ejecución de todos y cada uno de los esclavos de la casa. Tácito (*Anales* 14, 42-45) recogió, en este sentido, cómo el homicidio de Pedanio Secundo fue castigado con la ejecución de sus cuatrocientos esclavos, y esto con la sanción directa del Senado. Era el propio amo el que podía administrar la última pena a los esclavos y, de hecho, tal medida no cambió hasta Adriano (*Scriptores Historiae Augustae, Vita Adriani,* 18, 7-11), que exigió que la ejecución fuera llevada a cabo por la autoridad imperial. Por añadidura, la esclavitud no implicaba solo maltratos físicos, sino la sumisión a una condición terrible en virtud de la cual los esclavos dependían de los deseos sexuales de sus amos, se veían obligados a contemplar cómo sus hijos nacían esclavos y podían ser separados de ellos y del resto de su familia. Incluso en el más que improbable caso de que alguien lograra recuperar la libertad, esta no era absoluta e implicaba una perpetua vinculación a los intereses del antiguo amo.

Frente a esa situación, el cristianismo consideraba que los esclavos eran seres humanos en todo el sentido del término. No deja de ser significativo que en uno de los escritos de la cautividad del apóstol Pablo, la Epístola a Filemón, el apóstol ordene a este, un cristiano propietario del esclavo Onésimo, que no solo no castigue a su siervo por haber huido, sino que además lo trate como a un «hermano amado» (Filemón 16). Tampoco deja de llamar la atención que entre los distintos grupos humanos a los que se dirigen las epístolas se repita una y otra vez el colectivo de los esclavos. Lo hallamos en los escritos paulinos (Colosenses 3, 22 y sigs.; Efesios 6, 5 y sigs.; Tito 2, 9 y sigs.) y a partir de ahí en toda la literatura cristiana posterior. Roma había temido durante siglos las revueltas serviles de las que la de Espartaco estuvo a punto de doblegar todo el sistema. Para evitarlas había articulado un entramado de medidas represivas cuyo conocimiento provoca en nosotros una comprensible sensación de espanto. Sin embargo, a este sector enorme de la población —el que más trabajaba y más sufría— el cristianismo no le ofrecía ni la sublevación ni tampoco el desprecio. Le brindaba, por el contrario, fraternidad, dignidad, igualdad en el seno de sus comunidades y en buen número de casos la libertad mediante la influencia sobre sus amos. Además, les hablaba de una esperanza superior que trascendía su existencia terrena. Los esclavos no aceptaron el cristianismo porque se les impusiera. Por el contrario, tuvieron que enfrentarse no pocas veces a sus amos para creer en él y lo hicieron porque lo que les ofrecía era infinitamente mejor que la realidad que sufrían de manera cotidiana.

El cuidado que el cristianismo mostraba de forma natural hacia los débiles y despreciados —mujeres, niños, viudas, esclavos...— se extendió hacia otras víctimas de la cosmovisión pagana como los condenados a morir en el circo o los no nacidos.

Los sangrientos juegos de gladiadores contaron no solo con el respaldo del pueblo que los disfrutaba de manera enfervorizada, sino con el apoyo de las instituciones y la legitimación de los intelectuales clásicos. César, Augusto, Calígula, Nerón, Domiciano y un etcétera en el que no falta casi ningún emperador los ofrecieron, rivalizando en el número de víctimas. De Cicerón a Plinio el Joven pasando por Séneca se justificaron apenas sin matices. Es peligroso cuestionar el sistema de producción de una sociedad, pero no lo es menos censurar sus diversiones y ocios. El cristianismo no dejó de mostrar una indiscutible aversión hacia esas manifestaciones de violencia. *La Tradición Apostólica de Hipólito de Roma* (16) ya indica al referirse a los que desean convertirse en cristianos que «el gladiador y el que enseña a luchar a los gladiadores, el bestiario que participa en la lucha de animales en la arena y el funcionario relacionado con los juegos dejarán de hacerlo o serán rechazados». De acuerdo con esta fuente de finales del siglo II o inicios del III, la participación —o relación— con los juegos de gladiadores era tan condenable moralmente como la idolatría, la prostitución o la homosexualidad. Su punto de vista no era excepcional, sino generalizado.

Lo era también en virtud del respeto a la vida el rechazo al uso de las armas. Durante los tres primeros siglos de su existencia, lo que hoy denominaríamos objeción de conciencia fue una práctica generalizada en el seno del cristianismo. Los ejemplos al respecto son numerosísimos y, como es lógico, derivaban de las enseñanzas de Jesús.

Recuérdense las referencias a no resistir al mal (Mateo 5, 39 y sigs.), a amar a los enemigos y perdonarlos (Mateo 5, 44 y sigs.), a rechazar el uso de la espada (Mateo 26, 52) o a afirmar que sus discípulos no combaten precisamente porque el Reino en que creen no es de este mundo (Juan 18, 36).

Justino, que fue martirizado durante la persecución de Marco Aurelio, insistió en que los cristianos no hacían «la guerra a nuestros enemigos» (Apología I, c. 39). Ireneo, obispo de Lión, señaló que «los cristianos no combaten» (Contra Haereses IV, 4). Clemente de Alejandría (m. 215) dejó el testimonio de que los cristianos no se entrenaban para la guerra (Stromata IV, 8; Pedagogo I, 12). Tertuliano (160-220) transmitió la enseñanza eclesial de que un cristiano no podía ser soldado ni siquiera en tiempo de paz (De Corona 11; De Idololatria 19). Orígenes (m. 254), respondiendo el ataque de Celso, legitimador de la persecución de Marco Aurelio, dejó de manifiesto que ni siquiera era lícito para un cristiano el recibir entrenamiento militar (Contra Celso 5, 33). Lactancio (m. 320) volvió a repetir que no era «lícita la milicia de las armas» para los cristianos (Divinae institutiones VI, 20). Las mismas *Actas de los mártires* recogen varios casos de cristianos que fueron ejecutados precisamente por rehusar servir en el ejército, ya que consideraban que ese comportamiento colisionaba de manera frontal con su fe. Este respeto a la vida, que aparecía en las condenas de las luchas de gladiadores y en la negativa a servir en el ejército, tuvo otra manifestación en el rechazo ya mencionado del infanticidio y en el del aborto.

La cultura pagana no tenía ninguna objeción moral contra el aborto e incluso había aducido razones en su favor. Platón (*República* 5, 9) había escrito que el Estado debía convertir en obligatorio el aborto para las mujeres que superaban los cuarenta años y también como una manera de controlar el crecimiento de la población. Aristóteles, asimismo, había suscrito el punto de vista de que solo debía procrearse hasta una edad determinada y que, superada esta, había que recurrir al aborto (Aristóteles, *Política,* 7, 14, 10). La sociedad romana, desde luego, consideraba normal que los varones dispusieran de los fetos de sus esposas o amantes, y conocemos, por ejemplo, el caso de Julia, la sobrina de Domiciano, a la que este ordenó abortar cuando quedó embarazada por mantener relaciones sexuales con él. El cristianismo, y en esto seguía al judaísmo[19], consideraba, sin embargo, un grave atentado contra la moral la destrucción de la vida que estaba albergada en el vientre de una mujer. La *Didajé,* la primera catequesis cristiana de la que tenemos noticia, cuya fecha de redacción puede incluso ser anterior al año 70 d. C., ya consignaba la siguiente prohibición: «No matarás a un niño recurriendo al aborto ni lo matarás una vez que haya nacido». De la misma manera, la I Apología de Justino dejaba de manifiesto que «se nos ha enseñado que es una perversidad abandonar a los niños recién nacidos». La posición del cristianismo primitivo hacia el aborto y el infanticidio no tardó en convertirse en una abierta denuncia dirigida a las más altas instancias del imperio. Atenágoras (Apología 35) ya señaló en el siglo II al emperador Marco Aurelio que «decimos a las mujeres que utilizan drogas para provocar un aborto que están cometiendo un asesinato, y que tendrán que dar cuentas a Dios por el aborto... contemplamos al feto que está en el vientre como un ser creado, y por lo tanto como un objeto del cuidado de Dios... y no abandonamos a los niños, porque los que los exponen son culpables de asesinar niños». Sabido es que la apología no disuadió al emperador de convertirse en un perseguidor de los cristianos. Pero tampoco la persecución apartó a los cristianos de sus puntos de vista. A finales del siglo II, Minucio Félix (Octavio 33) volvía a condenar el aborto y lo relacionaba —con razón— con la propia mentalidad pagana.

Se pensara lo que se pensara, lo cierto es que a lo largo de tres siglos el cristianismo fue concitando no solo las simpatías de amplios sectores sociales —esclavos y mujeres, pero también aquellos que estaban asqueados profundamente de la moral pagana—, sino también reuniendo en su seno un potencial demográfico que no podía ser igualado por una sociedad que abandonaba a sus hijos, que practicaba el aborto libremente y que sometía a las mujeres a un trato injusto y discriminatorio. En los siglos anteriores César había recompensado con tierras a los padres que engendraran tres o más

19 Sobre precedentes judíos en Flavio Josefo y el Pseudo-Foclides, aparte de un desarrollo del tema, véase: M. J. Gorman, *Abortion and the Early Church,* Downers Grove (Illinois), 1982.

hijos (59 a. C.); y Augusto (29 a. C. y 9 d. C.) había promulgado normas que otorgaban preferencia política a los padres de tres o más hijos, que sancionaban a las parejas sin hijos, a las solteras de más de veinte años y a los solteros de más de veinticinco. Emperadores sucesivos habían incidido en estas políticas demográficas desde el poder, pero, como señalaría Tácito *(Anales* 3, 25), la ausencia de niños seguiría prevaleciendo. A inicios de la Era cristiana la tasa de fertilidad del imperio ya era negativa[20]; por el contrario, el cristianismo iba implantándose en los sectores de la población capaces de revertir esa terrible tendencia y les infundía una ética —siquiera en lo tendente a evitar el infanticidio y el aborto— que tenía consecuencias demográficas muy positivas. Pese a la persecución, la tortura y las ejecuciones, lo cierto es que el cristianismo crecía demográficamente en un imperio que retrocedía en ese terreno.

Pero, aparte de lo anterior, el cristianismo contaba con un factor más que le iba a permitir imponerse sobre el paganismo de una manera no-violenta y decisiva. Su base se hallaba en el mandato del amor al prójimo sin ningún género de excepciones y tendría consecuencias prácticas de una enorme relevancia.

EL ENFRENTAMIENTO ENTRE EL CRISTIANISMO Y EL IMPERIO

(III): LA ASISTENCIA SOCIAL

La ética específica del cristianismo le permitió, a pesar de la oposición consciente y progresiva del imperio romano, no solo ir aumentando su influencia, sino también incardinarse en un conjunto de circunstancias que favorecían su crecimiento continuado en un imperio demográficamente decreciente. Estos factores quedaron acentuados además por la norma ética que caracterizaba al cristianismo como considerablemente distinto de cualquier otra creencia. Nos referimos al precepto de amor al prójimo.

Como ya hemos visto, ese mandamiento implicaba no solo otorgar una dignidad hasta entonces negada a cualquier ser humano con

---

20 En este mismo sentido, véanse: A. M. Devine, «The Low Birth-Rate in Ancient Rome: A Possible Contributing Factors», en *Rheinisches Museum,* 128, 3-4, págs. 313-317; T. G. Parkin, *Demography and Roman Society,* Baltimore, 1992; A. E. Boak, *Manpower Shortage and the Fall of the Roman Empire in the West,* Ann Arbor, 1955.

independencia de su condición, sino que también significó adoptar medidas positivas para liberarle del mal (el infanticidio, el aborto, la esclavitud) y hacerle el bien (asistencia a las viudas). Esta última circunstancia tendría una especial importancia sobre todo a partir de los últimos años del siglo II.

En el año 165, durante el reinado del emperador perseguidor Marco Aurelio, una terrible epidemia asoló el territorio del imperio romano. No se ha podido determinar con exactitud el tipo de enfermedad del que se trataba[21], pero durante década y media dejó sentir su pavoroso impacto acabando con la vida de una parte de la población del imperio que pudo llegar a un tercio del total o, como mínimo, a la cuarta parte[22]. El mismo Marco Aurelio pereció por esta causa en 180 y el impacto demográfico resultó tan considerable que, unido a la baja tasa de natalidad, llevó a asentar a poblaciones bárbaras en el imperio con intenciones repobladoras, corroyendo aún más los cimientos del poder. Era solo el principio. Un siglo después, una nueva plaga volvió a golpear el imperio y en su punto más álgido causó hasta cinco mil muertes diarias tan solo en la ciudad de Roma. La catástrofe no solo era extraordinaria en términos sociales. Además puso a prueba la fuerza interna del paganismo y de un cristianismo perseguido y minoritario.

La respuesta de ambos sistemas de creencias fueron diametralmente opuestas. Los profesantes del paganismo buscaron sobre todo poner a salvo su vida y, por supuesto, abandonaron a aquellos que ya habían empezado a sufrir la enfermedad. Según escribió Dionisio de Alejandría:

> Desde el mismo inicio de la enfermedad, echaron a los que sufrían de entre ellos y huyeron de sus seres más queridos, arrojándolos a los caminos antes de que fallecieran y trataron los cuerpos insepultos como basura, esperando así evitar la extensión y el contagio de la fatal enfermedad; pero haciendo lo que podían siguieron encontrando difícil escapar.

En realidad, los paganos del imperio no eran peores que los de otras épocas si contrastamos su conducta con la descrita por Tucídides

21 Hans Zinsser, *Rats, Lice and History,* Nueva York, 1960, sostuvo, por ejemplo, que había sido el primer brote de viruela en Occidente.

22 En ese mismo sentido, véase: W. H. McNeill, *Plagues and People,* Garden City, 1976.

en su *Historia de la guerra del Peloponeso* (2, 47-55) al relatar la peste que asoló Atenas. Sin embargo, volvieron a poner de manifiesto el carácter despiadado de los valores que informaban la sociedad en que vivían. Si consideraban lícito el infanticidio o el aborto, si no censuraban el abandono de las hijas o su entrega al matrimonio antes de la pubertad, si disfrutaban con el derramamiento de sangre en los espectáculos públicos, ¿por qué razón deberían haber permanecido al lado de seres que podían contagiarles una enfermedad letal? Galeno, el célebre médico, vivió la epidemia que se produjo durante el reinado de Marco Aurelio y su comportamiento fue completamente paradigmático. Desde luego, no pensó en quedarse en la ciudad de Roma para asistir profesionalmente a los enfermos. Por el contrario, abandonó la ciudad con la mayor rapidez y se dirigió a sus posesiones en Asia Menor.

La conducta de los cristianos no pudo ser más diferente. Cipriano de Cartago (Mortalidad 15-20) escribió una descripción angustiosa de la manera en que había causado estragos, pero, a la vez, dejó constancia de que mientras que los paganos habían huido los cristianos, que morían de la misma manera, optaron por quedarse al lado de los enfermos:

> ...los que están bien cuidan de los enfermos, los parientes atienden amorosamente a sus familiares como deberían, los amos muestran compasión hacia sus esclavos enfermos, los médicos no abandonan a los afligidos... estamos aprendiendo a no temer la muerte.

Dionisio de Alejandría, en torno al 260[23], señalaba una situación muy similar:

> La mayoría de nuestros hermanos cristianos mostraron un amor y una lealtad sin límites, sin escatimarse y pensando solo en los demás. Sin temer el peligro, se hicieron cargo de los enfermos, atendiendo a todas sus necesidades y sirviéndolos en Cristo, y con ellos partieron de esta vida serenamente felices, porque se vieron infectados por otros de la enfermedad... Los mejores de nuestros hermanos perdieron la vida de esta manera, un cierto número de presbíteros, diáconos y laicos llegaron a la conclusión de que la muerte de esta manera, como resultado de una gran piedad y de una fe fuerte,parece en todo similar al martirio.

23 Eusebio, *Historia eclesiástica*, 7, 22.

Enfrentados con una crisis a vida o muerte, el paganismo y el cristianismo observaban comportamientos distintos. El primero buscaba la supervivencia del individuo por encima de cualquier consideración sin descartar la muerte de los semejantes; el segundo consideraba que era indispensable ayudar al prójimo aunque eso implicara un riesgo cierto de muerte, una muerte tan digna como la del martirio por la fe.

Pero, además, ambas creencias ofrecían una esperanza distinta en medio de situaciones desesperadas. El paganismo carecía de respuesta para catástrofes de este tipo. Sus dioses no tenían interés en el bienestar de los seres humanos, no iban a brindarles consuelo y, a juzgar por el comportamiento de sus sacerdotes, solo podía esperarse de ellos un distanciamiento desolador. Por el contrario, el cristianismo no solo brindaba remedios prácticos a la crisis, sino que, además, insistía en que todo —absolutamente todo— tenía un sentido vital, aunque este quizá no fuera accesible. Ese sentido derivaba directamente de la creencia en que «Cristo Jesús, siendo en forma de Dios, no se aferró a ser igual a Dios, sino que se anonadó tomando forma de siervo, hecho semejante a los hombres, y siendo hombre se humilló a sí mismo, hecho obediente hasta la muerte, y muerte de cruz» (Filipenses 2, 5-8).

A los paganos no se les escapó que aquel comportamiento cristiano que atendía a enfermos y viudas, a niños abandonados y a mujeres, a esclavos y desdichados, tenía un impacto corrosivo sobre su monopolio ideológico. Fue precisamente Juliano, el protagonista del último intento imperial de restauración del paganismo, el que captó con más claridad la fuerza de esta diferencia. En una carta dirigida en el año 362 a un sumo sacerdote de Galacia, Juliano instaba a los paganos a igualar las virtudes de los cristianos, ya que su expansión se debía a su «carácter moral» y a su «benevolencia hacia los extraños y el cuidado por las tumbas de sus muertos». En otra misiva dirigida a otro sacerdote, Juliano le insistía: «Creo que cuando los sacerdotes descuidaron y pasaron por alto a los pobres, los impíos galileos se percataron de ello y se entregaron a la caridad»; y en otro lugar añadía: «Los impíos galileos no solo sustentan a sus pobres, *sino también a los nuestros,* todos pueden ver que nuestra gente carece de ayuda nuestra» (la cursiva es nuestra). Juliano atribuía las peores motivaciones a la caridad cristiana, pero lo que no podía era ni negarla ni pasar por alto el impacto que estaba teniendo sobre un paganismo que, en términos generales, estaba desprovisto de piedad, de compasión, de solidaridad e incluso de esperanza.

Se ha señalado que el cristianismo había creado un «estado del bienestar en miniatura en un imperio que en términos generales carecía de servicios sociales»[24]. Hay algo de verdad en la afirmación, pero no toda la verdad. De entrada, la motivación era el puro amor al prójimo y, por añadidura, el mantenimiento no descansaba en una red impositiva descargada sobre los que participaban en ella sino en la libre voluntad. Lo cierto es que el paganismo carecía de fibra moral para asistir a los desfavorecidos cuando precisamente no tenía reparos en arrojarlos a la cuneta social —o incluso a la muerte— y profesaba un culto evidente a la fuerza, el poder y la violencia. Al mismo tiempo, era incapaz no solo de brindar su asistencia social, sino también de otorgar la más mínima esperanza a sectores importantes de su población, precisamente aquellos —mujeres, esclavos, extranjeros, desposeídos, enfermos— por los que sentía un claro menosprecio.

El cristianismo venció finalmente al paganismo, pero no porque contara con la fuerza, sino porque, a pesar de la violencia dirigida en su contra, supo infundir misericordia, caridad y esperanza en una sociedad desprovista de estas conductas; porque abrió sus brazos de la misma manera a sectores sociales humillados y ofendidos (por utilizar la expresión de Dostoievski), y porque implicaba una ética elevada de respeto por la vida que tuvo muy positivas repercusiones demográficas.

Cuando a comienzos del siglo IV tuvo lugar la conversión del emperador Constantino, de manera más o menos profunda, a la fe de un movimiento proscrito y perseguido desde la cúpula del poder, se trató de una respuesta realista ante un movimiento de extraordinaria pujanza incluso en medio de las peores pruebas y no la causa de la victoria final de este. Constantino no estaba

---

24 P. Johnson, *A History of Christianity,* Nueva York, 1976, pág. 75 (*La historia del cristianismo*, Zeta no ficcón, España,2010).

ocasionando el triunfo del cristianismo sobre el paganismo; se rendía sólo —inteligentemente— ante la evidencia[25]. Para entonces, como se desprende de recientes estudios, cerca de la mitad de la población del imperio romano podía ya considerarse cristiana[26]. Se trataba de una victoria espiritual sin paralelos antes y después en la Historia de la Humanidad.

Sin embargo, la victoria no iba a implicar la aniquilación del adversario. En las décadas siguientes, la influencia cristiana dulcificaría la legislación imperial de acuerdo con algunos de sus principios más esenciales. Sin embargo, el cristianismo no lograría seguir el mandato del apóstol que llamaba a «examinar todo y conservar lo bueno» (I Tesalonicenses 5, 21). Ciertamente, salvaría para la posteridad la herencia clásica, pero también se dejaría contaminar gravemente por ella precisamente en los aspectos espirituales. Personaje tan poco sospechoso como el cardenal católico Newman —procedente del anglicanismo— afirmaría al respecto:

> «En el curso del siglo cuarto dos movimientos o desarrollos se extendieron por la faz de la cristiandad, con una rapidez característica de la Iglesia: uno ascético, el otro, ritual o ceremonial. Se nos dice de varias maneras en Eusebio (V. Const III, 1, IV, 23, &c), que Constantino, a fin de recomendar la nueva religión a los paganos, transfirió a la misma los ornamentos externos a los que aquellos habían estado acostumbrados por su parte. No es necesario entrar en un tema con el que la diligencia de los escritores protestantes nos ha familiarizado a la mayoría de nosotros. El uso de templos, especialmente los dedicados a casos concretos, y adornados en ocasiones con ramas de árboles; el incienso, las lámparas y velas; las ofrendas votivas al curarse de una enfermedad; el agua bendita; los asilos; los días y épocas sagrados; el uso de calendarios, las procesiones, las bendiciones de los campos; las vestiduras sacerdotales, la tonsura, el anillo matrimonial, el volverse hacia Oriente, las imágenes en una fecha posterior, quizás el canto eclesiástico, y el Kirie Eleison son todos de origen pagano y santificados por su adopción en la Iglesia».
>
> (An Essay on the Development of Christian Doctrine, Londres, 1890, p. 373).

25 En el mismo sentido, R. Stark, *The Rise of Christianity,* San Francisco, 1997, pág. 10, (*La expansión del cristianismo,* Trotta, España, 2009).

26 Ibídem, pág. 14 .

El cristianismo había vencido al paganismo, pero en el triunfo no supo evitar la contaminación del derrotado. Así permanecería durante siglos. Pero esos son temas que debemos abordar en otros capítulos.

SEGUNDA PARTE

EL CRISTIANISMO Y LOS SIGLOS DEL MEDIEVO

«Que vivan de nuevo los cristianos y que puedan reconstruir los lugares en los que acostumbraban reunirse, a condición de que no hagan nada que pueda perturbar el orden... estarán obligados a rogar a su dios por nuestra salud y la de la república y la suya propia para asegurar el bienestar de la república y para que puedan vivir libremente en sus casas».

(Edicto de Tolerancia de 30 de abril del 311)

«Llevaba en mi interior un alma herida y sangrante y no sabía cómo librarme de ella. Caté todos los placeres: el campo, los deportes, el coqueteo, la paz de un huerto, amigos y buenas compañías, el sexo, la lectura. Mi alma se debatía en el vacío y me perseguía. Porque ¿adónde podía huir de mi corazón? ¿Adónde podría escapar yo de mí mismo?... Nos creaste, Señor, para Ti, y nuestro corazón no descansa hasta que descansa en Ti».

(Agustín de Hipona, Confesiones)

4

EL CRISTIANISMO FRENTE A LAS INVASIONES BÁRBARAS

EL IMPERIO Y LA INFLUENCIA DEL CRISTIANISMO[1]

El siglo III fue especialmente crítico para el imperio romano. Por un tiempo pareció que el aparato imperial creado a lo largo de varios siglos podría colapsarse. Si no fue así, se debió al recurso a la militarización, a una estatalización de tintes religiosos y a la reforma de la administración imperial en lo que se dio en llamar la tetrarquía. De estas tres medidas solo la última era original. Las otras dos apelaban a precedentes históricos. También iban a chocar con una fe como la cristiana profundamente pacifista y no solo crítica hacia el poder político, sino también contraria a la adoración del mismo. Que las persecuciones, a las que ya nos referimos en el capítulo anterior, crecieran en número e intensidad en medio de una sociedad cuyos valores no solo no se compartían, sino que se negaban frontalmente, no parece extraño sino trágicamente lógico.

Sin embargo, al cabo de unos años, y cuando acababa de emerger de la peor de las persecuciones, el cristianismo se convirtió en

---

1 Sobre este periodo, en relación con la historia eclesiástica, véanse: J. Quasten, *Patrología,* Madrid, 1968, 1973 y 1981; C. Vidal, *Diccionario de Patrística,* Estella, 1997. Sobre temas más generales, véanse: E. Albertini, *L'Empire romain,* París, 1929; P. Allard, *Julien l'Apostat,* París, 1900-1903; P. Battifol, *La Paix Constantinienne et le Catholicisme,* París, 1914; G. Boissier, *La fin du paganisme,* París, 1922; J. B. Bury, *History of the Later Roman Empire from the Death of Theodosius I to the Death of Justinian,* Londres, 1923; J. Zeiller, *L'Empire romain et l'Église,* París, 1928.

una religión tolerada e incluso favorecida por el imperio. Las razones de ese triunfo las hemos analizado en el capítulo anterior; las consecuencias debemos señalarlas, siquiera levemente, en este.

El catalizador político —aunque no el causante— de este cambio de condición del cristianismo fue Constantino (hacia 274-337). Nacido con el nombre de Flavio Valerio Constantino, en Naissus (hoy, Nis, en la actual Serbia), Constantino era hijo de Constancio Cloro, el prefecto del Pretorio, y de una cristiana llamada Elena. Tras combatir a los sármatas, Constantino se unió a su padre en Britania, en el 306. Ese mismo año falleció Constancio, pero era ya tan popular entre sus tropas que le proclamaron augusto. Semejante acto iba a marcar el inicio de una serie de enfrentamientos con sus rivales que no concluyeron en realidad hasta el año 324. Para aquel entonces Constantino ya se había manifestado en favor del cristianismo. Esta acción no constituía sino el final de un proceso espiritual que había durado años. Creyente en un solo dios, en el 310 afirmó que había contemplado al dios Sol, mientras estaba en una arboleda de Apolo, en la Galia. Fue ese el mismo año en que derrotó a Maximiano, y cabría preguntarse lo que había detrás de ese testimonio. En cualquier caso, dos años después, antes de una batalla librada contra Majencio, un hijo de Maximiano, afirmó que había soñado con Cristo y que este le había ordenado que trazara las dos primeras letras de su nombre (XP, en griego) en los escudos de sus tropas. Al día siguiente, según Constantino, contempló una cruz superpuesta en el sol y las palabras «con este signo vencerás» (en latín, *in hoc signo vinces*). Haya lo que haya de verdad en este relato, lo cierto es que Constantino venció a Majencio en Puente Milvio, cerca de Roma, y aseguró así su triunfo, un triunfo que vinculó con el Dios de los cristianos. De hecho, de manera inmediata Constantino abandonó el paganismo, detuvo la persecución imperial desencadenada contra los cristianos y logró que Licinio Liciniano se le sumara en la proclamación del Edicto de Milán (313), que garantizaba la plena libertad religiosa para el cristianismo y la devolución de los bienes que habían sido incautados a las distintas iglesias.

Aunque Constantino no tardó en inmiscuirse en los asuntos eclesiásticos —por ejemplo, mediante la convocatoria del primer concilio ecuménico celebrado en Nicea en 325—, no puede decirse que el imperio se cristianizara. El mismo Constantino no fue bautizado en realidad hasta poco antes de su muerte, el 22 de mayo del 337, y cuando esta tuvo lugar el paganismo se encontraba sumido en un proceso de decadencia, pero no era otro que el que arrastraba desde hacía siglos. El cristianismo, por otro lado, aún no se había convertido —en contra de lo que se afirma con frecuencia— en religión oficial del imperio.

Sin embargo, no es menos cierto que la nueva —y ahora tolerada— fe no tardó en dejar su impronta en un derecho que defendía unos valores que, en términos generales, no eran precisamente los mismos que los sustentados por el cristianismo. Los ejemplos de la huella cristiana en la legislación constantiniana no son, desde luego, escasos. En el 325, por ejemplo, el emperador prohibió las luchas de gladiadores, pese a su popularidad[2], y ordenó que la pena de muerte que pesaba sobre aquellos que eran condenados a morir combatiendo en la arena fuera sustituida por la de trabajos forzados. De hecho, en términos generales la imposición de la pena capital se vio dificultada e incluso se abolió el suplicio de la cruz. Además, penas físicas como la marca con fuego en la frente o quebrarle las piernas a los reos quedaron excluidas del derecho penal romano.

No fue este el único terreno que se vio afectado por la carga humanitaria del cristianismo. Constantino promulgó también medidas que dificultaran el infanticidio y el abandono de niños. Por ejemplo, en África y en Italia se ordenó la entrega de diversas cantidades de dinero, alimentos y ropas a familias que, sometidas a difíciles circunstancias económicas, se sintieran inclinadas a tomar decisiones como las señaladas. Asimismo, prohibió la separación de las familias de esclavos cuando se dividían los fundos imperiales a los que estaban adjuntos y facilitó la manumisión en las iglesias, algo notable si se tiene en cuenta que Constantino no fue precisamente favorable a dulcificar la vida de estos desdichados.

---

2 Precisamente esa popularidad explica las dificultades con las que chocó para su cumplimiento. En la parte oriental del imperio se cumplió sin dificultad; en la occidental hubo que esperar hasta inicios del siglo siguiente para que se respetara. En ese sentido, véase: A. H. M. Jones, *Constantine and the Conversion of Europe,* Nueva York, 1962, págs. 188 y sigs.

Junto con la influencia humanitaria, Constantino incorporó, siquiera en parte, algunos de los principios cristianos relativos a la vida familiar y conyugal, y esto, muy posiblemente, por razones más prácticas que espirituales. Así, restringió las causas de divorcio —el cristianismo primitivo a diferencia del catolicismo romano posterior no lo prohibió nunca— permitiendo a los hombres que repudiaran a sus esposas solo por causa de adulterio, envenenamiento o proxenetismo.

Por último, la Iglesia recibió beneficios sin precedente, un hecho que merece un veredicto no tan positivo como pueda pensarse a primera vista. Así, se reconoció la jurisdicción eclesiástica de los obispos en cuestiones estrictamente espirituales, pero, en virtud de una ley del 321, se admitió también la apelación a un tribunal episcopal como tribunal de arbitraje en asuntos civiles. De la misma manera, el derecho de asilo —propio de los templos paganos— fue extendido a las iglesias. Asimismo, se autorizó a estas para recibir legados y se eximió al clero de ejercer cargos municipales y, en menor medida, de pagar impuestos.

El proceso —insistamos en ello— no fue del todo positivo ni estuvo exento de sombras. Por parte del imperio era obvio que no podía producirse una absorción total de los principios cristianos, unos principios que colisionaban en gran medida con los propios. Esta circunstancia explica que Constantino ni proclamara el cristianismo religión oficial ni se apresurara a bautizarse. Por lo que se refiere al cristianismo sus triunfos en el terreno de la libertad, de los beneficios legales y de la tranquilidad en la influencia social deben contemplarse al lado de fenómenos como el de la creciente influencia del emperador en asuntos eclesiales —una conducta que acabaría siendo conocida como cesaropapismo y que pesaría en particular sobre las diócesis de la parte oriental del imperio aunque también en algunas épocas en la romana cuyos titulares también fueron designados por el emperador —, el de la absorción de elementos a veces accesorios, a veces no tanto, procedentes del paganismo, y el de la relativización de principios morales como el pacifismo que, poco a poco, acabó viéndose convertido en una posición minoritaria inserta con dificultad en la de la defensa de un imperio que, de forma creciente, se consideró cristiano sin llegar a serlo nunca.

Es posible que la denominada, de manera un tanto impropia, cristianización del imperio hubiera podido ser incluso más fecunda. Basta leer la obra de Agustín de Hipona[3] para percatarse de ello. Agustín era un enamorado de la cultura clásica que se había convertido al cristianismo y que insistía en que la ruina del imperio no se podía achacar a los cristianos, sino a los propios males del paganismo. Es cierto que sigue siendo uno de los teólogos más brillantes de la Historia, sin embargo, su visión sobre aspectos prácticos de la existencia cotidiana —aún menos conocida— es una manifestación evidente de lo que hubiera podido ser el imperio de no haber sido aniquilado por los bárbaros. Defensor de la propiedad privada, Agustín supo, a la vez, insistir en la necesidad de socorrer a los más desfavorecidos (Sermón 36, 5, 7). Al mismo tiempo cuestionó la existencia de la esclavitud, ya que Dios no ha creado al hombre para ser dueño de sus semejantes (La ciudad de Dios 19, 15), e insistió en que todo tipo de trabajo era honroso si servía para cubrir las necesidades de la vida cotidiana (Enarratio in Psalmos 83, 8). En resumen, su pensamiento social —que partía medularmente de la Biblia— encarnaba la consideración de que todos los seres humanos han sido creados a imagen y semejanza de Dios y, por lo tanto, no pueden ser discriminados; la importancia de asistir a los necesitados; el valor de la cultura clásica y el culto al trabajo honrado. Sin duda, se trataba de mimbres muy relevantes para haber podido tejer un imperio ya destejido por las huestes bárbaras. No fue así. De hecho, la experiencia de la denominada Roma cristiana —una Roma que tuvo que enfrentarse con reacciones paganas como la de Juliano, fracasadas por su propia carencia de base social— sería breve, extraordinariamente breve. En realidad, no pasaría de ser un paréntesis entre el paganismo y el dominio de los bárbaros. Buena muestra de ello es que entre la clausura de los templos paganos, cada vez menos frecuentados, por parte de Teodosio, y el primer saqueo de Roma por los bárbaros tan solo pasaron dieciocho años.

3 Sobre Agustín y el cristianismo africano, véanse: G. Bardy, *L'Afrique chrétienne,* París, 1930; P. Brown, *Agustín de Hipona,* Madrid, 1969; C. Cecchelli, *Africa cristiana: Africa romana,* Roma, 1936; H. Lecrecq, *L'Afrique chrétienne,* 2 vols., París, 1904; L. Nos de Muro, *San Agustín de Hipona,* 1989; A. Trapé, *S. Agostino: l'uomo, il pastore, il mistico,* Fossano, 1976; F. Van der Meer, *San Agustín,* Barcelona, 1965.

En buena lógica, la llegada de los bárbaros —que asolaron el imperio en oleadas sucesivas— tenía que haber significado no solo la aniquilación de la herencia romana, sino también el final de un cristianismo que se había identificado con aquella con extraordinaria rapidez. Lo que sucedió fue muy distinto. La herencia romana no se vio anegada por el huracán de la Historia y los bárbaros la asimilaron en mayor o menor medida pese a crear distintas monarquías en los restos del imperio. La clave esencial de ese fenómeno fue el cristianismo, que había sido perseguido por el primero y que se convirtió en el único valladar civilizado frente a los segundos.

EL FINAL DE LA ROMA IMPERIAL[4]

Los contactos entre Roma y los pueblos germánicos fueron muy anteriores a la aparición del cristianismo. En torno al siglo II a. C. ya habían ocupado el norte de Germania —lo que correspondía *grosso modo* a la actual Alemania— y el sur de Escandinavia. En ese mismo siglo, los cimbrios y teutones —un nombre con el que aún hoy día se designa a los germanos— invadieron la Galia e intentaron dirigirse hacia Roma. Fue precisamente el general romano Mario, un tío de César, el que los contuvo en el que sería el primero de una serie casi ininterrumpida de enfrentamientos. Sobre el 58 a. C., los suevos, mandados por Ariovisto, intentaron penetrar de nuevo en la Galia, siendo detenidos en esta ocasión por el propio César. Durante algunas décadas, los romanos lograron neutralizar la amenaza germánica, pero sus éxitos se vieron cuando intentaron conquistar la zona oriental del río Rhin y Arminio los derrotó en la selva de Teutoburgo el 9 d. C. En el año 74, Roma consiguió controlar el territorio comprendido entre el Danubio y el Alto Rhin (los Agri Decumates), pero a mediados del siglo siguiente la presión germana sobre el *limes* romano adquirió caracteres preocupantes. El emperador Marco Aurelio logró contener a marcómanos y cuados, pero para aquel entonces en las filas romanas ya servían mercenarios germanos.

4 Sobre este tema, véase, en particular: J. Pelikan, *The Emergence of the Catholic Tradition (100-600)*, Chicago y Londres, 1971, con abundante bibliografía. De interés además resultan: J. B. Bury, *op. cit.;* ídem, *The Invasion of Europe by the Barbarians*, Londres, 1928; H. M. Chadwick, *The Heroic Age*, Cambridge, 1912; E. K. Rand, *Founders of the Middle Ages*, Harvard, 1928.

Durante el siglo III, las sucesivas oleadas germánicas descargaron un golpe tras otro sobre las fronteras imperiales. En el 213 fueron los alamanes; en el 236, los godos; en el 257, los francos. Tres años después, Roma abandonaba la línea retoaltorrenana y en el 270 se hizo lo mismo en Dacia, mientras los godos comenzaban a ocupar la zona del Danubio.

La incapacidad de Roma para enfrentarse con éxito a aquel empuje migratorio y su propia debilidad demográfica, a la que ya nos hemos referido en un capítulo anterior, llevaron al imperio durante el siglo IV a autorizar el establecimiento de grupos germanos en el interior de las fronteras del imperio. En teoría, eran aliados (*foederati*) que asumían la defensa del imperio a cambio de un pago anual. En la práctica, eran invasores a los que se intentaba disuadir de ocupar el imperio. Precisamente por ello el sistema fracasó. Durante el siglo V, los bárbaros se manifestaron con más claridad que nunca contrarios a dejarse convencer para seguir siendo aliados y se convirtieron de modo claro en pueblos que asolaban el imperio con el ansia de obtener botín, tierras y poder. La suerte del imperio estaba ya echada. Los jalones de esta aniquilación, jirón a jirón, del imperio romano resultan fáciles de seguir. En el año 368, los godos causaban una derrota aplastante a las fuerzas romanas en Adrianópolis. Catorce años después, el emperador Teodosio les cedía el derecho de asentarse en Mesia y Tracia. Se trataba de una concesión que solo contendría a los bárbaros de manera temporal, porque el visigodo Alarico, que adoptaría el título de rey, no tendría el menor reparo en realizar impunes incursiones de pillaje por los Balcanes y el Peloponeso. Cuando se le nombre *magister militum* de Iliria en un nuevo —y fallido— intento de asimilar a los invasores a la suerte del imperio agonizante, Alarico responderá marchando en el 401 sobre Roma. El godo no llegó a tomar de inmediato la ciudad... gracias a la acción de Estilicón, un bárbaro al servicio de Roma. Pero cuando murió Estilicón reanudó el asedio y solo lo levantó en el 408, después de percibir un cuantioso tributo. La capital del imperio por razones de seguridad se había trasladado a Rávena, y Alarico también acudió a asediarla. Firmó con ocasión de este episodio un pacto con el emperador Honorio, pero no tenía intención de respetarlo. En el 410 el bárbaro conquistó y arrasó Roma, una ciudad que había permanecido inviolada desde hacía ocho siglos. Aquel mismo año falleció Alarico cuando se disponía a pasar a África, pero su muerte no significó el final de la amenaza bárbara. Ataúlfo, su sucesor, contaba con la suficiente fuerza como para contraer matrimonio con Gala Placidia, la hermana del emperador Honorio.

Y los visigodos no eran el único pueblo bárbaro que cuarteaba la debilitada estructura del imperio. En el 400, los burgundios habían hecho sentir su presión sobre un Rhin que ya no puede considerarse garantía de defensa. En el 406 los vándalos habían atravesado el *limes* para llegar tres años después a Hispania tras cruzar a sangre y fuego la Galia. En el 430, después de conquistar Hipona mediante un asedio en el que murió san Agustín, fundaron un reino africano, y en el 455 también ellos saquearon Roma durante catorce días. En el año 451, Atila, el rey de los hunos, había sido contenido, pero el imperio se hallaba exangüe. Su acta de defunción la iba a firmar justo un cuarto de siglo después, el año 476, un caudillo secundario —Odoacro— de un pueblo bárbaro de escasa importancia, los hérulos.

Lo que quedaba de esta serie de enfrentamientos entre los bárbaros y el imperio era prácticamente la nada. Política y administrativamente, el imperio estaba despedazado en una serie de reinos cuya existencia era inestable y por añadidura efímera. Una vez más los datos resultan elocuentes. El reino africano de los vándalos apenas llega al siglo, del 429 al 534; algo similar sucede con el establecido en Tolosa por los visigodos (419-507) o con el de los burgundios (443-534). El reino ostrogodo de Italia, quizá el más importante y, desde luego, el que más se esfuerza por asimilar la herencia de Roma, no llega a los tres cuartos de siglo (493-553).

Y junto con las correrías de los bárbaros, con sus saqueos intermitentes, con su inestabilidad política, con su violencia germánica desencadenada sobre poblaciones a las que consideran inferiores moral y racialmente, no podía sino producirse la desintegración, incluso el caos, y una acentuada sensación de desmoralización que obedecía a la terrible realidad vivida por lo que antaño fuera un altivo imperio. Gregorio Magno[5] nos ha transmitido precisamente una

5 Homilías sobre Ezequiel, II, Epístola VI, 22.

descripción del panorama contemporáneo que difícilmente puede resultar más elocuente:

> ¿Qué existe en este mundo que pueda causar nuestro agrado? Por todas partes solamente contemplamos pena y lamentos. Las ciudades y las villas se hallan arrasadas, los campos se encuentran asolados y la tierra está abandonada en su soledad. Ya no quedan campesinos que cultiven los campos, pocas gentes siguen habitando en las ciudades e incluso esos escasos restos de humanidad se encuentran expuestos a incesantes sufrimientos... A algunos los arrastran al cautiverio, a otros los mutilan y otros, más numerosos, son degollados ante nuestra vista... ¿Qué existe en este mundo que pueda causar nuestro agrado? Si seguimos deseando un mundo semejante lo cierto es que no ansiamos el placer sino la miseria.

Sí, el mundo se colapsaba y parecía absurdo buscar la satisfacción en él. Fue entonces cuando frente a los bárbaros el cristianismo opuso un mensaje, duro y directo, de juicio divino porque era absurdo pensar que Dios podría dispensar —mucho menos legitimar— las tropelías de los fuertes y la desgracia de los débiles. Quizá también el hecho de que durante estos siglos el cristianismo experimentara un auténtico esplendor litúrgico y una densa reflexión teológica no resultó ajeno al contexto terrible en que se desenvolvía. Con todo, en teoría al menos, en pura lógica, al igual que el imperio se había desmoronado, habría sido de esperar que el cristianismo se cuarteara y sufriera una Edad Oscura nada inferior en gravedad. Lo cierto, sin embargo, es que el cristianismo, incluso permeado de un paganismo que llevó, por ejemplo, al obispo de Roma a asumir títulos del emperador, pervivió y al hacerlo logró que perviviera, siquiera en parte, la cultura clásica.

LOS MONJES DE OCCIDENTE[6]

El impacto que los bárbaros causaron sobre la cultura clásica y, de manera muy especial, sobre las instituciones educativas del imperio

---

6 Sobre el primer monacato, véanse: J. Brémond, *Les Pères du désert,* 2 vols., París, 1927; *E. A. W. Budge, The Wit and Wisdom of the Christian Fathers of Egypt of the Apophtemagta Patrum by 'Anan isho of Beth Abhe,* Oxford, 1934; G. M. Colombás, «La espiritualidad del monacato antiguo», en *Historia de la espiritualidad. I,* Barcelona, 1969; D. J. Chitty, *El desierto, ¡una ciudad!,* Bilbao, 1991; D. Knowles, *El monacato cristiano,* Madrid, 1969. Para los distintos personajes, puede consultarse C. Vidal, *Diccionario histórico del cristianismo,* Estella, 1999.

romano fue en verdad devastador. Lo que las propias invasiones no destruyeron de forma directa —y fue mucho— no tardó en declinar y morir en riguroso paralelo con el declive y la muerte de la vida urbana. Si los clásicos latinos lograron sobrevivir en medio de aquel terrible, pavoroso marasmo se debió de manera exclusiva a la acción del cristianismo y, de manera muy particular, a los monasterios.

Por lo general esta labor de preservación suele relacionarse con Benito de Nursia y el monacato benedictino. Lo cierto, sin embargo, es que resulta muy anterior y que fue paralela al desgajamiento del imperio. La llegada de los monasterios a Occidente hay que atribuírsela a Juan Casiano, también conocido como Johannes Eremita o Johannes Massiliensis. Nacido en torno al 360, es decir, algo más de un siglo antes de la desaparición del imperio romano de Occidente, pero escasos años antes del desastre de Adrianópolis, pasó en su juventud quince años entre los ascetas que se habían retirado a los desiertos de Egipto. No permaneció allí, sin embargo, y viajó a Constantinopla, donde cursó estudios con Juan Crisóstomo, que le ordenó diácono. En torno al año 415, siendo ya sacerdote, Juan Casiano se estableció en Marsella y comenzó allí una traslación del monacato oriental en Occidente. Fue así como fundó los monasterios de San Pedro y San Víctor, para hombres, y San Salvador, para mujeres. Tal vez no era consciente de ello, pero su incardinamiento dentro del cristianismo occidental de una institución oriental iba a tener una trascendencia histórica extraordinaria.

Además, en Occidente, los monasterios iban a disfrutar de algunas ventajas de las que no gozaron sus hermanos de la parte oriental del imperio. El control de la Iglesia por los emperadores, ya iniciado por Constantino, se tradujo en Oriente en la sumisión de los monasterios a la legislación de Justiniano, que llegó a adquirir un valor canónico. Sin embargo, en Occidente, en medio de un mundo que se asemejaba a un encrespado océano, los monasterios iban a convertirse en islotes de saber y piedad, de la Ciudad de Dios que Agustín de Hipona, otro partidario de la vida monástica, había contrapuesto a la Ciudad de los hombres.

Un ejemplo de la veracidad de esta tesis lo tenemos en Flavio Magno Aurelio Casiodoro[7]. Nacido en torno al 490 en Scylacium (Calabria), de familia noble, su cultura constituyó una plataforma para entrar en una administración, la del reino ostrogodo de Italia, que apenas sabía dar trémulos pasos entre las ruinas del imperio. Teodorico I el Grande, el rey de los ostrogodos, lo designó ministro y a lo largo de su reinado desempeñó diversos cargos. Debió de desenvolverse en ellos con pericia porque cuando falleció Teodorico, en el 526, su hija Amalasunta, la heredera del trono, siguió encomendándole puestos políticos de relevancia. Sin embargo, lo más importante de la carrera del cristiano Casiodoro no fue tanto su capacidad para adaptarse a unos tiempos convulsos ni tampoco el que supiera hacerlo sin renunciar a sus creencias. Lo que en realidad llama la atención es que se percatara de que aquellos tiempos de crisis no durarían indefinidamente y de que, por lo tanto, había que construir para el mañana. En torno al 550, Casiodoro fundó el monasterio de Vivarium, en Bruttium. Su finalidad no era solo preservar una fe que se enfrentaba con un mundo cuarteado e inestable, sino también preservar para el mañana. Entre las paredes del recinto se iban así a traducir y conservar multitud de manuscritos antiguos cuyo contenido no siempre era cristiano, aunque sí indispensable para la cultura. Casiodoro no se equivocó. El reino ostrogodo de Italia desapareció después de una existencia breve. Las obras copiadas y preservadas en Vivarium permanecieron.

La sociedad monástica era autónoma y difícilmente podía ser controlada por un poder político semiinexistente en Occidente. Basada en la adhesión voluntaria, perseguía encarnar las enseñanzas de Jesús que —como la vivencia de la no-violencia— la amistad entre el cristianismo y el imperio había relegado a un segundo plano. El seguimiento de una regla pretendía determinar de forma meticulosa el empleo del tiempo en tareas divinas, pero también profanas, que se veían teñidas de eternidad. Sin embargo, la concretización de esta forma de vida no dependió de la influencia oriental de Casiano, sino de otro personaje en verdad esencial para la historia europea. Nos referimos —claro está— a Benito de Nursia.

7 Sobre Juan Casiano, véase: O. Chadwick, *John Cassian,* Cambridge, 1968.

Benito de Nursia[8] vino al mundo en una fecha cercana al 480, es decir, menos de un lustro después de la desaparición del imperio romano de Occidente. Había nacido en una distinguida familia de Nursia, una población de Italia central, y pasó sus primeros años estudiando en Roma. Sin embargo, para el joven Benito la vivencia de la Roma posimperial fue muy desagradable. Le pareció decadente, insípida, incluso degenerada, y decidió por ello retirarse a Subiaco donde durante tres años llevó la vida propia de un ermitaño. Abandonó aquel lugar para aceptar el oficio de abad de unos monjes que vivían en el norte de Italia. Sin embargo, el episodio estuvo a punto de concluir de forma dramática. Benito estaba impregnado de convicciones y los monjes decidieron desembarazarse de él recurriendo al veneno. Descubiertos aquellos planes, Benito optó por abandonar al grupo. No mucho después fundaba un nuevo monasterio en Montecassino.

En este nuevo lugar, Benito estableció una Regla de vida no del todo original pero con unas peculiaridades de enorme interés. En lugar de primar el aislamiento de los monjes —como sucedía en Oriente— se subrayaba en ella la vida comunitaria. Además, se primaba también de manera clara el trabajo manual. La vida del monje no podía ser solo «ora», sino también «labora». En la Regla, por ejemplo, se establecía que «el monasterio debería estar organizado de tal manera que todas las cosas necesarias, como el molino, los huertos y los talleres, se encontraran en el interior de su recinto». El monasterio venía a suceder a una entidad económica autónoma como había sido la villa bajoimperial. Sin embargo, la sustituía con enormes mejoras. No existía el trabajo esclavo, puesto que todas las tareas eran realizadas por los monjes, y además se abolía la distinción —tan nefasta históricamente— entre el trabajo como actividad propia de los siervos y el ocio característico de los hombres libres. En realidad, el monje era un hombre libre por naturaleza, ya que la Regla establece (L 8, 10) de forma taxativa:

8 Sobre Benito de Nursia, véanse: C. Vidal, «Benito de Nursia», en *Diccionario histórico del cristianismo,* Estella, 1999; C. Butler, *Benedictine Monachism,* Londres, 1919; S. Hilpisch, *Geschichte des Benediktinischen Mönchtums,* Friburgo, 1929; D. Knowles, *El monacato cristiano,* Madrid, 1969, págs. 37 y sigs.; H. Leclercq, *L'ordre bénédictin,* París, 1943; L. M. de Lojendio, *San Benito, ayer y hoy,* Zamora, 1985.

> Esta es la ley bajo la que quieres militar. Si deseas observarla, entra; pero si no puedes cumplirla, vete libremente.

Pero el ejercicio de esa libertad no se produjo —al contrario del precedente pagano— sobre la esclavitud de otros, la ociosidad explotadora, el desnudo materialismo o el desprecio del trabajo.

Es cierto que, históricamente, el monacato se distanciaría de esa visión del trabajo y no sólo la abandonaría sino que además la consideraría indigna de los monjes dedicados ya sólo a una vida ociosa cubierta por una capa de lo que se pretendía espiritualidad. No era así la situación inicialmente. Por añadidura, al mismo tiempo, el monasterio se alzó como una defensa, más o menos sólida y efectiva, puesto que solo podía recurrir a la autoridad moral, contra los abusos de poder. Pocos relatos ejemplarizan mejor esa situación que la anécdota del encuentro entre Zalla y Benito de Nursia[9]. El primero era un recaudador de impuestos godo. Ansioso de esquilmar a un campesino romano, cuando este no pudo pagar lo que le exigía, lo sometió a tortura. El desdichado rústico, en un deseo de librarse del tormento, alegó entonces que Benito tenía sus bienes. Zalla, tras obligar al campesino a que lo guiara hasta Montecassino, encontró al abad a la entrada del monasterio leyendo. El godo intentó quebrantar entonces la resistencia del abad, pero este, poco dispuesto a dejarse presionar, se limitó a contemplar compadecido al campesino. Zalla se sintió conmovido por la entereza del monje y se arrojó a sus pies. Benito le perdonó entonces, le encomendó a los demás hermanos para que le dieran de comer y beber, y regresó a la lectura. Zalla sería después amonestado para que no incidiera de nuevo en sus crueles comportamientos. Sea o no cierto el relato —y no existen razones para negarlo—, la imagen que emerge del mismo no puede resultar más obvia. El libro, la compasión y el perdón presentes, pero también la justicia y la esperanza futuras encontraban una sede natural en el monasterio. Por último, la Regla señalaba el camino para vivir en libertad, del propio trabajo, con una comunidad de bienes y una proyección diaria hacia lo trascendente.

La situación de Montecassino, desde luego, distó mucho de ser idílica. En el 581, por ejemplo, los lombardos arrasaron el monasterio y provocaron la huida de los monjes. Sin embargo,

9 El episodio ha sido recogido por Gregorio en *Diálogos,* 2, 31.

aquella diáspora tuvo un resultado directo, y fue la extensión de la nueva cultura monástica.

Es dudoso que en sus primeros momentos el monacato benedictino pretendiera convertirse en guía cultural. No obstante, eso fue lo que sucedió. De entrada, la vida de los monjes giraba en torno al mensaje contenido en las Sagradas Escrituras. Obligado resultaba, por lo tanto, aprender a leerlas y preservarlas mediante la imprescindible labor de copia. Pero, además, esas Escrituras se habían distribuido ya con amplitud en traducciones realizadas al latín partiendo de sus textos originales en hebreo y griego. El monasterio, sin percatarse de la trascendencia de sus actos, se convirtió así en una escuela donde se enseñaba a leer y a escribir, donde se comenzaban a cultivar artes como la caligrafía, el dibujo y la pintura, donde se cultivaba la música para alabar al Creador y donde no solo se preservaban, sino que además se experimentaba con formas nuevas de cultivo de la tierra, eso en unos momentos en que el imperio se había desmoronado frente a los empujes de pueblos que no eran, por regla general, agrícolas, sino ganaderos. De la simple y humilde —pero indispensable— sabiduría vinculada al cultivo de la tierra hasta la divina que conducía por el camino de la salvación, pasando por la que conservaba a Virgilio, a César y a Cicerón, todo quedaba compendiado en la labor de los monasterios.

Pero, además, estos centros acentuaron el carácter meritocrático propio del cristianismo. Los abades no eran necesariamente nobles o libres, urbanitas o sabios. Honorato, el fundador del monasterio de Fondi, era de origen servil y campesino y eso no le impidió gobernar a doscientos monjes. Precisamente, esa impronta meritocrática y la recuperación del culto al trabajo propio de la Biblia tuvo repercusiones económicas trascendentales. Un número considerable de los monjes era de origen campesino —como Equito, del que habla Gregorio en sus *Diálogos* (I, 4), haciendo uso de la guadaña— y pudo emplearse en la recuperación de tierras que habían quedado baldías por efecto de las invasiones bárbaras. El terreno estéril, el pantano, el páramo fueron cediendo poco a poco su lugar a un ejército civilizador que era, a la vez, pacífico y laborioso, en suma, que encarnaba dos de las virtudes cristianas más esenciales. A estas sumaba una tercera que ya había inquietado a los paganos sagaces como Juliano. Nos referimos a la caridad. En el capítulo 36 de la Regla de Benito de Nursia se afirma:

> El cuidado de los enfermos debe estar por encima de todo, ya que en verdad deben ser atendidos como Cristo, porque Él mismo dijo: Estuve enfermo y me visitasteis, y Todo lo que hicisteis a esos pequeños, a Mi me lo hicisteis.

En los siglos siguientes, los monasterios constituirían focos de ayuda a los menesterosos, de defensa de los débiles y de resistencia crítica frente al poder político arbitrario. Así contribuirían a sentar las bases más sólidas de la Europa medieval.

LAS MISIONES MONÁSTICAS Y EL SURGIMIENTO DE LAS CULTURAS DEL NOROESTE Y CENTRO DE EUROPA

Pero el monacato no se limitó a restaurar lo dañado por los bárbaros ni a conservar lo creado por la cultura clásica. También extendió esa influencia a través de los misioneros hacia zonas que jamás habían conocido los beneficios derivados del gobierno romano, y lo hizo eliminando las barreras históricas entre romanos y bárbaros, igual que antaño lo había hecho entre judíos y gentiles.

El caso más paradigmático —que no el único— fue el de Irlanda, una isla que no había sido alcanzada por el influjo civilizador de Roma. El artífice, de nuevo, fue un hombre de extracción humilde, un origen que el cristianismo convirtió en indiferente de acuerdo con su propia tradición igualadora. Se llamaba Patricio[10] y nació en torno al año 389 en algún lugar al sudoeste de Gran Bretaña. A los dieciséis años fue secuestrado por piratas irlandeses y reducido a la esclavitud. En esa condición pasó seis años en la montaña Slemish en el condado de Antrim, según la tradición, o en el de Connacht (Connaught). Sin embargo, logró escapar, llegó al norte de la Galia y se convirtió al cristianismo.

---

10 Sobre Patricio y la expansión céltica del cristianismo, véanse: B. Bradshaw, *An Introduction to Celtic Christianity,* Edimburgo, 1989; A. Bellensheim, *Geschichte der katholischen Kirche in Irland,* I, Maguncia, 1890; J. B. Bury, *The Life of Saint Patrick and his Place in History,* Londres, 1905; T. Cahill, *How the Irish saved the Civilization,* 1995 (*De como los irlandeses salvaron la civilización,* Editorial Belacqua, Barcelona 2007); L. Gougaud, *Christianity in Celtic Lands,* Londres, 1932; K. Hughes, *The Church in Early Irish Society,* Londres, 1966; J. F. Kenney, *The Sources of the Early History of Ireland,* I, Nueva York, 1929; L. de Paor, *Saint Patrick's World,* Notre Dame, 1993; J. Ryan, *Irish Monasticism,* Londres, 1931.

La aceptación de la nueva fe le proporcionó una cosmovisión bien diferente a la que hubiera podido tener hasta entonces. Ansió regresar a Irlanda, la tierra de la amarga cautividad, pero no para vengarse, sino para compartir el Evangelio con aquellos que habían sido sus captores.

Tras ser ordenado sacerdote, logró su propósito, y en el año 431 fue nombrado obispo. Su tarea no resultó fácil —es conocida la anécdota de cómo recurrió al trébol, que acabaría convirtiéndose en símbolo suyo, para enseñar a los paganos irlandeses la doctrina de la Trinidad—, pero resultó fecunda, y no solo en términos espirituales. Uno de los cantos compuestos por él, el denominado *Lorica,* conservado en el *Libro de los himnos,* constituye de hecho el inicio de la literatura irlandesa, pero además su ejemplo cundió pronto llevando la lengua latina a los lugares más apartados de los mares del Norte, desde las Féroe a Islandia. Pero no se trató solo de la lengua del imperio, utilizada, entre otras cosas, para componer versos inspirados en los modelos de la Antigüedad. En los monasterios célticos se abordaron las cuestiones astronómicas, se establecieron cálculos cronológicos, se estudió la lengua griega —aquella en la que había sido redactado el Nuevo Testamento—, hasta el punto de que en el siglo IX no eran pocos los irlandeses que la conocían con una profundidad notable. Los evangeliarios y los salterios irlandeses[11] —¿acaso no iba a ser el arpa de David un componente esencial del escudo de Irlanda en el futuro?—, que aún provocan nuestra admiración, fueron solo algunas de las manifestaciones de una nueva cultura que sabía aunar bajo el impulso fraternal del cristianismo la lengua vernácula de los irlandeses con lo mejor de la cultura clásica.

A lo largo del siglo VII, los herederos de la Iglesia céltica de Patricio difundieron el Evangelio y la cultura clásica por el noroeste de Europa. Nombres como los de Valerio (m. 633), Gall (m. 640), Fara (m. 657), Omer (m. 670), Ouen y Filiberto (ambos m. 684) o Bertín (m. 709) son jalones masculinos y femeninos de una impregnación cultural entre los pueblos célticos y germánicos que nunca lograron las legiones romanas. Pero ahora el avance occidental no pretendía subrayar la superioridad de una raza, de una cultura, de una nación

11 Sobre estos, véanse: F. Henry, *Irish Art,* Nueva York, 1965, y C. de Hamel, *A History of Illuminated Manuscripts,* Boston, 1986,(*Copistas e iluminadores,* Akal, Madrid, 1997).

sobre otra, sino sellar la fraternidad entre pueblos diferentes en torno a un mensaje de salvación, caridad y esperanza. Quizá por ello no debería sorprender tanto que los resultados acabaran siendo radicalmente distintos.

Quizá una de las cumbres de este avance incontenible se produjo durante estos siglos con la conversión de los anglosajones. El origen de este episodio ha sido relatado en multitud de ocasiones. Gregorio Magno habría visto a unos esclavos anglos *(angli)* y, sorprendido por su prestancia, habría dicho que eran más bien ángeles *(angeli),* decidiendo alcanzarlos con el Evangelio. Gregorio Magno envió para esta misión a Agustín, un monje latino, que llegaría al reino de Kent sobre el año 596. Durante el siglo siguiente, el monacato occidental llegó a Northumbria de la mano de Vifredo (634-709) y Benito Biscop (628-690). Mientras un huido de la expansión islámica llamado Teodoro, ayudado por Adriano, que procedía de África, en torno al 669, convertía Canterbury en un centro de enseñanza, Benito Biscop importaba a Inglaterra la cultura occidental. En el curso de distintos viajes que realizó al continente, el monje fue tomando consigo manuscritos, pinturas, ropas, amén de albañiles, vidrieros y cantores que desembarcaron en una Inglaterra ayuna de todas aquellas exquisiteces. De la obra conjunta —no pocas veces coordinada— de los misioneros latinos y célticos surgieron los Evangelios de Lindisfarne, la literatura vernácula, la obra de Beda el Venerable, el arte de las cruces de piedra de los anglos y, por supuesto, el trasplante del mundo clásico a las tierras brumosas del norte donde nunca había podido arraigarse.

Al igual que las islas británicas, Germania se había mantenido siempre impenetrable al influjo del imperio. Quizá en mayor medida, ya que durante siglos Roma logró mantener un cierto control sobre Inglaterra hasta el *limes* formado por el muro de Adriano. Sin embargo, en relación con Germania, el imperio romano había conseguido como mucho detener el avance de sus belicosas tribus en algunas ocasiones. No obstante, nunca había dominado sus tierras ni, al fin y a la postre, se había mostrado capaz de paralizar por completo el avance de sus pobladores. No hace falta decir que tampoco logró imbuirles una cultura que ellos como nadie aniquilaron al paso de sus huestes.

Esa tarea la cumplirían también los misioneros cristianos y, de manera muy especial, Bonifacio, un benedictino anglosajón.

Nacido en Kirton[12], en el reino de Wessex, en torno al año 675, Bonifacio se llamaba originalmente Wynfrid. Recibió su educación en el monasterio de Nursling (Hampshire), del que se convirtió en abad sobre el año 717. Al año siguiente, Gregorio II autorizó su misión evangelizadora en la pagana Germania. El recorrido de Bonifacio, a pie y en un ambiente abiertamente hostil, resulta casi sobrecogedor. Durante años cruzó Turingia, Baviera, Frisia, Hesse y Sajonia. En el 723, tuvo que abandonar por un tiempo Germania para acudir a un llamamiento del Papa. La intención del obispo de Roma era consagrarle obispo y entregarle unas cartas dirigidas a Carlos Martel, el rey franco de Austrasia. Fue un paréntesis breve. En el 724, Bonifacio se hallaba en Hesse y se enfrentó con más energía que nunca al paganismo. En el año 738, tras ser nombrado arzobispo y primado de la Iglesia germana, Bonifacio realizó un tercer viaje a Roma. Le quedaba poco tiempo de vida, ya que unos paganos lo asesinaron en Dokkun, Frisia (hoy en los Países Bajos). Sin embargo, para aquel entonces el cristianismo —que no contaba ni siquiera con las armas de que habían dispuesto antaño las legiones romanas— ya había vencido en Germania. Bonifacio había mantenido unas relaciones que vinculaban entre sí lo mismo a la iglesia italiana que a las célticas con la nueva germánica. La unión imperial podía haberse desmoronado, pero se estaban sentando las bases de una nueva unidad europea que trascendiera incluso los límites máximos del imperio romano. No solo eso. Estaba a punto de asistirse a la reconstrucción del imperio de Occidente, un Occidente que, como veremos en el capítulo siguiente, se enfrentaba entonces a terribles amenazas.

---

12 Sobre Bonifacio, véanse: H. Hahn, *Bonifaz und Lul,* Leipzig, 1883; A. Hauck, *Kirchengeschichte Deutschlands,* I, 3, 1922; G. Kurth, *Saint Boniface,* París, 1913; J. J. Laux, *Der Heilige Bonifatius,* Friburgo de Brisgovia, 1922.

«¡Combatid contra quienes, tras recibir la Escritura, no creen en Allah, ni en el último día, ni prohíben lo que Dios y Su enviado han prohibido, ni practican la religión verdadera, hasta que, humillados, paguen el tributo!».

(Corán 9, 29)

«Realizan incursiones sobre Saqlaba navegando en barcos. Los capturan y los llevan a Jazar y a Bulkar, con las que comercian... cuando nace un niño, su padre lleva una espada desnuda al lugar donde se encuentra el recién nacido y la coloca en sus manos diciéndole: No te dejaré riquezas y solo tendrás lo que con la espada ganes para ti mismo».

(Ibn Rusta, sobre los varegos)

5

LA RECONSTRUCCIÓN DEL IMPERIO Y LA SEGUNDA EDAD OSCURA

LA AMENAZA ISLÁMICA

El cuarteamiento del imperio romano y su atomización en distintos reinos bárbaros no significó el inicio de la calma para reconstruir Occidente. Es cierto que el cristianismo estaba sentando las bases de una nueva cultura internacional y que comenzaba a transmitir no solo su mensaje evangélico, sino la cultura clásica, a pueblos nunca alcanzados por Roma. Con todo, las amenazas que iban a comenzar a cernirse sobre Occidente en el periodo situado cronológicamente entre el siglo VII y el X serían colosales y estarían a punto de sumirlo en un caos cultural, social y económico muy superior al ocasionado por las invasiones bárbaras. La primera de estas amenazas, una amenaza que duraría hasta el siglo XX, fue el islam. Sus jalones históricos son lo suficientemente conocidos como para que podamos abstenernos de su repetición exhaustiva, pero debemos, no obstante, detenernos en algunos aspectos esenciales para nuestra exposición.

Mahoma[1], su fundador, vino al mundo en La Meca (Arabia) en torno al año 570. Su padre falleció antes de que tuviera lugar su

1 Acerca de Mahoma con abundante bibliografía, véase: César Vidal, *Mahoma, el guía*, Barcelona, 2012.

nacimiento y su madre murió cuando Mahoma tenía cinco o seis años de edad. El cuidado del pequeño recayó entonces en su abuelo Abd al-Muttalib, y a la muerte de este, poco después, en su tío Abú Tálib. Sabemos poco de esta parte de la vida de Mahoma. Al parecer, viajó a Siria por razones comerciales y allí conoció a monjes cristianos. Desde luego, es indiscutible que las descripciones del infierno y del juicio final que se contienen en el Corán son muy similares a las que aquellos empleaban en sus predicaciones. Incluso hay autores que sostienen que porciones importantes del Corán no son sino fragmentos de himnarios cristianos. A los veinticinco años, Mahoma contrajo matrimonio con una viuda rica, Jadiya, lo que mejoró económicamente su suerte hasta el punto de permitirle retirarse con relativa frecuencia a la cueva de un monte para dedicarse a la meditación. Cuando rondaba los cuarenta años, según su testimonio, Mahoma recibió la visita de un ser angélico que le ordenó recitar lo que luego sería la sura 96 del Corán. Fue la insistencia de su esposa Jadiya —muy posiblemente miembro de un grupo cristiano heterodoxo— y de su pariente Waraka, un clérigo cristiano, en que se trataba de una experiencia procedente de Dios lo que disipó las dudas de Mahoma. Este, de hecho, se encontraba en aquel entonces sumido en una situación de malestar espiritual y psicológico que estuvo acompañado, en ocasiones, de tentaciones de suicidio. El episodio de la primera revelación ha sido, a veces, explicado como producto de algún tipo de desarreglo psicológico, pero una explicación de ese tipo nunca llega a ser del todo convincente. Por otro lado, no parece que existan dudas razonables sobre la sinceridad de Mahoma. Su predicación de estos primeros tiempos, muy rudimentaria, se centró en proclamar a Allah —al que los árabes tenían como su dios más importante— como único Dios, y en insistir en la necesidad de ser honrado y de ayudar a los pobres. También se incluía en esta primitiva predicación el anuncio de un próximo fin del mundo. En términos generales, pues, la predicación de Mahoma no era original y, por el contrario, se asemejaba a la de ciertos monoteístas que entonces había en Arabia. El factor diferenciador más claro era la identificación de Mahoma con el enviado de Allah.

La predicación de Mahoma no fue bien recibida por sus compatriotas y cuando hacia el año 619 murieron Jadija y Abú Tálib, el nuevo profeta se encontró sin ningún protector. Sobre estos años parece haber ido añadiendo a su mensaje inicial elementos tomados del cristianismo, como la creencia en el infierno y en el paraíso, la aceptación de Jesús como mesías, etc., y del judaísmo, como el reconocimiento de sus patriarcas y profetas, la prohibición de comer cerdo o la oración en dirección a Jerusalén.

La hostilidad creciente en La Meca y las relaciones que tenía con gente de Medina le impulsaron a envíar allí a algunos de sus fieles (otros ya habían huido antes a Abisinia), a los que siguió, acompañado de Abú Bakr, el año 622. Esta huida, *hijra* o égira, serviría de inicio de la era islámica y, ciertamente, marcó un punto de inflexión en la predicación y la conducta de Mahoma. La obtención del poder político y el rechazo de los judíos —que acusaban comprensiblemente las incoherencias entre el Antiguo Testamento y la predicación de Mahoma— le llevaron a adoptar una postura no solo de ruptura (la oración se haría en dirección a La Meca, etc.), sino de abierta hostilidad que, en ocasiones, rayó en el semiexterminio de los judíos y en el empleo de la violencia —incluyendo no solo la guerra, sino también el asesinato— dirigida contra sus enemigos. En esta parte de su vida, resulta obvio que Mahoma tenía ya un mensaje espiritual bien definido y distinto del presentado por el judaísmo y el cristianismo, del que también se había ido desmarcando, negando, por ejemplo, la muerte y resurrección de Jesús, aunque existe la posibilidad de que, al principio, creyera en ambas. De este periodo proceden asimismo aquellas suras del Corán que se manifiestan hostiles a judíos y cristianos. Era obvio que Mahoma ya no esperaba una conversión derivada de la persuasión y que había decidido valerse de la espada para obtener sus objetivos.

En el 630, tomando como pretexto la petición de ayuda de sus aliados juza'a, Mahoma se dirigió con un ejército contra La Meca, a la vez que ofrecía una amnistía general. La ciudad optó por abrirle las puertas y se evitó el derramamiento de sangre. Sin embargo, la tolerancia religiosa desapareció por completo. En Arabia solo podrían vivir los musulmanes. A los que no se sometieran a la nueva fe les esperaba la muerte.

En el 632, Mahoma encabezó la denominada «peregrinación de la despedida», pronunciando en el monte Arafat un sermón en el que declaró suprimidas muchas de las doctrinas anteriores al islam e insistió en que se dejaran guiar por el Corán. Pocos meses después fallecía en Medina, quizá como consecuencia de las secuelas de un intento de envenenamiento realizado por una de sus esposas, judía, que deseaba vengar las persecuciones que el profeta había desencadenado contra su pueblo. Según una tradición, Omar anunció que el profeta no había muerto, sino que resucitaría en unos días. Fue Abú Bakr el que negó tal extremo y ordenó a la gente que volviera su atención solo hacia Allah, que nunca muere.

La religión predicada por Mahoma no era solo abiertamente militante. Además, consideraba lícita la expansión mediante el recurso a la violencia e incluso prometía recompensas ultraterrenas en un paraíso descrito en términos materiales para aquellos que cayeran en el combate. En este sentido, planteaba una amenaza para los territorios cercanos a Arabia que muy difícilmente podían aceptar una religión que chocaba con sus creencias. Para los musulmanes, Mahoma es el enviado de Dios, el mayor y último de los profetas, y su revelación, contenida en el Corán, es asimismo la final y definitiva. Pero tal visión no podía ser aceptada de buena gana ni por judíos ni por cristianos. Para los primeros, había resultado evidente desde el principio que Mahoma conocía mal y de manera insuficiente el Antiguo Testamento y que el Corán presentaba contradicciones importantes con este como las de sustituir a Isaac por Ismael en lo relativo a las promesas, la de identificar a la María, hermana de Moisés, con la madre de Jesús, etc. El hecho de que Mahoma desencadenara una política de práctico exterminio contra las tribus judías de Arabia, sin duda, no contribuyó a mejorar tal opinión.

En el caso del cristianismo, el juicio sobre Mahoma no podía ser mejor. El Nuevo Testamento acepta la posibilidad de que se reciban mensajes procedentes de ángeles, pero insiste en que estos no deben ser jamás aceptados si se contradicen con la enseñanza del Evangelio (Gálatas 1, 6-9), puesto que el mismo Satanás puede disfrazarse como ángel de luz (II Corintios 11, 14). Partiendo de esa base, y aun admitiendo que Mahoma recibiera una revelación angélica, desde el punto de vista cristiano, ese ángel no podía haber procedido de Dios y una de las pruebas sería, como alegaban los judíos, las evidentes contradicciones entre el Corán y la revelación bíblica. El islam se oponía a muchas de las enseñanzas esenciales del cristianismo contenidas en el Nuevo Testamento, como eran la creencia en la Trinidad, la muerte redentora de Jesús en la cruz y su resurrección, etc.

Pero, casi con seguridad, lo que más colisionaba del islam con el cristianismo no eran las cuestiones teológicas, sino la figura del profeta y, en particular, los diferentes conceptos culturales. La figura de Mahoma no estaba desprovista de cualidades notables. Por ejemplo, no parece haber mostrado jamás deseos de enriquecerse, aunque pudo hacerlo, y murió en una condición económica modesta. De la misma manera, había insistido en la institución de la limosna y el interés por proporcionar a la oración un papel muy relevante en la vida espiritual. Sin embargo, otros rasgos de su carácter resultaban escandalosos. Entre ellos se hallaba la utilización de la guerra con fines religiosos —algo que, incluso después de la aceptación de la licitud de la guerra defensiva, resultaba repugnante para la mentalidad cristiana—; su pasión por las mujeres, que le llevó a superar el máximo de cuatro esposas permitido a sus seguidores, a desposarse con una niña de ocho-nueve años, y a tomar como mujer a la esposa de un familiar; su recurso político a la violencia casi ilimitada, como en el semiexterminio de algunas de las tribus judías de Arabia o en las órdenes de asesinar a algunos de sus enemigos políticos; o su tendencia al engrandecimiento personal, como se evidencia en las suras de Medina (2, 279; 9, 3; 24, 49), donde aparece la expresión «Dios y su mensajero».

Por lo que se refería a la cultura que podía emanar de la cosmovisión islámica, no podía chocar de modo más radical con la que estaba creando el cristianismo en Occidente. Frente a una sociedad a la que intentaba impregnar de pacifismo, el islam propugnaba la guerra santa; frente a un universalismo por encima de las distintas culturas y pueblos, el islam asentaba una aristocracia árabe superpuesta sobre las poblaciones locales; frente a una ética del trabajo, el islam defendía un modelo social aristocrático en el que los conquistadores vivían de los impuestos arrancados a los vencidos pertenecientes a otra fe; frente al respeto al individuo, el islam significaba la creación de una sociedad en la que la persona no tenía existencia propia salvo como parte de la *ummah* o como miembro de una comunidad sometida; frente a una visión de la familia fiel, monógama y con un papel digno para la mujer, el islam abogaba por la poligamia, la libertad de concubinato y una relegación de la mujer solo semejante a la de algunas religiones orientales.

El cristianismo no había conseguido revertir la impronta de los derechos romano y germánico, y equiparar de manera total a las mujeres con los varones. Sin embargo, no podía sino contemplar con aversión afirmaciones como las contenidas en la aleya 34, de la sura 4:

> ¡Amonestad a aquellas de las que temáis que se rebelen! ¡Dejadlas solas en el lecho! ¡Golpeadlas! Si os obedecen, no os metáis más con ellas.

O en la 15 de la misma sura:

> Llamad a cuatro testigos de vosotros contra aquellas de vuestras mujeres que sean culpables de falta de honestidad. Si dan testimonio contra ellas, encerradlas en casa hasta que mueran o hasta que Dios les procure una salida[2].

El avance —militar y religioso— del islam fue espectacular y superó en rapidez y capacidad de aniquilación a las invasiones germánicas. El califa Omar, el segundo de los sucesores de Mahoma, conquistó Siria en 635, Palestina en 638 y Persia en 642, un año en el que uno de sus generales, Amr ibn al-As, llegó a Egipto. En un claro precedente de lo que sería en repetidas ocasiones la expansión

---

2 No eran las únicas normas coránicas que situaban a la mujer en una situación de discriminación abierta. Así, por citar solo algunos ejemplos, el testimonio judicial de la mujer solo equivale a la mitad del masculino (2, 282); el hombre puede tener hasta cuatro esposas; salvo en el caso de que fuera una anciana (24, 59), está obligada a cubrir su rostro y no podía dejarse ver salvo por su esposo, parientes cercanos, esclavos, criados viejos y niños; durante la menstruación la mujer no puede tomar parte en las oraciones ni participar en el ayuno religioso, etc. En este sentido, no resulta chocante que el islam pudiera absorber tradiciones y prácticas antifemeninas, como la mutilación sexual de niñas, que originalmente no eran islámicas pero que no se consideraron incompatibles con la fe de Mahoma y que incluso hoy día se consideran aceptables en determinados países de mayoría musulmana.

islámica, el califa Omar ordenó quemar la Biblioteca de Alejandría, alegando que si lo que en ella estaba custodiado era igual al Corán no era necesario y si discrepaba con el libro sagrado no tenía derecho a existir.

No solo los libros en que se recogía el saber de la Antigüedad iban a enfrentarse con un aciago destino. A los cristianos y judíos sobre los que cayeron las fuerzas musulmanas solo se les ofreció una alternativa, la misma que había concebido Mahoma y que había aplicado inexorablemente en Arabia: o la capitulación absoluta y la reducción al estado de población sometida y despojada antes de que se cruzaran las espadas o el degollamiento de todos los varones y la esclavitud de las mujeres y los niños si habían osado defenderse y habían resultado derrotados.

La muerte de Omar y las guerras civiles vinculadas con Alí y sus adversarios detuvieron el avance musulmán, pero se trató solo de una pausa momentánea. Es cierto que en el 667, Muhawiya fue contenido por Bizancio, pero eso no impidió que prosiguiera sus conquistas en Oriente por Kabul, Bujara y Samarkanda. En 689, Abd al-Malik conquistó Cartago y poco después penetró en Marruecos. En 711, valiéndose de las disensiones dinásticas visigodas, los musulmanes cruzaron el estrecho de Gibraltar y pisaron por primera vez territorio europeo. En apenas unos meses, deshicieron la monarquía germánica que reinaba en España y se dirigieron hacia el reino de los francos, situado al norte de los Pirineos.

Occidente, un Occidente que comenzaba a salir del marasmo de las invasiones germánicas gracias a la labor reconstructora del cristianismo, acababa de quedar embotellado, aislado del resto del mundo, por un poder islámico hostil y agresivo que controlaba el Mediterráneo. Pronto se vería enfrentado además con una nueva oleada de invasiones bárbaras que en nada desmerecería por su gravedad de las sufridas durante los siglos III-V. Sin embargo, antes de que así sucediera el cristianismo iba a ser un elemento esencial en un intento de reconstrucción del imperio romano y en la edificación de una cultura europea nueva en la que se entrelazaran la sabiduría clásica y la piedad cristiana.

LA MONARQUÍA FRANCA Y LA RECONSTRUCCIÓN DEL IMPERIO[3]

Los francos era una tribu germánica que a mediados del siglo III hizo acto de presencia en el Medio y Bajo Rhin. Su establecimiento en tierras del imperio se produjo en torno al año 253 y poco después se dividieron en francos salios, asentados en el Bajo Rhin, y francos ripuarios, situados en el curso medio del mismo río. Como sucedió con otros pueblos germánicos, los salios se convirtieron en aliados de Roma, pero cuando esta abandonó el Rhin, a inicios del siglo V, aprovecharon el vacío de poder para controlar la práctica totalidad del territorio situado al norte del río Loira.

Con Clodoveo I, los salios prosiguieron su avance hacia Occidente. En el 486 Clodoveo destituyó a Siagrio, último gobernadorbromano de la Galia, y a continuación fue imponiendo su dominio sobre otras tribus germánicas como los alamanes, los burgundios, los visigodos de Aquitania y los francos ripuarios. Tal vez, la monarquía franca hubiera corrido una suerte efímera como la ostrogoda o la vándala de no haberse producido un acontecimiento de extraordinaria trascendencia. Clodoveo era consciente de las limitaciones con las que se enfrentaba para consolidar su reino y, sobre todo, casado con una princesa cristiana llamada Clotilde, justo diez años después de haber destituido al representante del poder imperial en la Galia, abrazó la fe cristiana. Como en el caso de Constantino, la razón fue política y bélica, aunque no se puedan descartar otras motivaciones. En vísperas de la batalla de Vouillé, en la que se enfrentó con los alamanes, el rey de los francos había orado: «Jesucristo, de quien dice Clotilde que eres el Hijo de Dios vivo: socórreme. Si me otorgas la victoria sobre el enemigo, creeré en Ti y me haré bautizar». Vencedor, cumplió su palabra.

La traducción en términos sociales de este acto fue de enorme trascendencia. A diferencia de lo sucedido con visigodos, burgundios o vándalos, los francos no privaron a la población autóctona de sus tierras y esta fue considerada súbdita del rey franco con igualdad de

3 Sobre el periodo, véanse: J. Bryce, *The Holy Roman Empire,* Cambridge, 1922; C. J. B. Gaskoin, *Alcuin. His Life and his Work,* Cambridge, 1904; F. Kampers, *Karl der Grosse,* Múnich, 1910.

derechos con los germanos. Al cabo de dos generaciones, la fusión entre ambos pueblos era un hecho. También lo era una romanización de los germanos que se tradujo incluso en la utilización de una lengua romance y en la transformación de su reino en el más homogéneo de los bárbaros nacidos de la descomposición del imperio.

Sin embargo, una de las circunstancias que iban a revelarse más fecundas fue la estrecha relación que se estableció entre la monarquía franca y el Papado. Cuando, tras la muerte de Clodoveo, el reino se dividió entre sus cuatro hijos y poco a poco fue experimentando un debilitamiento del monarca en favor del mayordomo de palacio *(major domus),* esa relación no desapareció.

En el año 687, Pipino de Heristal, mayordomo de palacio de Austrasia, depuso a los gobernantes de Neustria (la parte occidental) y de Borgoña y se autonombró *major domus* de un reino franco unificado. Su hijo Carlos Martel amplió las fronteras del reino hacia el este y en el 732, repelió una invasión musulmana —ya muy debilitada por el papel de escudo que estaba desempeñando en España el reino cristiano de Asturias— en Poitiers. El islam seguía amenazando a Occidente, pero en España había cosechado su primera derrota y, a lo largo de los siglos siguientes, iría perdiendo casi palmo a palmo el territorio conquistado en Europa. Por su parte, las óptimas relaciones entre la monarquía franca y el obispo de Roma llegaron a su punto máximo con el nieto de Carlos Martel, Carlomagno, que protagonizaría el primer intento occidental de reconstrucción del imperio.

Carlos, el posterior Carlomagno, nació probablemente en Aquisgrán, en la actual Alemania, el 2 abril del 742, y era hijo del rey franco Pipino el Breve. En el 751, cuando Carlos era aún un niño, Pipino destronó al último rey merovingio y asumió el título real. Su acto —una mera formalización de una realidad material que duraba siglos— se vio sancionado mediante la coronación llevada a cabo por el papa Esteban II en el 754. Además, el Papa ungió a Carlos y a su hermano menor, Carlomán. Ese mismo año, como muestra de agradecimiento, Pipino invadió Italia para proteger al Papa de los lombardos. Cuando Pipino murió en el 768, el gobierno de sus reinos fue compartido entre sus dos hijos, pero en el 771 Carlomán murió de forma repentina y Carlomagno aprovechó para asumir el control de sus territorios. Al año siguiente, la intervención de Carlos en Italia para proteger al papa

Adriano I de los lombardos confirmó una alianza que había sido beneficiosa para ambas partes.

Durante los años siguientes, Carlomagno se embarcó en una serie de campañas que pretendían proteger al Occidente más o menos cristianizado de la amenaza de musulmanes y paganos. En el 772, Carlomagno comenzó a repeler las incursiones de los sajones (una guerra intermitente que se alargaría tres décadas); en el 778, llevaría a cabo una campaña en España concluida con la derrota de Roncesvalles; en el 788, sometió a los bávaros, y entre los años 791 y 796 contuvo y conquistó el territorio de los ávaros, que equivalía, *grosso modo,* a las actuales Hungría y Austria.

Carlomagno estaba imbuido de una visión muy similar a la del imperio romano y creía estar defendiendo el orbe civilizado contra el asedio de pueblos bárbaros. Sin embargo,a esta antigua cosmovisión romana sumaba un elemento esencial, y era la convicción de que el nuevo imperio debía articularse ideológicamente sobre el cristianismo, y de manera más específica, sobre el cristianismo predicado por la sede romana, la más importante de todo Occidente. Este aspecto, además, tenía una importancia ineludible, ya que era el único vínculo real que podía entrelazar con solidez realidades culturales tan distintas como las de los pueblos que formaban su reino. No resulta por ello extraño que, en la Navidad del año 800, Carlomagno —que se había arrodillado para orar en la basílica de San Pedro en Roma— fuera coronado inesperadamente por el papa León III como gran y pacífico emperador de los romanos[4].

Es difícil exagerar la trascendencia de este acto que no se produjo en el vacío y que podía retrotraerse en sus intenciones al mismo momento en que Carlos fue coronado rey de los francos. A partir del 800, el territorio dominado por Carlomagno no aumentó, por lo que no fueron nuevas conquistas los resultados de la unción imperial. Más bien lo que hallamos es la aceptación de una serie de elementos derivados

---

4 En la actualidad sigue siendo objeto de especulación el origen de este paso trascendental en la historia de Occidente. Eginardo, el biógrafo de Carlomagno, ha transmitido la noticia de que el rey franco quedó sorprendido por esta coronación y que, de haber sabido lo que iba a suceder, no habría entrado en la iglesia. Es difícil de creer, pero, en cualquier caso, si esa fue la inclinación inicial de Carlomagno no resulta menos cierto que, con posterioridad, sus actos estuvieron por completo vinculados a la nueva dignidad imperial.

de la cultura cristiana de enorme importancia y fecundo porvenir. Hasta aquel entonces, la legislación de los reinos occidentales había sido el derecho bárbaro con retoques más o menos profundos, en ocasiones del todo superficiales, de valores cristianos. La legislación carolingia significó una ruptura con el pasado. Pretendería —que lo consiguiera es cuestión diferente—promulgar unas leyes nuevas derivadas de la ética cristiana que pasara por encima de los precedentes romanos y germánicos.

No deja de ser significativo que Cataúlfo en una carta dirigida a Carlos al inicio de su reinado le animara a seguir la Biblia para gobernar a la manera del consejo contenido en Deuteronomio 17, 18-20. Con ello, no se intentaba tanto crear una teocracia como establecer un imperio cuya legitimidad derivaría de la sujeción a ciertas normas éticas. Tampoco puede sorprender que la lectura favorita del emperador fuera la *Ciudad de Dios* de Agustín de Hipona. En otras palabras, su labor de gobierno pretendería traducir al terreno de la política principios ya presentes en el Nuevo Testamento, los de que la legitimidad se sustenta en la defensa de ciertos valores y que el abandono de los mismos legitima la desobediencia al gobernante. En el año 834, la deposición de Luis el Piadoso derivará precisamente de la aplicación práctica y real de estos principios.

El gobierno de Carlomagno no solo significó la aceptación de un núcleo de limitación del poder político o un intento de reunificar el imperio —por lo tanto, un precedente de la Europa unida— frente a las amenazas externas. También implicó de manera muy principal la oficialización regia de la tarea cultural y educativa desempeñada por el cristianismo en los siglos anteriores. Entroncando con precedentes hispánicos —Teodulfo tenía claras conexiones con el polígrafo Isidoro de Sevilla y también lo conocía Alcuino de York, tal vez a través de Beda—, el denominado renacimiento carolingio —un término ciertamente exagerado— va a constituir una fecunda fusión de la cultura clásica y la cristiana. La Biblia es el texto glosado con más frecuencia, pero seguido por Virgilio. Alcuino compone una guía para el estudio de la retórica basada en el *De inventione* de Cicerón, pero, a la vez, se ejecutan extraordinarias copias manuscritas de la Biblia. Eginardo historia dejando de manifiesto la influencia de César, Tito Livio, Floro, Tácito, Justino y Osorio, y, al mismo tiempo, supervisa la construcción de iglesias en las que se percibe —una vez más— la influencia artística española. Carlomagno —que gusta de ser llamado en privado David, como el rey bíblico— dispone que las sedes episcopales y los monasterios no se ocupen solo de cultivar la piedad, sino también de cultivar las ciencias y enseñar a los que no saben. Incluso —en un proyecto que no terminó de llevarse a la práctica— la Capitular I, 235 estableció que todos los niños debían recibir instrucción elemental, una instrucción que debía ser gratuita (Cap. I, 238). Las traducciones, la creación de bibliotecas, la recuperación y el fomento de las artes son solo algunas de las manifestaciones de un imperio que se desea cristiano y que, siquiera en parte, incorpora valores propios de esta fe. De estos, al lado de la sabiduría iba a ocupar su lugar la caridad.

Aun con la distancia del tiempo llama la atención la manera en que Carlomagno sintió preocupación por la asistencia social. Carlos se consideraba protector directo de débiles y necesitados (Cap. I, 93) y no cesó de articular medidas legales relacionadas con este tema. Por ejemplo, se prohibió de manera terminante negar techo, hogar y fuego a los viajeros; se castigó con severidad el rehusar socorro a un barco en peligro de naufragar; se mantuvieron los hospicios y xenodoquias en la mayor parte de las ciudades italianas y se crearon otros nuevos en las residencias episcopales del imperio franco al oeste del Rhin.

Además, se aprobaron normas que pretendían evitar la explotación de los más débiles. Así, se prohibieron los préstamos con interés (Cap. I, 244) y el acaparamiento de víveres de primera necesidad, se estableció el precio oficial de bienes imprescindibles como los alimentos (794) o la ropa (808) y se buscó, en términos generales, impedir la formación de monopolios y favorecer la circulación de bienes en beneficio del consumidor. Incluso en la legislación matrimonial, Carlos intentó defender a los más desprotegidos. Por ejemplo, se prohibió a los maridos repudiar a sus esposas y contraer nuevo matrimonio salvo que mediara el adulterio (Cap. I, 30), aunque, a la vez, se autorizó el divorcio por razones como la no consumación del matrimonio, el intento de asesinato, la entrada en religión o la negativa a seguir al cónyuge a otras tierras (Cap. I, 40 y sigs.).

Todo esto resultó paralelo —que no sustituyó— a la asistencia proporcionada por iglesias rurales y monasterios. De estos, la totalidad contaba con servicios de ayuda a los desfavorecidos y la mayor parte disponía de hospederías para viajeros. El monasterio de Saint-Riquier, por ejemplo, entregaba ayudas a diario a trescientos pobres y a ciento cincuenta viudas, una cifra elevada para la demografía de la época. Asimismo se construyeron, por lo general bajo el cuidado de instituciones eclesiásticas, hospitales para enfermos, leproserías o alojamientos para viajeros en los pasos montañosos de difícil acceso como el del Septimer. No fue menor el papel de la Iglesia en el aumento de las manumisiones, un fenómeno que ya tenía precedentes en los primeros años de tolerancia del imperio romano hacia el cristianismo.

Sin embargo, tampoco esta vez el intento de imperio, si no cristiano, sí influido por el cristianismo, iba a durar mucho. Antes de que Carlomagno exhalara su último aliento comenzó a quedar de manifiesto que sobre Occidente se cernían amenazas que en nada desmerecían por su gravedad de las que habían supuesto los bárbaros.

LA SEGUNDA OLEADA DE INVASIONES BÁRBARAS Y LA SEGUNDA EDAD OSCURA[5]

Carlomagno, que en teoría estaba destinado a compartir la corona con un hermano suyo, gobernó en solitario, lo que le permitió controlar la totalidad de los territorios francos e incluso ampliarlos al rechazar las agresiones procedentes del este. Su obra, sin embargo, no iba a perdurar. A la muerte de su hijo Luis, el reino fue dividido entre sus tres vástagos supervivientes en virtud del Tratado de Verdún del 843. Para aquel entonces, no obstante, el sueño de un imperio cristiano había quedado anegado ante unas oleadas invasoras que sumergieron a Europa en una nueva Edad Oscura. La única excepción —sin duda notable— fue la península Ibérica, dividida

5 Sobre el tema, véanse: P. H. Helm, *Alfred the Great,* Nueva York, 1995; J. Marsden, *The Fury of the Northmen,* Nueva York, 1993; A. Mawer, *The Vikings,* Cambridge, 1912; A. Olrik, *Viking Civilization,* Londres, 1930; C. Plummer, *The Life and Times of Alfred the Great,* Oxford, 1902; E. G. Oxenstierna, *Los vikingos,* Barcelona, 1977. De especial interés, como fuentes contemporáneas, Abbón de Saint-Germain y Guillermo de Poitiers, *Testimonios del mundo de los vikingos,* Barcelona, 1986.

en una España cristiana que resistía a los musulmanes convertida en bastión de defensa y la España sometida por el dominio árabe que estaba destilando la cultura acumulada durante siglos.

El final del siglo VIII estuvo caracterizado por la irrupción en Occidente de los denominados vikingos. El objetivo fundamental de sus expediciones era el saqueo y el pillaje, y entre sus víctimas principales se hallaron los centros de cultura cristiana. La primera incursión vikinga que se conoce fue dirigida en el año 793 contra la isla sagrada de Lindisfarne, donde se encontraba asentado un importante monasterio céltico. Al año siguiente, los vikingos asolaron Jarrow y en 802 y 806 destruyeron Iona.

La Irlanda cristiana soportó incursión tras incursión hasta que en 830 los vikingos constituyeron un reino en su zona oriental, como plataforma adecuada para devastar la Bretaña occidental, Francia y España. No deja de ser significativo que la ruta seguida por los misioneros cristianos con un afán evangelizador y civilizador fuera ahora surcada por los vikingos paganos con una finalidad de botín y destrucción. Ni Irlanda ni Northumbria lograron reponerse de aquel asalto y lo mismo puede decirse del imperio franco. En 845, los vikingos procedentes de Dinamarca remontaron el Weser y destruyeron Hamburgo. Al mismo tiempo, París fue sometida a un pavoroso saqueo y Carlos el Calvo, uno de los herederos de Carlomagno, se vio obligado a pagar un rescate. Se trató de una época nefasta para Occidente porque Roma estaba siendo atacada al mismo tiempo por los sarracenos que profanaron las tumbas de los apóstoles. La única nota de esperanza —y bien limitada— eran las repoblaciones realizadas por Alfonso II de Asturias en territorio español para garantizar la perdurabilidad del territorio recuperado de manos árabes.

Sin embargo, aún quedaba lo peor por llegar. Hacia el 850 se desencadenó una oleada de ataques sobre Occidente que transcurriría de manera casi ininterrumpida durante medio siglo. De 855 a 862, los vikingos se establecieron en el Loira y el Bajo Sena; en 865 invadieron Inglaterra, donde los contuvo por un tiempo la resistencia de un rey que había abandonado el monasterio para defender su reino, Alfredo el Grande; en 879 asolaron el territorio carolingio del Elba al Garona; en 880 aniquilaron al ejército imperial en Luneberg. Desde ese año hasta 886, en que arrasaron París, los vikingos asolaron sin piedad las tierras carolingias saqueando Colonia, Tréveris, Metz e incluso la tumba de Carlomagno en Aquisgrán. Para esas fechas, las culturas cristianas de Irlanda, Northumbria y Anglia oriental eran un recuerdo del pasado y el imperio carolingio estaba en vías de pasar ominosamente a la Historia. En ningún momento antes —ni siquiera con las invasiones germánicas de los siglos III-VI— estuvo Occidente tan cerca de verse sumergido en un caos de violencia y destrucción paganas, justo cuando el poder hegemónico en España era el del islam y cuando lo peor de las invasiones magiares ni siquiera había comenzado.

Las posibilidades de resistencia, desde luego, eran escasas. En el sur, los asturleoneses que se empeñaban en continuar la Reconquista contra los musulmanes apelaban de manera continua a la liberación de sus hermanos de fe. Alfonso III (866-910), autoproclamado *rex totius Hispaniae,* obtuvo su victoria más relevante frente a un Mahdí musulmán que pretendía aniquilar a sangre y fuego el minúsculo reino norteño. En el centro de Europa, la alianza entre el episcopado y el rey sentaba las bases un cuarto de siglo más tarde para la efímera reconstrucción del imperio en la persona de Otón I (936-973). El ahora denominado Sacro Imperio Romano-Germánico era carolingio en sus ideales, aunque no logró —salvo quizá durante el reinado de Otón III— acercarse a su cumplimiento. Tampoco pudo contener una presión que, procedente del este y del norte, amenazaba con aniquilar siglos de cultura y civilización. De hecho, una nueva oleada vikinga lanzada sobre Occidente en las postrimerías del siglo X demostró una capacidad de destrucción muy superior a la conocida hasta entonces. La casa regia de Alfredo —que había alcanzado su culmen bajo el rey Edgardo (959-975)— desapareció, abriéndose un cuarto de siglo de calamidades en que Inglaterra se vio saqueada por los invasores norteños. En las inmediaciones del año 1000 sobre el universo cristiano se cernían los peores auspicios.

LOS MISIONEROS CRISTIANOS DEFIENDEN OCCIDENTE

Si esta nueva y más terrible Edad Oscura fue un fenómeno aciago pero temporal se debió —como había sucedido siglos atrás— a la influencia civilizadora del cristianismo, una influencia que, dicho sea de paso, ninguno de los invasores hubiera podido considerar tan vigorosa. En 1016, los vikingos llegaron al culmen de sus éxitos. Canuto, el hijo del caudillo que había encabezado la reacción pagana, se convertía en rey de Inglaterra y fundador de un imperio vikingo que se extendía por esta isla y Escandinavia. En apariencia, el triunfo del paganismo era total y había logrado un éxito ambicionado, pero nunca conseguido por el imperio romano. En realidad, la marea ya estaba comenzando a cambiar de dirección.

El cambio se produjo además cuando los nuevos reinos bárbaros, lejos de hallarse sumidos en un periodo de decadencia, mostraban un vigor y una pujanza envidiables. Sus enemigos en el campo de batalla habían sido aniquilados hasta el punto del exterminio físico más literal, sus despojos superaban con mucho las previsiones más optimistas que hubieran podido tener. En apariencia, sus dioses les habían otorgado la mayor de las victorias. En la práctica, en un espacio de apenas unas décadas, estos reinos experimentaron masivas conversiones al cristianismo. Fue el caso de Vladimir en Rusia (asombrado por la liturgia bizantina que parecía transportar al mismo cielo), de Canuto el Grande en Dinamarca, de Olaf Trygvason y Olaf el Santo en Noruega, de Boleslav el Grande en Polonia... Todos ellos se rindieron ante la extraordinaria grandeza espiritual del cristianismo —Vladimir había incluso examinado otras religiones antes de su conversión—, humillado quizá en el campo de batalla (un terreno no concebido en principio para que librara en él sus lides) pero muy superior en los terrenos ético, moral y cultural. Los vikingos no solo no lograron imponer su religión guerrera. De hecho, se rindieron al cristianismo, una religión a la que habían golpeado sin misericordia durante siglos pero que, a pesar de todo, se había mantenido incólume.

Desde ese momento, Europa —la cultura occidental— se extendió de forma extraordinaria hacia el este y el norte. Desde el Báltico hasta el mar Negro, desde el Elba hasta el Alto Volga, se acababa de formar una segunda cristiandad nacida no del triunfo militar —¡los príncipes cristianos habían sido derrotados vez tras vez por los vikingos!—, sino de la fuerza mayor que emana del espíritu. A partir de entonces, serían incomprensibles sin referencia al cristianismo las culturas nacionales de Bulgaria —evangelizada por Cirilo y Metodio[6]—, de Hungría, de Escandinavia, de Chequia, de Polonia y de Rusia. Cuando en el siglo XII llegaran procedentes de Asia central las hordas mongolas, esta última nación desempeñaría para Europa un papel muy similar al de España frente al islam. Se alzaría como un bastión de resistencia cristiana inicialmente vencida, pero, poco a poco, restaurada, logrando con ello paralizar, primero, el empuje de la barbarie sobre el resto de Europa, y, después, recuperar su independencia. Sin ambos escudos de defensa, Europa hubiera perecido a manos de los invasores. Sin la inspiración medular proporcionada por el deseo de libertad nacional y de preservación de una fe cristiana, más o menos distante de las Escrituras, ninguno de los dos pueblos hubiera podido representar ese papel.

6 Sobre el tema, véanse: A. Poppe, *The Rise of Christian Russia,* Londres, 1982; J. M. Vesely, *Cirilo y Metodio. La otra Europa,* Madrid, 1986; D. Pospielovsky, *The Orthodox Church in the History of Russia,* Crestwood, 1998.

«Solo el romano pontífice ha de ser llamado universal... él es el único hombre cuyos pies deben besar todos los príncipes... a él le es lícito deponer a los emperadores... el papa puede relevar a los súbditos del deber de fidelidad a los soberanos perversos».

(Gregorio VII, Dictatus papae)

«El creador del universo puso dos grandes luminares en el firmamento; el mayor para gobernar el día, el menor para gobernar la noche. De la misma manera y para el firmamento de la iglesia universal... nombró dos grandes dignidades... la autoridad pontificia y el poder regio».

(Inocencio III, Sicut universitatis conditor)

6

DEL MUNDO FEUDAL A LA CIUDAD MEDIEVAL

EL MOVIMIENTO DE REFORMA DEL SIGLO XI

La terrible amenaza de una segunda Edad Oscura se vio conjurada, como tuvimos ocasión de examinar en el capítulo anterior, por la influencia directa del cristianismo. Del siglo X emergió Occidente no anegado por las últimas invasiones del paganismo o las más antiguas del islam, sino comunicando a otros pueblos el legado cultural del cristianismo y ampliando sus fronteras hacia el este y el norte. Si Occidente llegaba hasta el Rhin en el siglo IX, podemos afirmar que limitaba con Islandia y Kíev en el siglo X. Sin embargo, el desplome del imperio carolingio y la pulverización de prácticamente toda autoridad como consecuencia de las invasiones bárbaras y de la anarquía feudal no dejaron de tener una influencia extraordinaria —y negativa— sobre la vida del cristianismo. No se trató solo de que iglesias y monasterios fueran objetivos privilegiados, sino también de que el poder político intentó apoderarse de abadías y sedes episcopales para convertirlas en una pieza más de la sociedad feudal. Se consideró así lícito recompensar a los vasallos fieles lo mismo con un condado que con un episcopado, y las penosas consecuencias morales y sociales de esta actitud no tardaron en hacerse sentir.

La respuesta del cristianismo frente a una evolución política que vulneraba algunos de sus principios esenciales —la legitimidad obligatoria del poder para que se le prestara obediencia, la defensa de los débiles y oprimidos, la libertad del individuo... — no tardó en articularse. Al principio, la reacción cristiana revistió formas puramente espirituales, de carácter fundamentalmente monástico. En todos y cada uno de los casos, sin embargo, los monasterios no fueron sino fruto de conversiones particulares acaecidas en la época. Primero, se trató de Cluny en Borgoña (910), luego de Brogne y Gorze en Lorena y Camaldoli en Toscana, ya rebasado el jalón del año mil.

Los monjes reformadores[1] no eran simples ascetas que pretendían huir de un mundo que se resquebrajaba desoladoramente. Es cierto que habían perdido mucho tiempo atrás la visión bíblica del trabajo, la creencia en la igualdad de los seres humanos e incluso el deseo de conservar la cultura. Sin embargo, no olvidaron del todo el cristianismo con todo lo que este tenía de defensa de los oprimidos y de crítico del poder político. Los ejemplos al respecto resultan abundantes y reveladores. Odón, el segundo abad de Cluny (927-942), basó su obra magna, las *Collationes,* en la tesis del enfrentamiento entre dos razas espirituales, la maligna que desciende de Caín y la buena que procede de Abel. Sin embargo, a diferencia de Agustín de Hipona, el mayor peligro no se hallaba extraportas, sino en el seno de una cristiandad que no vivía con plenitud el cristianismo. La mayor desgracia social derivaba de la opresión injusta de los desfavorecidos, «pues los banquetes de los poderosos se guisan con el sudor de los pobres» (Collationes 3, 26-30). Al mismo tiempo, Odón era lo bastante desconfiado del poder político —de nuevo, una constante del cristianismo— como para esperar que este pusiera remedio a los males de la sociedad. La única salida para la sociedad radicaba en una conversión, en una vuelta hacia los principios del cristianismo que se enfrentan con valentía a la opresión y ofrecen caridad, compasión y esperanza.

El movimiento de reforma surgió de manera espontánea en Flandes, en Francia, en Italia e incluso en Inglaterra. Gante,

1 Sobre el tema, véanse: D. Knowles, op. cit.; L. Lekai, Les Moines blancs, París, 1957; E. Vacandard, Vie de S. Bernard, 2 vols., París, 1895-1897; J. Lecrecq, Histoire de la Spiritualité Chrétienne, 2 vols., París, 1961; J. M. Clark, The Abbey of St. Gall, Cambridge, 1926; N. Hunt, Cluny under St. Hugh, 1049-1109, Londres, 1967.

Grotaferrata, Vallombrosa, Fleury, Dijon, Verdún, Volpiano constituyen solo algunos de los jalones de una verdadera red de comunidades encaminadas a devolver su nervio espiritual a Occidente y a defender la justicia. Rainiero, marqués de Toscana, narraba —y era solo un ejemplo más— el temor que le inspiraban las miradas de Romualdo, el monje, un personaje que aun después de su muerte siguió conservando una aureola de defensor de los oprimidos.

A inicios del siglo XI, la reforma se había traducido además en un reverdecer —renacimiento sería un término exagerado— cultural y comenzaba a afectar la visión política. De hecho, emperadores como Enrique II o reyes franceses como Roberto el Piadoso se esforzaron por informar su gobierno con los principios morales de la reforma. En realidad, hasta la muerte de Enrique III (1056) las relaciones entre la autoridad espiritual y el poder político difícilmente pudieron ser mejores, en un intento por reconstruir una sociedad colapsada tan solo unas décadas antes. Este episodio tendría una importancia extraordinaria —y trágica— en la historia ulterior. Enrique IV, un menor al producirse la muerte de su padre, se opondría a la política reformadora por considerarla lesiva de su poder y encontraría enfrente de él a uno de los papas más enérgicos y convencidos de la Edad Media: Gregorio VII.

Nacido en Toscana en torno al año 1020, Hildebrando, el futuro Gregorio VII[2], procedía de una familia de escasos medios. La educación proporcionada por los centros cristianos permitió que Hildebrando superara esa circunstancia desfavorable. Enviado a estudiar a Roma, fue ordenado clérigo y, con posterioridad, el papa Gregorio VI le nombró su capellán. La influencia de Hildebrando fue muy considerable, pero en ningún momento la utilizó para su beneficio personal. Cuando en 1073 accedió al trono papal con el nombre de Gregorio VII su principal objetivo era consumar una reforma iniciada décadas antes y fortalecer el poder papal.

Las medidas adoptadas por el Sínodo romano de 1075 para eliminar la simonía (venta de cargos eclesiásticos) y promocionar el celibato del clero contribuyeron a enfrentar al emperador Enrique

---

2 Sobre este y los sucesivos pontífices remitimos a nuestro Pontífices, Barcelona, 2014 y a Idem, Diccionario de papas, Barcelona, 1998.

IV con el Papa. La postura de Gregorio VII pretendía ser política además de moral. Su intención era liberar a la iglesia de la férula del poder político que pesaba de manera extraordinaria sobre ella y que incluso había nombrado papa tras papa. Castilla, Dinamarca, Hungría y Croacia iban a vincularse así a Roma en un paso cargado de enorme trascendencia. El ejemplo castellano merece una mención especial. No solo significó el final de una autonomía eclesial centrada en el antiguo rito mozárabe, sino también —y sobre todo— la reconexión de España con la Europa a la que había protegido del peligro islámico. En pocos aspectos quedó esto tan de manifiesto como en el caso del Camino de Santiago. Según la leyenda, el hallazgo de la tumba del apóstol Santiago se había producido a comienzos del siglo IX en la diócesis de Iria Flavia. Alfonso II el Casto, el monarca asturiano, convirtió —o, al menos, lo intentó— al apóstol en un símbolo del combate contra el islam. Sin embargo, el fenómeno de las peregrinaciones tardaría en cuajar. En el siglo XI fue el rey navarro Sancho III el Mayor (1004-1035) el que lo alentó guiado por el deseo de las ganancias materiales que dejaban en sus dominios los peregrinos. Sin embargo, su universalización vino de la mano de Alfonso VI (1065-1109) y su aceptación de la sumisión a la sede romana. A principios del siglo XII, merced en buena medida a los esfuerzos de los monjes de Cluny, partidarios convencidos de la reforma eclesial, ya estaban fijados los itinerarios principales de la ruta. Se iniciaba así un periodo fecundo que llegó hasta el siglo XIII, el mismo en que se consagró la catedral de Santiago de Compostela, con la asistencia del rey castellano Alfonso IX (1188-1230). Gracias al Camino, de España saldría el románico hacia el resto de Europa —y no al revés, como se repite tantas veces— y de Europa llegarían los cantares de gesta y los artesanos. Hasta el Gran Cisma de Occidente y la aparición de la peste negra la importancia de esta ruta, nacida de la conexión española con la reforma eclesial europea, sería extraordinaria.

Pero ahora regresemos a Gregorio VII. La articulación práctica de sus principios se puso de manifiesto, además, de manera dramática. En respuesta al intento de reafirmar el poder papal sobre el imperial, Enrique IV declaró depuesto al papa en la Dieta de Worms.

La respuesta de Gregorio VII consistió entonces en excomulgar al emperador, lo que implicaba un cuestionamiento de su legitimidad para gobernar y el desligamiento de obediencia de sus súbditos. El papa se imponía al emperador. En 1077, presionado por la rebeldía de estos, Enrique IV hizo penitencia en el exterior del castillo de Canossa y obtuvo el perdón papal. Se trató de una breve reconciliación. Al estallar la guerra civil en Alemania, Enrique dirigió su ejército contra Roma, donde logró entrar una vez que la población se alzó, significativamente, en contra de Gregorio y le obligó a abandonar la ciudad. El 25 de mayo de 1085, el papa moría en Salerno. En apariencia, sus esfuerzos se habían saldado con una derrota en la que además le había ido la vida. No fue así. En 1122, el Concordato de Worms entre Enrique V y Calixto II ponía fin al sistema previo de nombramientos episcopales. Roma no había perdido poder temporal y había aumentado el peso del papa en la política europea.

El juicio sobre la obra de Gregorio VII debe estar forzosamente sujeto a matices. A pesar de su canonización por la iglesia católica ya en la época de la Contrarreforma, no puede considerarse como positivo todo lo llevado a cabo por él. De hecho, no todas sus acciones podían apelar a precedentes históricos. Por ejemplo, y esto tal vez derivó de su propia condición monástica, hizo bascular la reforma —por motivos obvios, pero en exceso— sobre los monjes, operando así en detrimento de los obispos; promulgó el *Dictatus papae,* que afirmaba la condenación eterna del que no estuviera sometido al obispo de Roma —una medida que solo podía servir para ahondar la situación de cisma en que vivían la iglesia oriental y la occidental, y que chocaba de modo frontal con la historia eclesiástica anterior—; defendió el poder temporal del Papado, cuya existencia solo podía señalarse desde el siglo VIII, y minimizó el papel de los laicos, dejando una impronta que difícilmente puede considerarse positiva.

Al mismo tiempo, a partir de Gregorio VII quedó consagrado un principio de resistencia a la autoridad que no se sometiera a la iglesia de Roma. Esta visión, expresada, por ejemplo, en la Carta a Gerardo de Manegoldo de Lautenbach, contiene un cuestionamiento frontal del principio de la monarquía de derecho divino. El poder nunca podría apelar a la mera unción para considerarse legítimo. Para serlo, necesitaría someterse a los principios enunciados por Roma.

EL MUNDO DE LA CULTURA CABALLERESCA Y CORTESANA

El movimiento de reforma del siglo XI no reconstruyó la unidad occidental a pesar del poder temporal añadido con que emergió de aquel el papado (y quizá precisamente por eso). Sobre los escombros del antiguo imperio de Carlomagno habían ido surgiendo nuevas entidades políticas procedentes, en parte, de los invasores del norte —como los distintos reinos normandos— y del este, y, en parte, de los intentos fallidos de reconstruir el sueño imperial franco.

Estas entidades políticas se caracterizaban por un impulso guerrero y su cosmovisión no solo era bélica, sino que se sustentaba sobre todo en la existencia de un vínculo de lealtad entre el monarca y los vasallos, que solo la visión cristiana de la legitimidad política pudo dulcificar y contener para que no derivara hacia una arbitrariedad centrada en la obtención de botín y el uso de la espada.

No se trataba, por lo tanto, de una cultura propia y medularmente cristiana, pero sí de una militar impregnada de algunos elementos cristianos. Esa conmixtión se aprecia de manera especial en la aparición del cantar de gesta. Hasta nosotros han llegado unos ochenta poemas épicos, en su mayoría de autores anónimos, con una extensión media de ocho mil a diez mil versos. Del *Cantar de Roldán* al castellano de *Mio Cid,* de la anglosajona *Lay of Maldon* (posiblemente el poema guerrero más importante en lengua inglesa) al *Beowulf,* nos encontramos con un conjunto grandioso de creaciones literarias en las que la cultura bárbara se ve preservada, conservada, pero también decantada y —seamos sinceros— mejorada gracias a la influencia cristiana. No es solo que los monjes representan un papel esencial en estas composiciones, sino que además se produce una sublimación de los ideales bárbaros originales. Los cantares de gesta son bárbaros como lo es en buena medida la sociedad nacida de la segunda Edad Oscura. Sin embargo, en ellos se ha producido una sublime elevación de ideales. En ellos se reconoce un derecho superior al derivado de la fuerza cuyo origen es divino y en el que se han entroncado valores cristianos como la defensa de los débiles, la exigencia de la legitimidad del poder político (¿acaso es otro el punto de partida del destierro del Cid que ha exigido de Alfonso VI que disipe cualquier duda sobre la ilegitimidad de su acceso al trono?) y la entrega a una lealtad espiritual más elevada.

La influencia cristiana en una sociedad sustancialmente violenta no se iba a dejar notar solo en el terreno literario. Justo en un momento en que surgía como institución sincrética una caballería en la que se unían comportamientos paganos sublimados por el tamiz de los valores cristianos, se produjo un intento organizado y sistemático en pro de suprimir los males derivados de la guerra. Así es como nacieron instituciones como la Paz de Dios y la Tregua de Dios y con ellas lo que en la actualidad se conoce como derecho humanitario de guerra.

La Paz de Dios había intentado proteger a los indefensos contra los abusos no solo de los conflictos bélicos, sino de una nobleza carente de un mínimo sentido de la justicia. No fue una intromisión de la Iglesia en el ámbito civil. Por el contrario, se trató de un intento por defender —¡una vez más!— a los débiles en medio de una sociedad donde las autoridades políticas no podían o no deseaban protegerlos. En 987, el Sínodo de Charroux ya había fulminado el anatema contra aquellos que robaban los rebaños de los campesinos o saqueaban las posesiones eclesiásticas. De manera bien significativa, el pan de los trabajadores y los bienes eclesiales eran colocados en el mismo punto de mira protector.

Después, la abadía de Cluny con el abad Odón al frente en colaboración con Ricardo de San Vannes trató de extender estas decisiones al sur y este de Francia. Así se formaron en diversos lugares ligas pacíficas cuya finalidad era defender a los no-combatientes, en especial campesinos y clérigos, de los males de la guerra.

La Tregua de Dios intentó además eliminar la violencia en ciertas ocasiones concretas. Así, prohibió las hostilidades entre el sábado por la noche y el lunes por la mañana. En 1027, la prohibición se extendió a todo tipo de guerra privada. Una docena de años después quedó exento de la violencia el espacio de tiempo transcurrido entre la puesta del sol del viernes y su salida del lunes. Con posterioridad se vieron también libres del derramamiento de sangre bélico las estaciones de Adviento, Navidad, Cuaresma y Pascua. El cristianismo no podía eliminar —como había sido su vocación primera— la guerra. Sin embargo, la restringía de una manera sin precedentes y lo hacía recurriendo al único poder con el que contaba, el espiritual, ya que la sanción por violar la tregua no era otra que la excomunión. La Tregua de Dios no tardó en extenderse por Occidente. Primero, y con rapidez, fue aceptada en Francia, Italia y Alemania. En 1179, un concilio la consideró de aplicación en toda la cristiandad occidental.

No obstante, al igual que el cristianismo no había podido civilizar en su totalidad la cosmovisión de los bárbaros y se vio limitado a sublimarla y dulcificarla, sucedió algo muy similar con la influencia del islam, el otro gran enemigo de Occidente, que seguía retrocediendo en España y que continuaba siendo un poder amenazante en el Mediterráneo oriental. Si de los bárbaros tomó la sociedad feudal el culto a la violencia, de los musulmanes absorbió la idea de guerra santa —en absoluto extraña al cristianismo— y, en parte, la del amor cortés. De la primera nacieron las Cruzadas, un intento occidental de aliviar la presión —y las matanzas— que el islam había desencadenado sobre los pacíficos peregrinos cristianos que acudían a Tierra Santa; de la segunda, mezclada con influencias que iban del bíblico *Cantar de los Cantares* a Ovidio, una poesía amorosa en la que el enamorado, por lo general un caballero, aspiraba al amor de una dama —no pocas veces casada y de alcurnia superior— e intentaba conseguirlo mediante la cortesía. La influencia cultural en ambos casos, pese a su carácter islámico, no fue la misma. En las Cruzadas hallamos el reverso —la respuesta— a una tradición bélica consagrada y legitimada por el Corán. En el amor cortés, una decantación de algunos de los logros culturales más sofisticados de la España musulmana, justo la que los duques de Aquitania habían comenzado a conocer al anexionarse el ducado de Gascuña, tradicionalmente español, en 1030 y al combatir a los musulmanes de Zaragoza, tras concluir la toma de Barbastro en 1064. Nacido en España, ese culto al amor cortés dará algunas de sus piezas más notables al norte de los Pirineos, como fue el caso del *Lancelot* del poeta francés Chrétien de Troyes, del *Tristán e Isolda* (1210) —uno de los grandes mitos europeos retomados una y otra vez— de

Gottfried von Strassburg, del *Roman de la rose* (hacia 1240) de Guillaume de Lorris y Jean de Meun, y, por supuesto, el ciclo artúrico, cuyo origen es bárbaro, pero que absorberá temas cristianos como el del Santo Grial.

EL RENACIMIENTO CULTURAL: DE LA ESCUELA DE TRADUCTORES DE TOLEDO AL NACIMIENTO DE LA UNIVERSIDAD

En otros casos, la cultura cristiana volvió a dar muestras de una capacidad de absorción —la vieja máxima del apóstol Pablo que ordenaba «examinad todo y retened lo bueno»— que no hizo excepciones con un islam refractario a recibir influencias cristianas e incluso despectivo frente a estas. Uno de los ejemplos más paradigmáticos de esa capacidad de beber de otras fuentes filtrando lo valioso se produjo en España. Nos referimos a la Escuela de Traductores de Toledo. Aunque sus integrantes fueron no solo cristianos, sino también judíos y musulmanes, sus inicios en la primera mitad del siglo XII se debieron al impulso de un eclesiástico, el arzobispo don Raimundo, quien realizó su labor en Toledo entre 1130 y 1150, y su época de máximo esplendor se desarrolló bajo un monarca cristiano, con veleidades imperiales, Alfonso X el Sabio (1252-1284).

La labor de la Escuela de Traductores resultó de una importancia extraordinaria, porque no solo permitió a Occidente recuperar obras de la sabiduría clásica que solo se habían conservado en traducciones árabes, sino que además sentó las bases para la investigación en el área de disciplinas tan diversas como la geografía y las matemáticas, la astronomía y la cartografía, la filosofía y la medicina, la teología y la botánica. Sin la Escuela de Traductores de Toledo, las famosas escuelas de Chartres no hubieran existido, y lo mismo podría decirse de la universidad de la Sorbona, y no resulta extraño porque lo más granado de la cultura extracristiana (Mosé Sefardí, Abraham bar Hiyya, Abraham ibn Ezra, etc.) y cristiana (Dominico Gundisalvo, el arcediano de Segovia, Juan Hispalense, un judío converso de Sevilla, Gerardo de Cremona, Adelardo de Bath, Roberto de Retines, Rodolfo de Brujas, Alfredo de Sareschel, Miguel Scoto, Hermann el Alemán, etc.) se dio cita allí.

La misma Escolástica fue otro ejemplo de la capacidad cristiana para «examinar todo y retener lo bueno». En este caso, el fin de esa recepción no fue otro que la filosofía de Aristóteles aplicado a todo objeto. Desde mediados del siglo XI hasta mediados del siglo XV, su ideal último consistió en integrar en un sistema racional y ordenado el saber clásico —el mismo que se había preservado en buena medida en los monasterios durante los siglos anteriores— con el del cristianismo. Los escolásticos no pretendían —como en ocasiones se ha afirmado— que la razón hubiera quedado exenta de la Caída, ni tampoco consideraban que las verdades derivadas de la filosofía pudieran estar a la misma altura que la revelación. Sin embargo, sí concedían una importancia tan relevante al uso de la razón que, prácticamente, olvidaban la manera el que el pecado la afectaba y, sobre todo, consideraban que esta no se hallaba reñida con la fe entendiendo como tal los pronunciamientos dogmáticos de la iglesia lo que implica limitarla seriamente. En mayor o menor medida, el acercamiento a la razón de la Escolástica era limitado e incluso podía resultar contraproducente. Los escolásticos, además, rendían culto a los clásicos, pero, al menos en el caso de figuras como Tomás de Aquino o Duns Escoto, fueron muy flexibles e independientes en su utilización. El hecho de que se admitiera a Aristóteles como autoridad máxima en materias de carácter científico, en lugar de primar la observación directa, acabó teniendo un resultado pésimo para esta escuela de pensamiento. Sin embargo, el saber del pleno Medievo giró en Occidente en torno a personajes como Anselmo, Pedro Abelardo, Roscelino, Tomás de Aquino, Alberto Magno, Roger Bacon, Duns Escoto o Enrique de Gante. La Escolástica sería cuestionada ya en el siglo XIV, pero continuaría dando frutos hasta el siglo XX en los escritos de Jacques Maritain o de Étienne Henri Gilson.

Con todo, la gran contribución del cristianismo a la cultura medieval posterior al siglo XI no fue la recepción y transmisión de los conocimientos procedentes de otras culturas. Tampoco la elaboración del gigantesco sistema filosófico que constituyó la Escolástica. Su gran creación, persistente de manera indisoluble del concepto de cultura hasta el día de hoy y constituyente de uno de los grandes jalones de la Historia de la Humanidad, fue la creación de las universidades. Conocida inicialmente como *universitas magistrorum et scholarium*, es decir, unión de maestros y estudiantes, su finalidad era el beneficio mutuo y la protección legal de unos y de otros.

Con una enseñanza impartida en latín —la lengua del imperio y también de la sagrada liturgia—, en el siglo XII se estableció ya en París una universidad dedicada a la enseñanza de la teología y de la filosofía. El modelo no tardó en extenderse a Italia —Bolonia, fundada en 1088, sería durante siglos el centro occidental de la enseñanza del Derecho— y a partir del siglo XIII era ya común en Francia, España (Salamanca fue fundada en 1230), Inglaterra, Escocia, Alemania, Bohemia y Polonia. Durante los siglos siguientes, la idea del saber, de investigación, de cultura resultaría inseparable de la universidad. A este gran aporte cultural, el cristianismo añadiría uno más al que nos referiremos a continuación.

LA CIUDAD MEDIEVAL

Fue Ernst Troeltsch, siguiendo a Max Weber, el que sostuvo la tesis de que la ciudad medieval había sido la primera en crear las condiciones favorables para la cristianización de la vida social. Como otras opiniones del brillante sociólogo, resulta discutible, pero no puede negarse que la ciudad bajomedieval fue un producto directo del cristianismo, una fe que, desde sus mismos comienzos, fue fundamentalmente urbana.

La ciudad recogía en su seno la encarnación de algunos de los valores propios del cristianismo. Constituía una comunidad de trabajadores libres —no de señores propietarios de esclavos o de siervos como la antigua Roma o el sistema feudal— que vivían en paz bajo el imperio de la ley y que no rendía culto a la violencia típica de las culturas bárbaras. Además, la ciudad contaba con mecanismos de control del poder de carácter popular. Una vez más, el poder estaba condicionado en su ejercicio por la legitimidad, una legitimidad que, de manera creciente, estaba condicionada a la voluntad libremente expresada de los habitantes de la ciudad. El nuevo gobierno municipal no conectaba —pese a lo que se ha escrito con frecuencia— con modelos anteriores como el romano. En realidad, buscaba dar voz a la única clase no privilegiada, y aquí retomamos otra de las constantes habituales de la influencia cristiana, la de evitar la marginación y la indefensión de los más débiles.

Fue de esta manera como nació una de las instituciones medievales más importantes, la comuna. Esta era la asociación de los habitantes de la ciudad para preservar la paz, mantener las libertades y asegurar el imperio de la ley. Respetaba la autoridad moral de la iglesia, pero, a la vez, dejaba de manifiesto su independencia frente al poder temporal del obispo. Se trataba de un incipiente —y saludable— antecedente de la separación de iglesia y estado.

En los años siguientes del Medievo, la ciudad permitiría la aparición de un estilo artístico magnífico y naturalista —el gótico— cuyas atrevidas realizaciones tanto material como ideológicamente hubieran resultado imposibles para una cultura monástica. Sería también el lugar ideal para la aparición de nuevas órdenes religiosas que o reaccionaron contra los valores materiales que podían desplazar a los cristianos (los franciscanos) o supieron aprovechar las oportunidades que les brindaba la aparición de las universidades y de la nueva cultura urbana (los dominicos).

Universidades, gótico, leyes humanitarias, libertades urbanas, caridad y piedad... En apariencia, la cultura medieval había llegado a su cima. No era menos cierto que se hallaba al borde de la extenuación. La Escolástica comenzó a dar señales de agotamiento en el siglo XIV, obstaculizando en lugar de impulsando el pensamiento, en particular el científico; la jerarquía eclesial se enfangó en estériles controversias y en una relajación moral que tuvieron como dos de sus manifestaciones más escandalosas —por desgracia, no las únicas— el traslado de la corte papal a Aviñón y el Gran Cisma de Occidente; el sistema gremial paralizó el crecimiento económico iniciado en las ciudades..., la sociedad medieval acababa de entrar en una crisis abierta de la que se mostraba incapaz de salir por sí sola. Fue justo entonces cuando el cristianismo —y más en concreto el regreso a la Biblia— provocó un vuelco histórico de extraordinarias características. De él nacería, con lágrimas y sangre, como en todos los partos, la modernidad.

TERCERA PARTE

EL CRISTIANISMO Y LA MODERNIDAD

«Se requieren dos cosas para comenzar a ser cristiano. La primera es una fe y una confianza firmes en el Dios todopoderoso para obtener toda la misericordia que nos ha prometido, mediante los merecimientos y los méritos de solamente la sangre de Cristo, sin consideración por nuestras propias obras. Y la otra es que abandonemos el mal y nos volvamos hacia Dios para guardar sus leyes y combatir contra nosotros mismos y nuestra naturaleza corrupta perpetuamente a fin de que podamos hacer la voluntad de Dios cada día y cada vez mejor».

(William Tyndale)

«Cristo Jesús comunica constantemente su fuerza a los justos... Esta fuerza precede, acompaña y sigue siempre a las buenas obras porque sin ellas no tendrían título alguno para ser agradables a Dios y merecer... por esta razón, los que obran bien hasta el fin y esperan en Dios, reciben la vida eterna, como la recompensa que Dios mismo, según su promesa, concederá fielmente por sus buenas obras y sus méritos».

(Concilio de Trento, Sesión VI, cap. 16)

7

LA REFORMA Y EL NACIMIENTO DE LA MODERNIDAD

LA DECADENCIA DE LA IGLESIA MEDIEVAL

El siglo XIV no pudo desenvolverse desde un punto de vista espiritual bajo peores auspicios. Durante la centuria anterior, las apetencias de poder espiritual del Papado habían corrido parejas con una relajación de costumbres y una confianza en la represión como forma de pastorear la Iglesia —la Inquisición se instituyó en 1232, aunque contara con algunos precedentes—, y los resultados de esa visión no se hicieron esperar. Por un lado, se acentuó el desprestigio de una institución que parecía ansiar más poder precisamente cuando de más poder disfrutaba; por otro, comenzaron a surgir movimientos que buscaban una alternativa espiritual o bien en la recuperación de viejas herejías (albigenses), o bien en el regreso a una lectura de la Biblia desprovista de mediador humano (valdenses). No tardó en confirmarse así uno de los postulados elementales del desarrollo histórico del cristianismo, el de que cuanto más se aleja de sus principios fundacionales más se debilita en su interior, aunque política, económica y socialmente pueda dar una impresión distinta.

Con Bonifacio VIII[1], el Papado pareció llegar a la cima de su poder. En 1302, la bula *Unam sanctam* desquiciaba la doctrina cristiana

1 Sobre el mismo, con bibliografía, véase: C. Vidal, Pontífices, Barcelona, 2014 e Idem, Diccionario de papas, Barcelona, 1998.

sobre la legitimidad del poder político y la subvertía, afirmando la sumisión de toda autoridad regia al Papado. En otras palabras, el Pontífice se colocaba en lugar de las leyes divinas. Era bien cierto que, en teoría al menos, las representaba, pero la práctica histórica había dejado de manifiesto muchas veces —¡demasiadas!— que también las había conculcado en repetidas ocasiones para obtener beneficios personales.

Las pretensiones de Bonifacio VIII —por otro lado, nada originales— resultaron flor de un día. Felipe IV secuestró al papa en su palacio de Agnani, proporcionando un trágico final a su reinado, y en 1309 logró que su sucesor, Clemente V, abandonara Roma para establecer su corte en Aviñón. Hasta 1377, los papas residirían en la ciudad francesa. Sería un periodo conocido como el «cautiverio de Babilonia»[2] por su paralelismo cronológico con los setenta años de cautividad judía en Babilonia. Sin embargo, lo que dañó sobremanera el prestigio del papado no fue solo la mudanza a la ciudad francesa. Fue, sobre todo, la forma en que su comportamiento desmerecía de la más mínima dignidad. De los ciento treinta y cuatro cardenales creados por los papas de Aviñón, ciento once fueron franceses, y a una circunstancia como esta se unió una práctica descarada del nepotismo, un tren de vida lujoso costeado con impuestos crecientes y una dedicación a la política partiendo de criterios bien distantes de los principios cristianos. Gregorio XI logró regresar por fin a Roma, pero, lejos de lo que se hubiera esperado, la cristiandad occidental no experimentó una restauración, sino una crisis aún mayor. A la ruptura con las iglesias ortodoxas, sellada de manera definitiva en 1054, se sumó ahora un cisma occidental de aún peores características.

En 1378 resultó elegido papa Urbano VI, pero aquella elección no tardó en convertirse en semillero de conflictos. Los cardenales que habían procedido a su elección, disgustados con su comportamiento, no tardaron en declararla nula, y en su lugar eligieron a otro nuevo papa, Clemente VII. La respuesta de Urbano consistió en excomulgar a Clemente. Este se trasladó a Aviñón y, tras obtener la adhesión del monarca francés, consolidó el cisma. Duró este medio siglo, y al concluir el prestigio del Papado no solo había descendido

2 Sobre el episodio, véase: C. Vidal, Diccionario histórico del cristianismo, Estella, 1999.

más, sino que era común la tesis de que el Concilio le era superior. De hecho, fue un Concilio —el de Constanza (1414-1418)— el que acabó deponiendo a los papas (llegó a haber tres, que se excomulgaban entre sí) y eligiendo a otro nuevo, Martín V (1417-1431), como solución del conflicto.

Al desmoronamiento de la Iglesia se sumaron pronto otras desgracias durante los años crepusculares de la Edad Media. Inglaterra y Francia se vieron enzarzadas en la denominada Guerra de los Cien Años (1339-1453); el imperio germánico sufrió el desgarro de las guerras husitas (1419-1485), que pretendían asegurar la libertad religiosa para los seguidores de Juan Huss, ejecutado en el Concilio de Constanza; Inglaterra padeció el terrible conflicto dinástico entre la casa de Lancaster y la de York, conocido como Guerra de las Dos Rosas (1455-1485); la Europa suroriental experimentó el empuje de los turcos otomanos, que no solo ocuparon los Balcanes, sino que aniquilaron en 1453 al Imperio romano de Oriente, y a todo ello se sumó espantosa e incontenible la peste negra. Quizá uno de los pocos acontecimientos políticos positivos para Occidente en aquella época fue la reunificación de los reinos peninsulares con los Reyes Católicos y la conclusión de la Reconquista en España en 1492.

No resulta extraño que el Viejo Mundo, desgarrado en sus luchas internas y amenazado por su implacable enemigo islámico, deseara encontrarse a sí mismo. Intentó lograrlo cruzando los océanos, y lo hizo casi con ritmo febril. Durante el siglo XV se mejoró la cartografía, se perfeccionaron la brújula y el sextante, se pasó de la navegación de cabotaje a la de alta mar. De 1419, en que llegaron al archipiélago de Madeira, a 1487, en que Bartolomé Díaz dobló el cabo de Buena Esperanza, los portugueses marcharon en cabeza de ese esfuerzo exploratorio. A partir de 1492 y del descubrimiento de América, ese puesto fue ocupado por los españoles, y de él no se verían desalojados hasta, como mínimo, el siglo XVIII.

Pero también se volcó a conseguir esa meta del encuentro consigo mismo volviendo a sus raíces cristianas, unas raíces que identificó, sin duda muy acertadamente, con el regreso a la Biblia y a la piedad caritativa. En ocasiones, los movimientos inspirados por esa inquietud sobrepasaron los límites de la iglesia jerárquica. Fue el caso de John Wyclif y los lolardos, o el de Huss, a cuya ejecución ya hemos hecho referencia, y los hermanos checos. En otros, no pretendieron combatir la institución, por muy deformada que la juzgaran, sino vivir más profundamente las enseñanzas evangélicas. Es lo que hallamos sobre todo en la *Devotio* moderna, en los Amigos de Dios, en las beguinas y begardos, y en personajes como Tomás de Kempis, el autor de la difundidísima *Imitación de Cristo.*

No resulta por ello sorprendente que, cuando Juan Gutenberg (1400-1467) inventó la imprenta de letras metálicas móviles, la primera obra que se imprimiera fuera precisamente la Biblia. Tampoco lo es que a ella se dirigieran con entusiasmo los primeros humanistas, desde Erasmo de Rotterdam —que recuperaría el texto griego del Nuevo Testamento— a Juan Luis Vives, pasando, entre otros, por John Colet, Tomás Moro o la fecunda escuela de Alcalá de Henares impulsada por el cardenal Cisneros.

Occidente se sabía en crisis, una crisis de la que la principal autoridad espiritual, el Papa, era a la vez causa y fin; una crisis en la que el cosmos parecía haberse ampliado para incluir mundos y razas ignotos; una crisis en la que la espada del islam volvía a ser blandida de manera amenazante, aniquilando la extraordinaria cultura bizantina y avanzando hasta el corazón de Europa. En ese momento, Occidente se iba a volver, de manera más o menos consciente, hacia la Biblia. De esa conversión nacería la Reforma, y de esta, la modernidad.

LUTERO Y EL INICIO DE LA REFORMA[3]

La figura de Lutero, y es lógico que así haya sucedido, ha sido objeto durante siglos de exposiciones que han ido de la alabanza más rendida al juicio denigratorio más encarnizado. Si para Durero podía

---

3 Sobre Lutero, véanse: C. Vidal, El caso Lutero, Madrid, 2010 e Idem, «Lutero», en Diccionario histórico del cristianismo, Estella, 1999; J. Atkinson, Lutero y el nacimiento del protestantismo, Madrid, 1971; H. Oberman, Lutero, Madrid, 1991; D. Olivier, El proceso Lutero, Buenos Aires, 1973; R. G. Villoslada, Raíces históricas del luteranismo, Madrid, 1976; ídem, Martín Lutero, Madrid, 1976; J. Delumeau, La Reforma, Barcelona, 1977; R. Stauffer, La Reforma, Barcelona, 1974; G. Martina, La época de la Reforma, Madrid, 1974; Daniel-Rops, La Reforma protestante, Madrid, 1978; J. Lortz, Historia general de la Reforma, Madrid, 1963; E. G. Leonard, Historia general del protestantismo, vol. I, Barcelona.

ser un profeta o un padre, para Denifle era una sentina de vicios y maldades. Pocas de esas versiones hacen justicia a la documentación histórica y, en cualquier caso, resultan hasta cierto punto indiferentes para el objeto de esta obra. Lo que nos interesa no es tanto el teólogo Lutero o el hombre Lutero cuanto el movimiento que se desencadenó con él y, muy especialmente, la manera en que influyó de manera verdaderamente extraordinaria en la cultura occidental.

Los jalones de la vida de Lutero son bien conocidos. Nacido en 1483, tras estudiar filosofía en la Universidad de Erfurt (1501-1505), entró en el monasterio agustino de la misma localidad, al parecer en cumplimiento de un voto pronunciado durante una tormenta en la que temió perecer. Ordenado sacerdote en 1507, enseñó desde 1508 en la Universidad de Wittenberg. Dos años después visitó Roma —un viaje del que regresó profundamente decepcionado— y en 1511 comenzó a enseñar Escritura en Wittenberg. Entre esa fecha y 1515, en que fue nombrado vicario de su orden, teniendo a su cargo once monasterios, Lutero atravesó una profunda crisis espiritual, en el curso de la cual, de manera creciente, fue desconfiando del sistema sacramental católico como garantía de que el hombre puede ser perdonado y aceptado por Dios. Alma escrupulosa, no podía dejar de reflexionar en el hecho de que era pecador y, a la vez, nunca estaba seguro de haber recordado todos los pecados en la confesión y, por lo tanto, no tenía la seguridad de haber recibido la absolución. A diferencia de aquellos que encuentran en el sacramento de la penitencia una liberación de su culpa, Lutero descubría de manera repetida aquellos obstáculos formales que le impedían estar seguro del perdón que trae consigo la paz espiritual.

De esa situación de zozobra espiritual salió Lutero después de la denominada *Turmerlebnis* o experiencia de la torre, en que, reflexionando sobre los escritos del apóstol Pablo, especialmente la carta a los Romanos, llegó a la conclusión de que el hombre es justificado ante Dios no por obras, sino por fe. La enseñanza de la justificación por la fe se convirtió así de inmediato en la piedra angular del pensamiento teológico de Lutero. No se trataba de una conclusión original, ya que, como vimos al inicio de esta obra, esa enseñanza se halla contenida en epístolas paulinas como las dirigidas a los romanos y a los gálatas. Además, Lutero leía estos escritos de Pablo a través de la teología de Agustín (en especial, de sus tratados contra Pelagio, donde se resaltaba el papel de la gracia de Dios en la salvación humana) y de Tauler. De manera lógica, Lutero llegó a la conclusión de que el individuo no necesita para salvarse la mediación de la institución eclesial o de los sacerdotes, sino solo tener fe en la expiación realizada por Jesús en la cruz. Es Cristo el que ha pagado por todos los pecados y el pecador que recibe por fe el efecto de su muerte en el Calvario es declarado justo por Dios. Por lo tanto, se produce una liberación de aquellos requisitos formales que, supuestamente, se traducen en la obtención de la salvación y se opera una experiencia del amor de Dios que repercute en una visión más alegre de la existencia, precisamente la del hombre que ha sido perdonado sin merecerlo gracias a la pura misericordia divina. Lutero no era consciente de ello, pero las consecuencias de esta manera de ver las cosas no podrían resultar más fecundas. Liberado el ser humano del formalismo sacramental, se iba a subrayar su libertad de conciencia, su autonomía individual y su capacidad de acción no de cara a obtener unos resultados redentores, sino porque la redención se había producido ya de manera gratuita.

Pese a todo, Lutero no pensó al principio que sus tesis sobre la justificación por la fe chocaban con la ortodoxia católica. Esa actitud se debía a varias razones: la primera, que el peso de san Agustín en la teología católica continuaba siendo extraordinario en lo relativo a la gracia, y la segunda, que la misma iglesia de Roma no definiría de manera excluyente determinados aspectos relacionados con la justificación hasta el Concilio de Trento, ya en plena controversia antiprotestante.

En realidad, la prueba de fuego para esta visión se produjo en 1517, cuando Tetzel predicó las indulgencias ofrecidas por León X con la finalidad de obtener fondos que contribuyeran a la construcción de la basílica de San Pedro en Roma. Lutero opuso a esa predicación noventa y cinco tesis[4] que, en sí mismas, no se oponían al pensamiento católico ni tampoco cuestionaban la existencia del purgatorio, un dogma relativamente reciente que además se había desarrollado en especial durante la Baja Edad Media. Sin embargo,

4 Sobre esta obra, véase: C. Vidal, Los textos…, págs. 243 y sigs. Sobre la evolución de la creencia en el purgatorio, véase: J. Le Goff, El nacimiento del purgatorio, Madrid, 1985.

en ese contexto, provocaron una extraordinaria reacción. Ampliamente difundidas por una Alemania en la que el nacionalismo antipapal se estaba convirtiendo en un factor de creciente importancia, Lutero fue amonestado por el cardenal Cayetano, lo que le llevó a buscar la protección del príncipe elector Federico III de Sajonia. Durante ese año, Lutero se comprometió incluso a guardar silencio siempre que sus adversarios hicieran lo mismo, pero el ambiente era ya todo menos propicio a ese comportamiento.

En 1519, en la Disputa de Leipzig, donde tuvo como adversario a Eck, Lutero negó que el Papa estuviera por encima de las Escrituras y que los concilios generales no pudieran errar. De esa manera se colocaba ya sin lugar a dudas fuera de la ortodoxia católica y, al mismo tiempo y de manera impensada, se acercaba a uno de los principios esenciales de la Reforma protestante, el de que la Biblia es la única regla de fe y conducta.

Al año siguiente, la ruptura con Roma se acercó a lo inevitable cuando Lutero publicó sus obras *An den christlichen Adel deutscher Nation* (en que invitaba a los príncipes alemanes a asumir la dirección de la necesaria Reforma eclesial), *De Captivitate Babylonica Ecclesiae* (en que sostenía que la iglesia de Roma estaba en la cautividad babilónica al negar la comunión bajo las dos especies a los laicos y afirmar la transubstanciación y el carácter sacrificial de la Eucaristía) y *Von der Freiheit eines Christenmenschen* (en que negaba la necesidad de las obras para la salvación, ya que esta era un regalo gratuito de Dios entregado a los que tenían fe en el carácter expiatorio de la muerte de Cristo en la cruz).

Lutero no solo estaba repitiendo posturas muy cercanas a las de personajes como Juan Huss —que había ardido en la hoguera como hereje—, sino que además cuestionaba sin ambages una institución, la papal, que desde hacía varios siglos estaba siendo objeto de encendidas controversias y que en las últimas décadas no había dejado de incurrir en comportamientos de enorme torpeza. Erasmo afirmaría que el monje había cometido dos errores, atacar la panza de los clérigos y la tiara de los papas. No puede resultar por ello extraño que el 15 de junio de 1520 el papa León X decretara la bula *Exsurge Domine,* en la que se condenaban como heréticas cuarenta y una de las proposiciones de Lutero, entre ellas la de afirmar que «quemar herejes era contrario a la voluntad del Espíritu Santo». La afirmación nos horroriza actualmente, pero, a inicios del siglo XVI, el Papa era consciente de la eficacia de esa arma represiva, y habría que llegar al siglo XX y a Juan Pablo II para que la institucion reconociera el error —y el pecado— que significaba aplicar la hoguera a los disidentes.

Lutero respondió a la condena de León X apelando a la tradición multisecular de negación del poder que se consideraba ilegítimo. Procedió, por lo tanto, a quemar la bula papal. La reacción de León X resultó también lógica: excomulgó a Lutero mediante la bula *Decet Romanum Pontificem* de 3 de enero de 1521. La Dieta imperial de Worms de ese mismo año confirmó la condena papal, y Lutero habría acabado entonces en la hoguera de no ser porque el elector de Sajonia lo secuestró y ocultó en su castillo de Wartburg.

Durante los siguientes ocho meses, Lutero escribió varios tratados teológicos, pero, sobre todo, comenzó una labor que iba a marcar de manera extraordinaria el curso de la historia posterior. Nos referimos a su traducción de la Biblia a una lengua vernácula. Auténtico monumento de la lengua alemana y excelente trabajo de traductor, puede decirse que a ella se debe la creación de una lengua alemana moderna. Pero la importancia de esta tarea excedió con mucho lo lingüístico y lo literario. En realidad, deriva del hecho de que procedió a colocar la Biblia en manos del pueblo llano, lo que no solo sacudiría la cosmovisión política y social, sino que además tendría fecundas repercusiones en el panorama educativo. A partir de ese momento, el mundo protestante —todavía en ciernes— se caracterizaría por su vinculación a un texto escrito y con ello obligaría a alfabetizar a poblaciones que no podían ser instruidas mediante el uso de las imágenes (¿acaso no están proscritas por la Biblia en Éxodo 20, 4 y sigs.?), sino solo recurriendo a la letra impresa. Además, al admitir el principio de libertad de examen de cada fiel, sentaría las bases de una individualidad no solo crítica, sino también generalizada, porque la lectura del texto sagrado no quedaría limitada a las clases instruidas conocedoras del latín, sino que se abriría a todo el pueblo.

En 1522, y ante las noticias que le llegaban de la situación en Wittenberg, Lutero decidió abandonar el castillo de Wartburg, donde estaba custodiado, y dirigirse a aquella localidad. A partir de ese momento, la Reforma se convirtió en una realidad fáctica que trascendió de las simples formulaciones teológicas. Lutero comenzó por suprimir la confesión, los ayunos o las misas privadas, en la convicción de que no se contemplaban en las Sagradas Escrituras y de que el regresar a la pureza de un cristianismo como el del Nuevo Testamento era una meta alcanzable. Sin embargo, su optimismo al respecto no le acompañaría mucho tiempo.

Quizá haya que datar en el año 1523 su renuncia a lograr una plena restauración del cristianismo primitivo tal y como él la entendía. En uno de sus escritos menos conocidos, *Acerca del tercer orden del culto,* Lutero señala lo que, a su juicio, sería una iglesia realmente reformada que hubiera vuelto al auténtico espíritu del Nuevo Testamento. Se trataría de una congregación donde la gente se reuniera para orar, escuchar la Biblia y celebrar la Cena del Señor, y donde además existiera un fondo de ayuda para los necesitados. La descripción, conmovedora en su sencillez, recuerda mucho a la de las comunidades primitivas que aparecen en las cartas del apóstol Pablo. Sin embargo, Lutero indica a continuación que, por desgracia, no conoce gente que esté dispuesta a formar parte de un grupo de esas características y deja entender que, a la fuerza, la Reforma tendría que verse limitada en sus logros espirituales. Curiosamente, el hombre que propugnaba la fe en contraposición a las obras muertas dejaba de manifiesto en ese escrito poco conocido su carencia de fe en una reforma total. Desde luego, en el curso del año siguiente, en que contrajo matrimonio con la antigua monja Catalina Bora, Lutero ya había llegado a la conclusión de que su futuro estaba ligado al triunfo de los príncipes.

Esa dependencia del poder político que iba a manifestar el luteranismo —no, por cierto, las otras ramas del protestantismo— no era excepcional y, por supuesto, se daba tambien en el catolicismo y en las iglesias ortodoxas, pero sus frutos resultarían dignos de diversa calificacion. Desde luego, quedó reforzada cuando la Dieta de Spira (1526) estableció el derecho de los príncipes a organizar iglesias nacionales. Sin embargo, no iba a tardar en hacer acto de presencia una de las características del protestantismo: su tendencia hacia la fragmentación organizativa. En 1529, en el Coloquio de Marburgo, Lutero y Zuinglio, un teólogo seguidor de Erasmo que había comenzado la Reforma en Suiza, quedaron definitivamente separados por su comprensión distinta de la Eucaristía. El principio del libre examen, sin ningún género de dudas, acentuaba la autonomía individual y subrayaba la libertad de conciencia, pero también implicaba un riesgo de fragmentación organizativa.

En 1537, los *Artículos de Smalkalda* eliminaban cualquier posibilidad de conciliación confesional por más que así hubiera quedado expresada tímidamente en la *Confesión de Augsburgo* de 1530. Con todo, al producirse el fallecimiento de Lutero, en 1546, el fenómeno iniciado por él era ya imposible de sofocar y se había extendido casi por media Europa.

¿Logró Lutero lo que pretendía, es decir, el regreso de la iglesia a la pureza del cristianismo descrito en el Nuevo Testamento? Por mucha simpatía que se pueda sentir hacia los esfuerzos del reformador, debe responderse de manera negativa. Difícilmente podría considerarse que una iglesia que dependía, aunque fuera inicialmente, del apoyo del príncipe para sobrevivir y cuyo grado de reforma se limitaba, según propia confesión de Lutero, al presumible grado de adhesión respondía a un modelo neotestamentario. Por otro lado, era obvio que ya existian las bases ideales para una división del protestantismo. Si para los católicos Lutero era el culpable de desgarrar la túnica ya dividida de Cristo, para muchos protestantes lo sería de no llevar la Reforma hasta sus últimas consecuencias. Sin embargo, a pesar de sus limitaciones, los aportes de Lutero resultaron de primer orden. Había liberado al ser humano de mediaciones innecesarias entre él y Dios para llevarlo directamente ante Cristo, el único mediador entre Dios y los hombres, según palabras del apóstol Pablo (I Ti 2, 5). Había despojado al cristianismo medieval de buena parte de sus excrecencias —excrecencias que iban desde la compra de indulgencias para liberar a las almas del purgatorio, a prácticas religiosas que se adentraban claramente en el terreno de la superstición— para reconducirlo en no escasa medida a las enseñanzas de la Biblia. Y, por encima de todo, había colocado en el centro de la predicación la cruz de Cristo, la cruz en la que el Hijo de Dios había derramado su sangre para redimir al género humano, abriendo así el camino de salvación; una salvación que no se podía ganar por las obras propias, sino tan solo aceptar, mediante la fe, de las manos generosas de Dios. *Solus Christus, Sola Scriptura, Sola Gratia...* los tres pilares teológicos de la Reforma ya habían quedado claramente expresados, con todos los matices que deseemos, en la obra del antiguo monje agustino. Quizá ésa fuera su mayor limitación, la de no haberse podido liberar de todo el peso de la iglesia medieval. Con todo, Lutero no iba a ser el único, ni el más importante, teólogo del protestantismo.

CALVINO Y LA SISTEMATIZACIÓN DEL PROTESTANTISMO[5]

De mucha mayor relevancia para el desarrollo del protestantismo iba a ser un francés cuya formación no había sido solo teológica, sino también humanística. Nacido en 1509, Juan Calvino había estado destinado a la carrera eclesiástica. De hecho, recibió su primer beneficio —y la tonsura— a los doce años. De 1523 a 1528 estudió teología en París, y a partir de entonces cursó estudios en Orleans y Bourges. Tal vez no hubiera pasado de ser un abogado o un funcionario regio de no haberse producido un acontecimiento que cambió su vida. En Bourges, Calvino entró en contacto con el círculo protestante de Melchor Wolmar. En 1533 rompió con la Iglesia católica y al año siguiente marchó a Noyon, donde renunció a todos sus beneficios eclesiásticos y se vio encarcelado por un tiempo.

5 Son casi inexistentes los estudios dedicados a Calvino en castellano, y la práctica totalidad adolecen de un planteamiento tendencioso a favor o en contra. Existe, sin embargo, una magnífica edición de la Institución publicada en Rijswijk en 1981. En otras lenguas, son de interés las obras de: J. Bohatec, Calvins Lehre von Staat und Kirche, mit besonderer Berücksichetung des Organismusgedanken, Breslau, 1937; J. Boisset, Sagesse et sainteté dans la pensée de Calvin, París, 1959; E. Choisy, Calvin et la science, Ginebra, 1931; E. Doumergue, Jean Calvin, Lausana, 1899-1917, 7 vols.; A. G. Harkness, John Calvin. The Man and his Ethics, Nueva York, 1958; W. A. Hauck, Calvin un die Rechtfertigung, Gütersloh, 1947; J. Mac Kinnon, Calvin and the Reformation, Londres, 1936; y A. M. Schmidt, Jean Calvin et la tradition calvinienne, París, 1957. Como introducciones más específicas a su teología, son de interés: J. D. Benoit, Calvin directeur d'âmes, Estrasburgo, 1947; W. Niesel, Die Theologie Calvins, Múnich, 1938, y, muy especialmente, K. Barth, The Theology of John Calvin, Grand Rapids, 1992.

Salió bien parado de aquella experiencia, pero decidió actuar con prudencia. En 1535, abandonó Francia y en 1536, publicó la primera edición de una de las obras más decisivas de la Historia moderna, la *Institución de la religión cristiana.* Al igual que Lutero, Calvino se había percatado de que la victoria del protestantismo vendría de la lectura, y se cuidó de que el libro tuviera el tamaño exacto para caber en un bolsillo. La Reforma no solo estaba aprovechando como nadie el invento de la imprenta, sino que además se adelantaba a formas editoriales que harían extraordinaria fortuna en nuestro tiempo. La *Institución* pretendía compendiar los principios fundamentales del protestantismo, pero, en realidad, adelantaba algunas de las interpretaciones propias del calvinismo. Ese mismo año, Calvino aceptó, tras pedírselo con insistencia Guillermo Farel, la dirección de la Reforma en Ginebra.

La experiencia ginebrina no resultó feliz. En 1538, la insistencia de Calvino en aplicar la excomunión —entendida esta solo como exclusión de la Eucaristía— a algunos ginebrinos y su negativa a conformar el ordenamiento eclesial ginebrino al de Berna provocaron la expulsión de la ciudad del reformador francés y de Farel. Hasta 1541, Calvino enseñó en la Facultad de Teología de Estrasburgo. Durante este periodo hizo amistad con otros teólogos protestantes como Martín Bucero y Felipe Melanchthon, el amigo de Lutero y del español Francisco de Enzinas, autor de la primera traducción del Nuevo Testamento al castellano[6]. Por esa época, Calvino comenzó a escribir comentarios a los libros del Nuevo Testamento y redactó su famosa *Epístola al cardenal Sadoleto,* en la que se oponía al intento de este de traer a Ginebra de nuevo al seno del catolicismo. En 1541, Calvino fue llamado una vez más para regresar a Ginebra. Allí permaneció catorce años, a lo largo de los cuales se desarrolló una forma de gobierno peculiar. Si, por un lado, la ciudad conservó su carácter semidemocrático, nacido de la evolución de los municipios desde Roma hasta la Edad Media, por otro, Calvino se convirtió en un personaje de enorme autoridad moral, una autoridad desvinculada de cualquier poder político, y que se mantendría incólume

---

6 Hemos relatado de manera novelada la peripecia del Nuevo Testamento de Enzinas, en C. Vidal, El libro prohibido, Barcelona, 1999. Ha sido reeditada en C. Vidal, Grandes procesos de la Inquisición, Barcelona, 2005.

desde 1555 hasta su muerte. Durante esa época, ciertamente, fue ejecutado el español Miguel Servet[7], condenado también y previamente a muerte por la Inquisición católica, pero, a diferencia de lo que creía León X, el papa que había excomulgado a Lutero, el protestantismo no sostenía que el quemar herejes pudiera ser parte de la voluntad del Espíritu Santo. El caso Servet no solo resultó excepcional, sino que además vino seguido por un monumento en el que la ciudad de Ginebra mostraba su arrepentimiento por lo sucedido y que, dicho sea de paso, carece de paralelos en ciudades como Sevilla o Valladolid, testigos de la quema de conventículos enteros de protestantes españoles[8].

Durante estos años, Calvino fue además manifestándose como un reformador distinto de Lutero. De entrada, su obra escrita se dedicó menos a la controversia y más a la redacción de comentarios de todos los libros del Nuevo Testamento —salvo el Apocalipsis— y de buena parte de los del Antiguo. Pero además, a diferencia de Lutero, Calvino no contó con el apoyo de los príncipes y abogó por la separación de la Iglesia y el Estado. A pesar de dar este paso —revolucionario en su época— su influencia teológica superó con mucho a la del reformador alemán. El carácter sistemático de sus obras —todo lo contrario del circunstancial que impregna los escritos de Lutero— y su tendencia a buscar aplicaciones prácticas a las enseñanzas de la Biblia en los más variados detalles le proporcionaron un predicamento que no solo se enraizó en su Francia natal o en la Suiza que le había proporcionado albergue, sino que además llegó a las costas atlánticas, estableciéndose en Bélgica y Holanda, y pasó el Canal para informar los principios de la Reforma escocesa y, en menor medida, de la inglesa.

Cuando se produjo la muerte de Calvino, el protestantismo no había superado su tendencia a la fragmentación. Sin embargo, se había consagrado la existencia de unas características comunes a sus diversas confesiones. Pese a la considerable diferencia entre los distintos cuerpos protestantes, entre ellos existía —e iba a seguir

---

7 Acerca de Servet, véanse: J. Barón, *Miguel Servet. Su vida y su obra,* Madrid, 1970; R. H. Bainton, *Servet, el hereje perseguido,* Madrid, 1973.

8 He abordadoel tema de los protestastes españoles en mi Historia secreta de la iglesia católica, Barcelona 2014.

existiendo— una unidad en cuanto a cuáles eran esos principios comunes, unos principios que se resumirían en las expresiones latinas *Solus Christus, Sola Scriptura* y *Sola Gratia* (o *Sola Fide).* De acuerdo con el primero, el protestantismo solo reconocía a Cristo como único Señor, Salvador e intercesor (Hechos 4, 11-2; Juan 14, 6; I Timoteo 2, 5). Obviamente, esto significaba la aceptación de dogmas históricos compartidos con la iglesia católica y la ortodoxa, como el de la Trinidad o la resurrección. Sin embargo, asimismo implicaba el rechazo de mediadores en la salvación, de la intercesión de María y de los santos y del culto a las imágenes.

El segundo principio defendía la tesis de que la Biblia es la única regla de fe y conducta (II Timoteo 3, 16-17). Esto implicaba en pura lógica el rechazo de los dogmas no contenidos en las Escrituras, así como de la tradición que no derivara directa y explícitamente de la Biblia. El último principio señalaba que la salvación procedía solo de la gracia y que el hombre solo se la podía apropiar —nunca ganar— mediante la fe, de tal manera que sus buenas obras no eran realizadas para obtener la salvación, sino porque ya había sido salvado (Efesios 2, 8-10).

El golpe que la admisión de estos principios significaba para la teología católica era extraordinario. Sin embargo, las repercusiones del protestantismo iban a trascender sobremanera del terreno espiritual y a resultar, además, de extraordinaria relevancia. Su análisis detallado resulta impensable en una obra de estas características, pero es ineludible realizar una mínima referencia a ellas. A ello dedicaremos los capítulos siguientes.

8

EL LEGADO DE LA REFORMA (I): LA VISIÓN DEL TRABAJO

En términos meramente históricos y religiosos, la Reforma del siglo XVI significó un deseo decidido, ferviente y entusiasta de regresar a la cosmovisión de la Biblia, una cosmovisión diferente de la que presentaba el catolicismo romano que, al menos desde el siglo IV, había ido sumando otros elementos procedentes del derecho romano, la filosofía griega y las culturas germánicas. La Reforma —como el Renacimiento— intentó pasar por alto la Edad Media y regresar a lo que consideraba una pureza primigenia corrompida desde hacía siglos. Como en el caso del Renacimiento, lo que logró no fue un regreso —imposible, por otra parte, a la Edad Antigua— sino algo distinto, pero con un enorme poder de atracción y de sugestión.

Por el contrario, la actitud de España —y de las Indias— hacia la Biblia no pudo ser más radicalmente distinta. Ha sido Ángel Alcalá, profesor de la Pontificia de Salamanca y del Seminario de Zaragoza, quien lo ha expresado con especial claridad al afirmar: «España no fue nunca un pueblo de la Biblia. Los poquísimos e incompletos manuscritos medievales de biblias romanceadas y las exiguas traducciones de la Escritura que vieron la luz en España en los siglos XIII al XV no autorizan a pensar que predominara en ella la tendencia de los lectores, siempre pocos por supuesto, a conocer la «palabra de Dios»[1]. Tras detallar cómo la hipótesis de la Vetus latina y algunas traducciones parciales «no invalidan esta afirmación», Alcalá concluye afirmando que «en nada ayudó, por cierto, que los Reyes Católicos, casi a la vez y por no dispares motivos, prohibieran la Biblia en lengua vulgar y decretaran para los judíos el bautismo y la expulsión»[2]. No sorprende que, a continuación, cuando Alcalá tiene que mencionar a un autor que verdaderamente amara la Biblia, tenga que citar al protestante Francisco de Enzinas.

España nunca fue, para desgracia suya, un pueblo de la Biblia. Se reafirmó en esa posición expulsando a los judíos y exterminando a los partidarios de la Reforma. El resultado no tuvo sólo consecuencias confesionales sino otras de enorme relevancia. De entrada, su visión del trabajo, a la que me referiré en este capítulo, no pudo verse más alterada.

La iglesia católica era tributaria de una visión del trabajo desvinculada de la Biblia y que Eusebio, gran defensor del constantinianismo, en el siglo IV, había descrito de la siguiente manera:

«Dos formas de vida fueron dadas por la ley de Cristo a su iglesia. Una es sobrenatural y sobrepasa la forma de vida común... Completa y permanentemente se separa de la vida común y ordinaria de la humanidad, y se dedica al servicio de Dios solo... Esa es la forma perfecta de vida cristiana. Y la otra, más humilde, más humana, permite a los hombres... dedicarse a la agricultura, al comercio, y a otros intereses más seculares al igual que a la religión... Y una especie de piedad de segunda clase se les atribuye».

Esa diferenciación entre trabajos más o menos santos se fue fortaleciendo a lo largo de la Edad Media con aportes como pudo ser la visión de una sociedad esclavista, como la romana o la caballeresca y militar de los pueblos germánicos que tanto se imbricó en la iglesia católica y que tan poco tiene que ver con el cristianismo primitivo de Jesús y sus apóstoles. Desde luego, a inicios del siglo XVI, nadie habría discutido la existencia de trabajos más dignos y menos dignos; que ciertas ocupaciones no eran propias de los señores o simplemente de gente que se preciara e incluso que el trabajo era,

1 Ángel Alcalá, Literatura..., p. 60.
2 Idem, Ibidem, p. 61.

a fin de cuentas, un castigo impuesto por Dios a nuestros primeros padres por su caída en el huerto del Edén. La Reforma presentó una visión radicalmente distinta del trabajo.

De entrada, el regreso a la Biblia permitió descubrir —¡más de un milenio para darse cuenta!— que Adán ya había recibido de Dios la misión de trabajar antes de la Caída y que esa labor consistía en algo tan teóricamente servil como labrar la tierra y guardarla (Génesis 2: 15). Aquel sencillo descubrimiento cambiaría la Historia de Occidente —y con ella la de la Humanidad— de manera radical. Lutero, por ejemplo, pudo escribir: «Cuando un ama de casa cocina y limpia y realiza otras tareas domésticas, porque ése es el mandato de Dios, incluso tan pequeño trabajo debe ser alabado como un servicio a Dios que sobrepasa en mucho la santidad y el ascetismo de todos los monjes y monjas». En su Comentario a Génesis 13: 13, el alemán señalaría en relación con las tareas de la casa que «no tienen apariencia de santidad, y, sin embargo, esas obras relacionadas con las tareas domésticas son más deseables que todas las obras de todos los monjes y monjas... De manera similar, los trabajos seculares son una adoración de Dios y una obediencia que complace a Dios». Igualmente en su Exposición del Salmo 128: 2 añadiría: «Vuestro trabajo es un asunto muy sagrado. Dios se deleita en él y a través de él desea conceder Su bendición sobre vosotros». Calvino —al que se suele asociar un tanto exageradamente con la denominada ética protestante del trabajo— fue también muy claro al respecto. En su Comentario a Lucas 10: 38 afirmó: «Es un error el afirmar que aquellos que huyen de los asuntos del mundo y se dedican a la contemplación están llevando una vida angélica... Sabemos que los hombres fueron creados para ocuparse con el trabajo y que ningún sacrificio agrada más a Dios que el que cada uno se ocupe de su vocación y estudios para vivir bien a favor del bien común».

Las opiniones de los dos reformadores citados no fueron excepción. William Tyndale —que tradujo el Nuevo Testamento del griego original al inglés y murió en la hoguera por orden del rey Enrique VIII— escribió: «existe una diferencia entre lavar platos y predicar la Palabra de Dios, pero en lo que se refiere a complacer a

Dios, no existe ninguna en absoluto». William Perkins, uno de los teólogos puritanos más relevantes, señalaría: «La acción de un pastor que guarda las ovejas... es tan buena obra ante Dios como la acción de un juez que dicta sentencia, o un magistrado que gobierna o un ministro que predica». Tal y como afirmaría también Perkins, la gente puede servir a Dios «en cualquier clase de vocación, aunque sea barrer la casa o guardar ganado». Otro puritano, Richard Steele, en un texto llamado de manera bien significativa *The Trademan´s Calling* (La vocación del comerciante), afirmó que en el comercio «se puede esperar de la manera más confiada la presencia y la bendición de Dios».

Para los autores protestantes, la base para llegar a esa conclusión no estaba sólo en los textos de la Biblia en general, sino, de manera muy especial, en el propio Jesús. Hugh Latimer, por ejemplo, señaló: «Es una cosa maravillosa que el Salvador del mundo, y el Rey sobre todos los otros reyes, no se avergonzara de trabajar, sí, y de emplearse en una ocupación tan sencilla. De esa manera, santificó todas las formas de trabajo». John Dod y Robert Cleaver volverían a ese tema afirmando que «el gran y reverendo Dios no despreció el comercio honrado... por humilde que fuera, sino que lo coronó con su bendición».

Desde luego, la línea estaba claramente definida y era uniforme en cualquiera de las iglesias nacidas de la Reforma. Como señalaría un panfleto publicado a finales del siglo XVII en Inglaterra con el revelador título de *Paul the Tentmaker* (Pablo, el fabricante de tiendas), el protestantismo había impulsado un deleite en los empleos seculares.

Semejante visión brillaría por su ausencia en aquellas partes del mundo donde no triunfó la Reforma. En España, por ejemplo, en 1492 se había expulsado a unos judíos que tenían una visión del trabajo idéntica a la de los protestantes puesto que, como ellos, la derivaban de la Biblia e, iniciado el siglo XVI, éstos tendrían que optar entre la hoguera o el exilio. Así, mientras se ventilaba la supervivencia de España como primera potencia de Europa, la nación siguió uncida a la idea de lo intolerable e infames que podían ser ciertos trabajos. Sus adversarios protestantes tenían un punto de vista muy diferente y, a pesar de tratarse, en general, de naciones más pobres y pequeñas, el resultado no pudo serles más favorable. La manera en que ambas cosmovisiones quedaron reflejadas en el arte resulta ampliamente reveladora. Mientras Velázquez pintaba figuras regias y religiosas y se tomaba un respiro con bufones y tontos, el protestante Rembrandt retrataba escenas bíblicas y también pañeros (sí, pañeros) o a los médicos en medio de una lección de anatomía, oficio este último que no dejó de recibir en España los zarpazos de la Inquisición[3]. Eran dos cosmovisiones bien distintas y no deja de ser revelador que la vencedora fuera la nación pequeña de Rembrandt con menos hidalgos quizá, pero más entusiasmo por el comercio y el trabajo manual. Ni siquiera las sucesivas derrotas españolas provocaron un cambio de mentalidad con respecto al trabajo. En fecha tan tardía —los protestantes llevaban ya más de dos siglos y medio de ventaja en la idea de impulsar la bondad de cualquier trabajo— como el 18 de marzo de 1783, Carlos III mediante una Real Cédula intentó acabar con la «deshonra legal del trabajo». En otras palabras, como habían pretendido Lutero, Calvino o los puritanos, Carlos III señalaba que ningún trabajo honrado era deshonroso. El intento del monarca ilustrado era excelente, pero chocaba con una mentalidad arraigada a lo largo de siglos. No es que los españoles fueran vagos como se suele repetir injustamente —y, al respecto, basta con ver el resultado que dan fuera de España— pero no creían que el trabajo tuviera el mismo valor que le dan aquellos que nacieron y crecieron en naciones donde triunfó la Reforma protestante.

Esa mentalidad más que perjudicial sigue más que presente a día de hoy en las naciones donde no arraigó la Reforma aunque a los miembros del clero se hayan añadido supuestos intelectuales y otros personajes subvencionados. La diferencia que iba a significar perdura hasta el día de hoy.

---

3 Sagrario Muñoz Calvo, Inquisición y Ciencia en la España moderna, Madrid, 1977, pp. 179 ss.

9

EL LEGADO DE LA REFORMA (II): LAS FINANZAS

En el capítulo anterior, quedó de manifiesto cómo el hecho de verse fuera de la zona de Europa donde triunfó la Reforma marcó una diferencia radical en la cultura del trabajo para las naciones católicas con unas consecuencias nada positivas. Con todo, ésa no fue ni es la única diferencia. También la visión de las finanzas asumida iba a ser diferente.

La cultura eclesiástica medieval vio siempre mal el préstamo a interés. La razón no era que la Biblia dijera nada en su contra —no hay un solo párrafo en el Nuevo Testamento donde se arremeta contra prestamistas o banqueros—, sino porque Aristóteles (un genio si se quiere, aunque no en el terreno de la economía) escribió páginas contra el dinero y los préstamos que santo Tomás de Aquino y otros autores eclesiásticos repitieron con más fruición que reflexión. No sorprende que con ese punto de vista —de origen helénico-pagano y no cristiano— se multiplicaran las condenas del préstamo con interés. El Segundo concilio de Letrán (1139) prohibió su ejercicio a laicos y clérigos; el Tercero (1179) impuso a los prestamistas la pena de excomunión y les negó cristiana sepultura; el Cuarto (1215) ordenó el destierro incluso de los judíos que lo practicaran. El II Concilio de Lyon (1274) ordenó la expulsión de los prestamistas disponiéndose que los obispos que no los excomulgaran fueran suspendidos. El concilio de Vienne (1311) ordenó que se procediera a investigar a los gobernantes que toleraran el préstamo a interés y el de 1317 incluso calificó como herejía el negar que el préstamo a interés fuera pecado. Se trata sólo de algunos ejemplos de una corriente continua que no veía la diferencia entre el préstamo con interés y la usura y que además aumentaba las penas —llegó a equiparar el préstamo con el adulterio o la homosexualidad— visto que no terminaban de extirpar el supuesto pecado de necesitar el crédito de en medio de la grey. Algún economista ha afirmado recientemente que incluso la imposición de la confesión auricular a inicios del siglo XIII estuvo directamente relacionada con el deseo de acabar con el préstamo a interés, pero no voy a entrar en ese tema.

La realidad es que negar que los préstamos a interés —un instrumento esencial para el tráfico comercial y la vida económica— pudieran ser lícitos tuvo consecuencias extraordinariamente perversas. Por un lado, se acabó permitiendo la práctica del préstamo a interés, pero a los judíos, lo que los convirtió en chivos expiatorios de los odios que acaban sufriendo los que desean cobrar los créditos. Así, por un lado, se fue formando una imagen satanizada —e injusta— de los judíos que se empleó para legitimar, por ejemplo, la cadena de progromos de 1392 que acabó con la mayor parte de las juderías de la Península Ibérica un siglo antes de la Expulsión; por otro, obligó a pensar en maneras para financiarse que acabaron bordeando si es que no entrando claramente en la simonía. Por último, los problemas económicos siguieron sin solventarse. A inicios del siglo XVI, el préstamo a interés había sido sustituido en la Europa católica por un contrato trino —buen nombre para una institución derivada del deseo de desbordar disposiciones canónicas— que combinaba figuras jurídicas como el mutuo, el comodato y el seguro. Se trataba de un reconocimiento, un tanto hipócrita, de la necesidad de instrumentos que se condenaban y contra los que se clamaba desde los púlpitos.

Esa condena de la actividad bancaria tuvo funestas consecuencias para las naciones católicas que, como era de esperar, obedecieron los criterios de la Santa Sede al respecto o si los violaron lo hicieron de manera clandestina y con mala conciencia. Tuvo, entre otras consecuencias, que buena parte de sus poblaciones relacionara —sigue haciéndolo— la simple actividad bancaria con algo sucio, pecaminoso o indigno. En la etapa del enfrentamiento entre la Reforma y la Contrarreforma, el Flandes católico, Lieja o Colonia sufrieron no poco con esa situación, pero, con todo, la peor parte le tocó a España. De manera espectacular e innegable, en unas décadas, los reformados desarrollaron la banca moderna y, lógicamente, se hicieron con su control. Incluso naciones especialmente atrasadas en esa cuestión a finales del siglo XVI habían avanzado mucho más que sus rivales católicas.

Los efectos políticos y militares de esa circunstancia fueron fulminantes además de muy negativos para España. Durante los inicios de la guerra de los Treinta años, Cristian IV de Dinamarca y Gustavo Adolfo de Suecia fueron los campeones de la defensa de la libertad religiosa protestante frente a los intentos católicos de acabar con ella violando pactos como la paz de Augsburgo. Cristian IV basó financieramente su esfuerzo bélico en los hermanos Willem, una firma banquera con sede en Ámsterdam, y después en los Marcelis. Ambas bancas pertenecían a familias calvinistas. En el caso de Gustavo Adolfo —un genio militar que ha sido comparado con Federico de Prusia y Napoleón— su base financiera estuvo en Geer y Trip. Sabidos son los golpes extraordinarios que el ejército sueco ocasionó a las armas imperiales y a sus aliados hispanos. La firma bancaria, a decir verdad, hubiera podido servir a España, pero la intolerancia religiosa la expulsó del Flandes español obligándola a establecerse en Ámsterdam. Se convirtieron así en lo que algún historiador ha denominado los «Krupp del siglo XVII». Por desgracia, esos «Krupp» estaban en contra de la España de la Contrarreforma.

Se podría objetar que como protestantes los banqueros protestantes servían a potencias protestantes. La realidad es que no fue así. Los protestantes —como los judíos antes que ellos— aplicaban una regla contenida en la Biblia, la de mantener la lealtad al gobierno que fuera siempre que garantizara su libertad religiosa. Trabajaban, por lo tanto, para los clientes que los requerían. Los católicos que conservaron en aquella época un poco de sensatez supieron ver esta circunstancia y la aprovecharon. No fue el caso de España, pero sí el de algunos de sus enemigos. Por ejemplo, el cardenal Richelieu, príncipe de la iglesia católica, pero no hasta el punto de perjudicar los intereses de Francia, supo que la banca segura era la protestante y a ella recurrió. Al igual que Enrique IV, el cardenal sabía que el talento financiero se hallaba en los hugonotes, los calvinistas franceses, y no tuvo problemas de conciencia en utilizarlo. De manera bien reveladora, su gran banquero fue el hugonote Barthélemy d´Herwarth. Gracias a él, Francia pudo, entre otras victorias, hacerse con el control de Alsacia. Persona de tanto talento y hereje por añadidura no tardó en despertar las envidias de los católicos franceses. Sin embargo, Richelieu, mucho más inteligente que los Reyes Católicos y mucho más preocupado por los intereses nacionales que los Austrias españoles, lo defendió ante el niño Luis XIV con palabras tajantes: «Monsieur d´Herwarth ha salvado a Francia y preservado la corona para el rey. Sus servicios nunca deberían ser olvidados. El rey los hará inmortales mediante las marcas de honor y reconocimiento que le concederá a él y a su familia». Luis XIV siguió el consejo del cardenal y lo nombró *Intendant des Finances*. Mazarino, otro cardenal, mantuvo en el puesto a d´Herwarth que colocó en los puestos de finanzas a gente competente, es decir, calvinistas que creían que el dinero y su gestión no eran algo malo. El resultado fue óptimo para Francia y pésimo para España donde el conde-duque de Olivares ni siquiera consiguió anular el Edicto de expulsión que pesaba sobre los judíos desde 1492 y, por supuesto, jamás hubiera podido emplear a protestantes.

El caso de Richelieu no fue excepcional. Wallenstein, el gran héroe católico de la primera parte de la Guerra de los Treinta años, también recurrió a aquellos que eran buenos banqueros simplemente porque no creían que en la actividad bancaria existiera pecado alguno. En su caso, su hombre de confianza fue un calvinista —¿puede sorprender?— de Amberes llamado Hans de Witte. Verdadero artífice financiero de las victorias de Wallenstein, aprovechó su puesto para defender a otros calvinistas que ya sabían lo que significaba la cercanía de los jesuitas. Porque la realidad pavorosa era que la Compañía de Jesús ya estaba expulsando a sangre y fuego a los protestantes de Europa central y Bohemia. De Witte fue respetado mientras tuvo éxito. Cuando Wallenstein fue vencido y De Witte se arruinó, su vida dejó de ser útil. Un día apareció ahogado en un estanque.

Durante todo el s. XVII, los banqueros de élite en Europa fueron calvinistas, pero lo más doloroso es que en su mayor parte habían huido de los Países Bajos españoles donde el hecho de tener otras creencias distintas de la católica les habría costado la vida. El resultado es que España nunca recuperaría su posición de potencia de primer orden. Como ha señalado, H. R. Trevor-Roper, «las sociedades protestantes eran, o se habían convertido, en sociedades con una visión más adelantada que las sociedades católicas tanto económica como intelectualmente».

Por desgracia, España no aprendió la lección. Hasta mediados del siglo XIX —cuando la mayor parte del imperio colonial americano se había perdido—no aparecieron los primeros bancos en España. De nuevo, la nación se había quedado varios siglos —en este caso más de cuatrocientos años— retrasada en relación con la Europa donde había triunfado la Reforma. Por añadidura, el prejuicio continúa a día de hoy al igual que en otras naciones sociológicamente católicas. Todavía, a día de hoy, la Comisión para justicia y paz de la Santa Sede ha condenado un documento la «idolatría de los mercados» con un lenguaje que no desmerece de las condenas pronunciadas durante la Edad media contra el préstamo a interés. Hace de todo ello casi medio milenio y no existen indicios que lleven a pensar que esa mentalidad no siga siendo la predominante, por desgracia, entre los nacidos en países católicos.

10

EL LEGADO DE LA REFORMA (III): LA EDUCACIÓN

La educación siempre tuvo un papel fundamental en la cultura de la Biblia. Como tantas otras cuestiones, esa visión quedó muy erosionada a partir de la Edad Media aunque no desapareciera del todo. A partir del s. IV, el cristianismo fue cambiando el énfasis en el Libro por una visión ceremonial y sacerdotal que se fue desarrollando todavía más durante la Edad Media. Los monasterios desempeñaron un cierto papel en la preservación de la cultura clásica y no es menos cierto que hubo algún intento —fallido— de popularizar en cierta medida esa cultura. Sin embargo, en el curso de la Edad Media quedó claro que, al igual que en el paganismo, en el seno del cristianismo, se podía ser piadoso —incluso un santo— y, a la vez, analfabeto. Bastaba ver las imágenes —Biblia de piedra y Biblia de los pobres las han llamado algunos— para conocer el catolicismo y vivir de acuerdo con él. Por el contrario, el saber leer y escribir no era condición para conocer el camino de la salvación y, dicho sea de paso, tampoco para otras tareas como la guerra o el campo. Esa visión saltó hecha añicos con la Reforma protestante del siglo XVI.

Para los reformadores, siguiendo la enseñanza del Nuevo Testamento (2 Timoteo 3: 14-17). La única regla de fe y conducta era la Biblia, un libro al que todos debían tener acceso para poder examinarlo con libertad y sin las ataduras de una jerarquía porque, al ser la Palabra de Dios, se explicaba por sí mismo. La formulación de los reformados no pasaba de ser la afirmación de un derecho fundamental, el de acercarse al texto sagrado y poderlo leer en la propia lengua y no en un latín que era desconocido para la mayoría. Por otro lado —y volviendo con ello a una línea ya existente en el judaísmo— el pastor en el protestantismo dejó de ser un sacerdote para convertirse en el sabio que conoce las Escrituras al igual que sucedía desde hacía siglos con los rabinos.

Se podía —y se puede— ser un fiel católico sin saber leer ni escribir. Esa circunstancia es imposible para el judaísmo y también para el protestantismo. Las consecuencias de esa circunstancia fueron extraordinarias siquiera porque la Reforma —a la que España combatía— deseaba sobrevivir y además expandirse y ninguna de esas metas era alcanzable sin extender la alfabetización. Así, en 21 de mayo de 1536 se estableció la primera escuela pública y obligatoria de la Historia. El lugar era la protestante Ginebra. No fue una excepción. La *Primera confesión escocesa* de 1547 establecía una reforma de la educación exigiendo que en los medios rurales se enseñara a los niños en escuelas adjuntas a las iglesias; en las ciudades con superintendentes se abrieran escuelas y universidades con un personal debidamente pagado.

Las naciones donde había triunfado la Reforma multiplicaron los esfuerzos por educar no a élites —como la Compañía de Jesús— o a niños vagabundos —como pretendió con más corazón que éxito José de Calasanz— sino a toda la población sin excepciones. A finales del siglo XVI, el índice de alfabetización de la Europa protestante era muy superior al de la católica, sin excluir la primera potencia de la época, la España en la que Felipe II había decretado que los estudiantes no cursaran estudios en universidades extranjeras por miedo a la contaminación de la herejía o una Francia en la que la población hugonote estaba mucho más alfabetizada que la católica. En el caso de algunas denominaciones, el avance fue verdaderamente espectacular. Por ejemplo, a mediados del siglo XVII, justo cuando España dejaba de ser la potencia hegemónica de Europa, los cuáqueros disfrutaban de un índice de alfabetización del cien por cien lo que explica no poco sus avances en las décadas siguientes en áreas como la banca, el comercio o la ciencia, tres áreas de las que, no por casualidad, España se iba a descolgar lamentablemente.

No se trataba de que no existieran españoles aptos. Se trataba de que la iglesia católica, utilizando como instrumento privilegiado la Inquisición, había cercenado esa posibilidad. En lo que Ángel Alcalá ha descrito muy certeramente como «el clima de terror y suspicacia», «la Inquisición actuaba siempre por delación»[1]. Fue un humanista, Antonio de Nebrija, el primero que padeció ese control intelectual y a él se fueron sumando otros como Miguel Servet —condenado por la inquisición española antes de perecer en Ginebra, como veremos más adelante— Francisco de Vergara o Juan Luis Vives.[2] Si en el caso de Vergara[3], su gran falta era oponerse a lo que Bataillon denominó «ortodoxia policíaca e inculta cuyos campeones son los frailes y el fiscal»[4], en el de Vives fue su humor al criticar la ignorancia rampante de los comentarios debidos a autores medievales de la Orden de Santo Domingo o a llegar a descubrimientos tan sencillos para cualquiera que lee el Nuevo Testamento como el de que «nadie se bautizaba antiguamente sino ya en edad adulta»[5]. Que esa persecución del humanismo continuó ferozmente cuando éste derivo hacia tesis reformadas lo hemos señalado ya. No es menos cierto que la Inquisición puso en el punto de mira incluso a personajes como Juan de la Cruz —secuestrado, confinado y torturado por sus compañeros de orden— Ignacio de Loyola, Juan de Ávila, fray Luis de Granada, Francisco de Borja o Teresa de Ávila que hubieran podido acabar en el listado de heterodoxos de no contar con algunos valedores poderosos. Con seguridad, la inquisición dejó «herida de muerte la espontaneidad espiritual y su libre expresión literaria» y dictó condena sobre personajes, como Miguel de Molinos, que, muy posiblemente, eran ortodoxamente católicos. Al final, la clave para esa conducta fue el encono contra

1 Al respecto, véase A. Alcalá, Oc..., pp. 19 ss.

2 Su gran enemigo era Juan Martínez Pedernales que, un tanto cursimente, cambió su segundo apellido por el de Silíceo y que cuenta entre sus logros el de haber impuesto en su archidiócesis los estatutos de pureza de sangre.

3 Citado por A. Alcalá, Oc..., p. 27.

4 Citado por A. Alcalá, Oc..., p. 30.

5 A. Alcalá, Oc..., p. 58.

la Biblia que, fruto de una actitud radicalmente opuesta, en paralelo, produjo un despegue cultural extraordinario en la Europa de la Reforma.

La sumisión a la iglesia católica tuvo, entre otras consecuencias, que, muy a diferencia de lo que sucedía en las naciones reformadas, a inicios del siglo XIX, no sólo el noventa por ciento de la población española sino también de la hispanoamericana fuera analfabeta. De hecho, los primeros intentos para revertir esa situación se dieron ya en pleno siglo XIX, por impulso de los liberales y chocando no pocas veces con la iglesia católica que deseaba mantener el monopolio de la enseñanza. Peor si cabe iban a ser los resultados en el terreno de la ciencia.

11

EL LEGADO DE LA REFORMA (IV): LA CIENCIA

Fue el español Antonio Tovar el que lo expresó de una manera difícil de superar por su contundencia y exactitud: «Mitigue usted, si quiere lo que le digo; pero creo que hay que decirlo de una vez y en voz alta. La Universidad de Salamanca dejó de comprar libros en 1550. Llegaban los inquisidores y arrancaban las hojas o los quemaban. La Ciencia española se acabó entonces, en 1550, aunque haya habido algunos intentos de revivirla después. Pero yo no puedo decir otra cosa que la rémora de la Educación actual ha sido la Iglesia»[1]. Más recientemente, Ángel Alcalá, rebatiendo magníficamente la lectura que de la Inquisición ha realizado Henry Kamen, ha señalado: «El lector detecta fácilmente que en este tipo de argumentación se mezclan hechos evidentes con verdades a medias, y ambos con juicios que, especialmente ése del poco interés y nula eficacia de las prohibiciones inquisitoriales en los conocimientos científicos, son evidentemente falsos»[2]. Como concluye el especialista español poco más adelante: «Negar la eficacia del control intelectual de España por la Inquisición a lo largo de tres siglos equivale a negar la del llamado "holocausto" porque en Alemania le sobrevivieron centenares de judíos, o dudar de la eficacia de los procesos y autos de fe contra judaizantes porque en algunas ciudades o aldeas

1 Ángel Alcalá, Literatura..., p. 222.

2 Idem, Ibidem, p. 223.

hubo bolsas de criptojudaísmo cada vez más exiguo y casos aislados de individuos judaizantes». Sí, la iglesia católica fue responsable esencial del frenazo descomunal sufrido por la ciencia en distintas naciones incluida España. Exactamente lo contrario sucedía en el campo de la Reforma.

Que la Reforma del siglo XVI fue la clave para entender la Revolución científica es una verdad histórica admitida en todas las áreas. La ha subrayado el historiador de la ciencia Thomas Kuhn en *La estructura de las revoluciones científicas*; insistieron en ella filósofos como Whitehead y Schaeffer. Como señaló H. Butterfield en *The Origins of Modern Science*: «no sólo Inglaterra y Holanda sostienen una posición dirigente, sino esa parte de Francia que fue más activa en promocionar el nuevo orden fue la sección Hugonote o ex Hugonote, especialmente los Hugonotes en el exilio, los nómadas, que desempeñaron un parte importante en el intercambio intelectual que estaba teniendo lugar». La razón de que así fuera resultaba obvia. Una vez más se encontraba en el regreso a la Biblia como ha vuelto a recordar en una monografía extraordinaria —*The Bible and the Emergence of Modern Science*— Peter Harrison. El retorno a la Biblia —el tan denostado y mal entendido libre examen— permitió recuperar las insistentes referencias de Salomón para estudiar la Naturaleza; los repetidas llamados de los Salmos y los profetas para observar el cosmos y, sobre todo, el mandato recogido en el primer libro del Génesis (ese mismo donde se afirma que el hombre trabajaba antes de la Caída) de dominar y conocer la Creación. Ese retorno a las enseñanzas de la Biblia por encima de otras autoridades permitió a la Europa de la Reforma emanciparse del Escolasticismo medieval —que ya había dado todo lo que podía— y, sobre todo, contemplar la Naturaleza como un objeto de dominio y conocimiento al que no se aplicaban las leyes de la teología sino las de una ciencia propia. Como ha señalado certeramente R. Hooykaas, «las ciencias modernas crecieron cuando las consecuencias de la concepción bíblica de la realidad fueron plenamente aceptadas. En los siglos XVI y XVII la ciencia fue extraída del callejón sin salida en que se había metido gracias a la filosofía de la Antigüedad y de la Edad Media. Se abrieron nuevos horizontes».

Las consecuencias de esa diferencia entre la Europa de la Reforma y la de la Contrarreforma resultaron espectaculares. Los ejemplos, desde luego, fueron innumerables. Ramus y Bacon rechazaron el método silogístico de la Escolástica medieval señalando que era inadecuado para la ciencia en la medida en que partía de nociones y no de los hechos de la Naturaleza. Palissy, Pare e Isaac Beeckman, el gran científico calvinista de Holanda, hicieron hincapié en un método científico que, con claras resonancias de los Salmos, partía de la observación de la Naturaleza. De hecho, Beeckman, que anunció el principio de inercia, se adelantó al mismo Galileo en obtener una deducción dinámica de la ley de los cuerpos que caen. Como señaló en su día Lewis Mumford en su *Technics and Civilization*: «Fue un óptico holandés, Johann Lippersheim, quien en 1605 inventó el telescopio y así sugirió a Galileo los métodos eficientes que necesitaba para realizar observaciones astronómicas. En 1590, otro holandés, el óptico Zacharias Jansen inventó el microscopio compuesto, posiblemente también el telescopio. Un invento aumentó la perspectiva del macrocosmos; la otra reveló el microcosmos; entre ellas, los conceptos ingenuos de espacio que el hombre ordinario tenía quedaron totalmente deshechos».

Como en el caso del mercado crediticio o en el de la educación, las naciones donde había triunfado la Reforma —más pobres y pequeñas que la España imperial a decir verdad— adelantaron de manera prodigiosa a las grandes potencias católicas por no decir a las ortodoxas. La supremacía protestante iba a resultar tan aplastante que podríamos citar docenas de ejemplos de cómo sus científicos se convirtieron en precursores y paradigmas del progreso de las ciencias. Nos limitaremos por obvias razones de espacio a citar sólo algunos de los más importantes. Por ejemplo, Francis Bacon (1561-1626) que estableció el método científico y, a la vez, podía escribir obras de teología protestante. Por ejemplo, Johannes Kepler (1571-1630), piadoso luterano que revolucionó las matemáticas y la astronomía trabajando sobre la luz y las leyes del movimiento planetario alrededor del sol y que además escribía sobre teología. Su talento era tan extraordinario que los gobernantes católicos de Graz —mucho más sensatos que el español Felipe II— le insistieron en que siguiera en la ciudad. Por ejemplo, Robert Boyle (1627-1691) que no sólo enunció la ley de Boyle sino que fue el creador de la química moderna y uno de los fundadores de la Royal Society. Apasionado protestante, contribuyó económicamente, por ejemplo, a la traducción del Nuevo Testamento al turco. Por ejemplo, John Ray (1627-1705), botánico, zoólogo y apologista cristiano de cuya obra tomaría masivamente Linneo. Por ejemplo, Isaac Barrow (1630-1677), maestro de la óptica y de Isaac Newton, además de teólogo extraordinario en cuya elocuencia se inspiró William Pitt para sus discursos parlamentarios. Por ejemplo, Antonie van Leeuwenhoek (1632-1723), descubridor de las bacterias. Por ejemplo, Isaac Newton (1642-1727), el mayor científico de la Historia que destacó en áreas como la óptica, la mecánica y las matemáticas, pero que, a la vez, fue un magnífico economista y un notable autor de libros de teología, protestante, por supuesto. Por ejemplo, Carlos Linneo (1707-1778), al que debemos la taxonomía indispensable para el progreso de las ciencias naturales. Por ejemplo, Leonhard Euler (1707-1783), matemático, el más famoso de los científicos suizos y piadosísimo calvinista. Por ejemplo, John Dalton (1766-1844), fundador de la moderna teoría atómica y convencido cuáquero que abrió una escuela en un granero para hacer avanzar la educación. Por ejemplo, David Brewster (1781-1868), investigador de la luz polarizada. Por ejemplo, Michael Faraday (1791-1867), cuyas obras sobre electricidad y magnetismo revolucionaron la física y de cuyo talento seguimos aprovechándonos hoy porque sentó las bases de adelantos como los ordenadores, el teléfono o las redes de internet. A él le preocupaba, sin embargo, mucho más vivir una existencia de acuerdo con los principios del Nuevo Testamento en el seno de una pequeña comunidad protestante. Se trata —insistamos en ello— en sólo algunos botones de muestra.

Hubo científicos católicos en esa misma época, pero desproporcionadamente pocos cuando se comparan con el número de los protestantes y, sobre todo, sometidos a una trayectoria más que reveladora. Galileo (1564-1642) —que basó buena parte de sus avances en las obras de científicos calvinistas holandeses— fue juzgado y condenado por la iglesia católica. Se convirtió en un claro aviso para navegantes. Blaise Pascal (1623-1662) fue un hereje jansenista desde la perspectiva católica con una visión de las doctrinas de la gracia completamente reformada. Descartes (1596-1650) insistió una y otra vez en su ortodoxia católica e incluso subrayó que no iba a examinar las creencias religiosas —lo que no deja de ser una interesante declaración de principios que se comprende de sobra con el precedente represor de Galileo— pero, a pesar de todo, no conoció la libertad científica en tierras católicas. Pascal estaba convencido de que Descartes, en el fondo, era un ateo, pero, fuera lo que fuese, lo cierto es que pasó buena parte de su vida en la protestante Suecia mientras que sus obras —demasiado científicas— fueron colocadas en 1663 en el *Índice de libros prohibidos* por el papa. La ciencia hubiera podido desarrollarse en naciones mediterráneas igual que en el norte de Europa, pero sólo a condición de que se hubieran librado de las cadenas impuestas por la iglesia católica y abrazado la Reforma. No fue así y los resultados están a la vista. Según John Hulley, un economista del Banco Mundial, de todos los premios Nobel relacionados con la ciencia y otorgados entre 1901 y 1990 el 86% habían sido ganados por protestantes y judíos, en este último caso el 22%. La estadística sobrecoge y, sobre todo, obliga a pensar.

12

EL LEGADO DE LA REFORMA (V): LA PRIMACÍA DE LA LEY

En el año 1538, el mismo año en que la tregua de Niza consagraba el debilitamiento de España en Italia gracias a la alianza de la Santa Sede con Francia, el reformador Calvino y algunos de sus amigos fueron expulsados de la ciudad de Ginebra por las autoridades. El momento fue aprovechado por el cardenal Sadoleto para enviar una carta a los poderes públicos de la ciudad instándoles a rechazar la Reforma y regresar a la obediencia a la iglesia católica. La carta del cardenal Sadoleto estaba muy bien escrita, pero lo cierto es que no debió de convencer a los ginebrinos ya que éstos solicitaron en 1539 a Calvino (que seguía desterrado) que le diera contestación epistolar al cardenal. Calvino redactó su respuesta al cardenal Sadoleto en seis días y el texto se convirtió en un clásico de la Historia de la teología. Escapa a los límites de este capítulo el adentrarse en el opúsculo, pero sí es obligado mencionarlo porque en él se puede contemplar dos visiones de la ley que diferenciaron a las naciones en las que triunfó la Reforma de aquellas en que no sucedió así.

El dilema que se planteaba era si el criterio que marca la conducta debía estar definida por el sometimiento a la ley o, por el contrario, a la institución que establecía sin control superior lo que dice una ley a la que hay que someterse. Sadoleto defendía el segundo criterio mientras que Calvino sustentaba el primero. Para Calvino, era obvio que la ley —en este caso, la Biblia— tenía primacía y, por lo tanto, si una persona o institución se apartaba de ella carecía de legitimidad. El cardenal Sadoleto, por el contrario, defendía que era la institución la que decidía cómo se aplicaba esa ley y que apartarse de la obediencia a la institución era extraordinariamente grave. La Reforma optó por la primera visión, mientras que en las naciones, como España y su imperio, donde se afianzó la Contrarreforma se mantuvo un principio diferente, el que establecía no sólo que todos no eran iguales ante la ley sino que, por añadidura, había sectores sociales no sometidos a la ley. Se creaba —más bien se fortalecía— así una cultura de la excepción legal justificada.

Se aceptó sin discusión que sectores importantes de la población —primero, la iglesia católica y la monarquía, después, otros— no estuvieran sometidos al imperio de la ley. Las pruebas son interminables y esa concepción permea sin discusión incluso algunas de las mejores manifestaciones culturales del siglo de Oro español, el de la Contrarreforma. No nos detengamos en Cervantes o Quevedo que, una y otra vez, dejan de manifiesto que en la España que conocieron no existía ni una sombra de algo parecido al imperio de la ley. Detengámonos, más bien, en obras donde se pretende cantar precisamente a la administración de justicia. Es el caso, por ejemplo, de *Fuenteovejuna* de Lope de Vega. El conocido drama no es sino el canto a un pueblo que no encuentra justicia frente a un noble y que sólo tiene como vía el asesinato perpetrado de manera colectiva lo que, dicho sea de paso, no resulta una óptima perspectiva para una sociedad que se pretende civilizada. En paralelo, cuando la monarquía ha de administrar justicia, ésta no nace del texto de la ley (como pretendía Calvino en su *Respuesta al cardenal Sadoleto*) sino del hecho de que el rey puede hacer, literalmente, lo que desea.

Un ejemplo aún más revelador es el que encontramos en *El alcalde de Zalamea* de Calderón de la Barca. Sin duda, se trata de una obra genial cuya calidad literaria es innegable, pero cuyo mensaje, si bien se examina, resulta escalofriante. Un grupo de soldados de los tercios se asienta en un pueblo y un capitán aprovecha la ocasión para raptar a una muchacha y violarla. En otra nación donde existiera el imperio de la ley se habría esperado que el violador fuera juzgado y condenado. No en la España donde no se ponía el sol. Pedro Crespo, el padre de la joven, suplica, primero, al violador que le restaure la honra casándose con su hija. Ni que decir tiene que el capitán —sabedor de que la ley no es igual para todos— se burla de Crespo que opta por cortar por lo sano ejecutando al oficial y sosteniendo que estaba en su derecho para hacerlo ya que «al rey la hacienda y la vida se ha de dar, pero el honor es patrimonio del alma y el alma sólo es de Dios». La frase es buena, sin duda, pero más allá del artificio literario, resulta discutible. En primer lugar, porque no es cierto que haya que dar nada a un rey de manera incondicional y, en segundo, porque el honor de Crespo, por lo visto, se veía más que satisfecho si su pobre hija contraía matrimonio con el canalla que la había raptado y violado. La historia, presentada como un paradigma ético, no acaba aquí. Crespo ha quebrantado la ley, pero los espectadores de la España de la Contrarreforma no podían ver bien que se castigara a semejante defensor de su honor. ¿Solución? El rey aparece en escena y se coloca —¡de nuevo!— sobre la ley para absolver a Crespo. En otras palabras, como ha señalado certeramente la economista española María Blanco, la obra sirve para dejar de manifiesto que el gran aporte jurídico de los españoles era «el apaño». Porque, por añadidura, a los que se atrevan a decir que el sentido del honor calderoniano no era muestra de la cultura española de la Contrarreforma hay que recordarles que todavía bajo el régimen de Franco estuvieron exentas de castigo conductas como las de dar muerte a la esposa adúltera o a la hija fornicaria de la misma manera que la violada podía lograr que el violador no fuera a prisión si se casaba con él. Los paralelos con conductas de rebajamiento de la mujer en las naciones de Hispanoamérica están, por desgracia, presentes.

En la Europa reformada, la ley estaba pasando a ocupar un lugar por encima de las personas y de las instituciones. No podía ser de otra manera si, tomando la ley de Dios contenida en la Biblia, se había puesto en solfa la institución que, por definición, era más sagrada, el papado, para llegar a la conclusión de que se había deslegitimado con su conducta. La idea de esa supremacía de la ley por encima de las personas y de las instituciones quedó establecida claramente en un episodio que suele mencionarse no pocas veces, sin mucho conocimiento del mismo. Me estoy refiriendo al último escrito de Lutero sobre los judíos. A decir verdad, ocasionalmente lo citan algunos apologistas católicos y, visto lo que dicen, resulta obligado llegar a la conclusión de que o incurren en un caso gravísimo de falta de honradez intelectual que los descalifica totalmente o simplemente no han leído el texto completo en alemán y tampoco conocen la totalidad de los hechos.

Lutero manifestó al inicio de su carrera como reformador una compasión hacia los judíos que no era habitual en la Alemania católica —y, por eso, profundamente antisemita— de la época. No deja de ser significativo que en uno de sus escritos de esos años llegue incluso a indicar que hasta cierto punto la falta de conversión de los judíos al cristianismo arrancaba, fundamentalmente, del maltrato innegable y sistemático que habían recibido de la iglesia católica. Durante los años siguientes, los judíos dejaron de tener interés para Lutero envuelto en una controversia teológica en la que se jugaba personalmente la vida y Europa, su futuro.

De esa situación, salió al final de su vida Lutero al redactar un tratado titulado *Los judíos y sus mentiras* (1543). El texto rezuma un deplorable antisemitismo, cuya razón obvia era que hasta Lutero habían llegado noticias de cómo los judíos difundían la afirmación de que Jesús era el hijo de una prostituta. Tal y como señala Lutero en su tratado: «Así lo llaman (a Jesús) el hijo de una prostituta y a su madre, María, una prostituta, que lo tuvo en adulterio con un artesano. Con dificultad tengo que hablar de una manera tan áspera para oponerme al Diablo. Ahora bien, saben que hablan tales mentiras por puro odio y voluntariamente, únicamente para envenenar a sus pobres jóvenes y a los judíos simples contra la Persona de nuestro Señor, para evitar que acepten Su doctrina».

La acusación —repetida una y otra vez por no pocos clérigos medievales— era cierta ya que, efectivamente, en algunos pasajes del Talmud se hace referencia a que María es una adúltera y Jesús es llamado específicamente bastardo. De hecho, esa razón fue una de las que más pesaron en el papado y en no pocos obispos para ordenar quemas del Talmud durante la Baja Edad Media y también la que llevó a algunos editores judíos a suprimir los pasajes para evitar ser objeto de esa represión papal. Sin embargo, Lutero no se limitaba en su acusación a los insultos dirigidos contra Jesús y su madre. Además, consideraba que los judíos eran un colectivo que, mediante la usura, oprimía a los más humildes. La afirmación puede ser matizada, pero también era la misma que desde hacía siglos venía vertiendo la iglesia católica sobre los judíos provocando decisiones civiles y eclesiales de especial dureza contra ellos. Ante esa situación, Lutero proponía como solución, literalmente, «la de los reyes de España», es decir, la Expulsión llevada a cabo por los Reyes Católicos en 1492. Evitaba las referencias a los bautismos forzosos o a la expurgación de los textos judíos —como había sucedido en la Europa católica y, de manera sobresaliente, en España— porque la libertad de conciencia o de imprenta eran realidades incuestionables en la Europa de la Reforma. Sí abrazaba la medida adoptada por los Reyes Católicos y aplaudida por la Santa Sede. Lo cierto es que si alguna vez a lo largo de su dilatada carrera apoyó Lutero una decisión católica reciente fue ésa.

El texto de Lutero es innegablemente lamentable. Lejos de seguir la línea propia de la Reforma de respeto a la libertad de expresión y de culto, Lutero se dejó llevar por la cólera que le provocaban las injurias contra Jesús y María —ningún católico de la época habría actuado con más moderación— y optó por una de las soluciones católicas medievales que venía aplicándose desde hacía siglos: la expulsión. Excluyó otras conductas como la matanza en masa de los pogromos españoles de finales del siglo XIV desencadenados precisamente por clérigos o los bautismos forzados que llevaron a los altares a algún predicador hispano. Lutero, ciertamente, no llegó a tanto, pero, antiguo monje a fin de cuentas, sí fue culpable de no seguir las líneas marcadas por la Reforma sino de continuar una multisecular tradición católica. Con todo, Lutero escribía ya en un medio que conocía la Reforma y es precisamente esa circunstancia la que explica la reacción que provocó su panfleto. A pesar de ser un autor profundamente odiado en el mundo católico, no hubo un solo texto católico de su época que le afeara sus conclusiones, seguramente porque la coincidencia con lo que pasaba en la Europa católica era más que notable. Sin embargo, en la Europa protestante, el texto de Lutero fue enérgicamente repudiado. El príncipe de Hesse —que, supuestamente, debía haber escuchado la enseñanza de Lutero— se negó rotundamente a expulsar a los judíos siguiendo el ejemplo de los Reyes Católicos y los mantuvo en su territorio. No fue el suyo un caso excepcional. Los duques Philip y Hans George de Mansfeld manifestaron su favor a los judíos en la primavera de 1543. Lo mismo sucedió con el elector Joaquín II. Por si fuera poco, Juan Agrícola se permitió predicar en Berlín en favor de los judíos y lo hizo utilizando la Biblia. Incluso, Felipe Melanchton, la mano derecha de Lutero, también manifestó su oposición al texto señalando que no debía seguirse sus directrices. La libertad espiritual que había traído la Reforma era irreversible.

Ésa fue la posición generalizada de las iglesias nacidas de la Reforma y era lógico que así fuera. A fin de cuentas, la Reforma había introducido en las mentes y los corazones de las personas un principio fundamental que no era otro que el de juzgar las acciones y las enseñanzas de todos los hombres a la luz de la Biblia y someter a la primacía de la ley —y no de una institución— los actos. Partiendo de esa base, nadie se consideró obligado a seguir el criterio de Lutero si chocaba con la Biblia lo que, dicho sea de paso, era el caso. Por el contrario, en el mundo católico, apenas unos años antes, el papa había celebrado la expulsión de los judíos de España con una serie de festejos entre los que se incluyó una corrida de toros. En otras palabras, en el siglo XVI, en la Europa reformada, nadie hizo caso a Lutero cuando pretendió que se expulsara a los judíos como habían hecho los Reyes Católicos en España unas décadas antes.

El hecho de que las naciones en las que triunfó la Reforma admitieran de manera casi inmediata la supremacía de la ley sobre los individuos y las instituciones tuvo resultados impresionantes. En teoría, el parlamentarismo tenía que haber avanzado más en España que en otras naciones puesto que fue el primer lugar de Europa donde apareció. No fue así porque se admitió como circunstancia innegable que instituciones como la iglesia católica o la monarquía no estuvieran sometidas al imperio de la ley. Por el contrario, el parlamentarismo progresó, precisamente, en naciones donde triunfó la Reforma como Inglaterra, Holanda, Suiza o las naciones escandinavas.

De manera trágica, la primacía de la ley iba a quedar descartada de una España diferente, lamentablemente diferente de la Europa de la Reforma, así como de las naciones nacidas de su tronco. Se da igual en Italia y Portugal, en Grecia y Argentina, en México y Nicaragua. Forma parte de una visión que ya encarnaba el cardenal Sadoleto y que, por supuesto, siempre logra hallar una supuesta justificación. Antes de terminar el presente capítulo resulta obligado señalar en qué concluyó el episodio del cardenal Sadoleto. Quizá algún lector lo suponga ya. Las autoridades ginebrinas eran inteligentes y deseaban lo mejor para sus administrados. Rechazaron la propuesta del cardenal Sadoleto y Calvino fue llamado nuevamente a Ginebra. Semejante decisión fue fecunda en buenas consecuencias.

13

EL LEGADO DE LA REFORMA (VI): PECADOS VENIALES

A inicios del siglo XVI, España se quedó descolgada del regreso a una serie de valores recogidos en la Biblia que se tradujeron en aquellas naciones donde triunfó la Reforma en una nueva ética del trabajo, una superior cultura crediticia, una alfabetización acelerada, una revolución científica y un reconocimiento de la primacía de la ley. No fueron, por desgracia, sus únicas pérdidas. Por añadidura, España aceptó, siguiendo el único discurso tolerado, la venialidad de ciertas conductas especialmente dañinas para la construcción de una sociedad de ciudadanos. Entre ellas, se podrían citar la benevolencia con que acogió la mentira y la falta de respeto por la propiedad privada. Sería una conducta transmitida al continente americano.

El concepto de pecado venial es teológicamente muy discutido y discutible —no aparece, por ejemplo, en la Biblia— pero forma parte esencial de la teología católica. Baste decir que uno de los pecados mencionados expresamente en el Decálogo (Éxodo 20: 1-17) junto al culto a las imágenes, el homicidio, el adulterio o el robo es precisamente la mentira. Se puede, por supuesto, sostener que la mentira carece de relevancia salvo en casos especiales como enseña el último *Catecismo de la iglesia católica*, pero cuesta creer que el Dios que le entregó los mandamientos a Moisés pensara lo mismo. Desde luego, en la cultura forjada durante la Contrarreforma no caló esa enseñanza bíblica. Los frutos de esa circunstancia innegable no dejan de ser curiosos. Por ejemplo, reflexiónese en el hecho de que España es la única nación que cuenta con una Novela picaresca. No me refiero al Lazarillo que no es una novela picaresca sino erasmista —no podía ser menos teniendo en cuenta lo harto que estaba su autor Alfonso de Valdés de soportar al amancebado confesor de Carlos V—, sino a todo un género que reunió talentos como los de Mateo Alemán, Quevedo o Vicente Espinel, entre otros muchos, para dejar de manifiesto de manera indubitable que en la España que desangraba los caudales americanos convertida en espada de la Contrarreforma la superstición, la corrupción y la incompetencia institucional eran soportadas recurriendo de manera fundamental la comisión de un pecado considerado venial como era la mentira.

Por supuesto, la mentira se ha dado y da en otras culturas, pero no la novela picaresca —el *Simplicus Simplicissimus* o *Moll Flanders* son pasan de ser posibles y matizadísimas excepciones a la regla general— por la sencilla razón de que si bien otras también consagraron el pecado venial de mentir como una forma de existencia, no es menos cierto que ninguna nación fue tan trágicamente consciente de las mentiras que sufría. Por desgracia, concluido el desastre que significó para España la dinastía de los Austrias —que tan certeramente supo reconocer Claudio Sánchez Albornoz y que algunos ignorantes se empeñan en negar— España sólo se quedó con la venialidad de la mentira y no con el análisis de las razones de su desgracia que la única cultura legal convirtió, por añadidura, en motivos de jactancia. Esa visión traspasaría el Atlántico y se asentaría con facilidad en Hispanoamérica.

Guste o no guste reconocerlo, la mentira es una característica bien triste de las naciones en las que no triunfó la Reforma. En España, en Italia, en Portugal, en Hispanoamérica, el uso de la mentira no ha solido provocar el final de un solo político a lo largo de toda su Historia. Se utiliza como arma arrojadiza contra el otro, pero, incluso en la actualidad, son pocos, poquísimos los que la sopesan como factor a la hora de decidir su voto salvo que sea un argumento añadido para arrojar a la cara del contrario.

Algo lamentablemente semejante sucede con la actitud hacia la propiedad privada. Históricamente, en las naciones donde no se asentó la Reforma no se ha contemplado la propiedad privada como un derecho inviolable frente a los poderosos que es tanto más esencial cuanto más ayuda a proteger la libertad individual. Ésa es una idea neta y rotundamente protestante, surgida de las páginas de la Biblia, pero no ha arraigado jamás en las naciones donde triunfó la Contrarreforma. A decir verdad, sólo la propiedad regia, ocasionalmente la nobiliaria, y, por supuesto, la perteneciente a la iglesia católica se han considerado sagradas e inviolables.

Dado que, históricamente, las únicas propiedades consideradas sagradas han estado unidas a la Corona y a la iglesia católica no sorprende que se haya respetado tan poco la propiedad privada. Pasemos por alto esa impuntualidad que no es sino un robo a las empresas y que se intenta compensar en España —y Argentina— con un plus de puntualidad que no comprende —con razón— ningún inversor extranjero. Pasemos por alto el mínimo castigo que deriva de delitos como dar un cheque sin fondos penado en otras naciones incluso con la prisión. Pasemos por alto la costumbre generalizada de entrar en el jardín ajeno a coger flores o a robar fruta como si fuera el comportamiento más normal. El respeto a la propiedad privada para millones de habitantes de estas naciones se acaba en la propia.

El relativismo moral —no sólo el conectado con la mentira o la falta de respeto hacia la propiedad privada— es una de las lacras derivadas del control ideológico elegido por la iglesia católica. Así se percibe, por ejemplo, en escuelas morales como las que fueron apareciendo durante la Contrarreforma de la mano de entidades tan significativas como la Compañía de Jesús. Un ejemplo, al respecto, fue el del probabilismo, un sistema de teología moral católica que considera que en caso de duda acerca de si algo es o no inmoral considera que resulta lícito seguir una opinión probable que favorezca la libertad, pese a que una opinión contraria favorable a la ley resulte más probable («Si est opinio probabilis, licitum est eam sequi, licet opposita probabilior sit»). Aunque el probabilismo contaba con algunos antecedentes en el s. XIV, su primera formulación debe atribuirse a la escuela española de Salamanca del s. XVI a la que tan erróneamente se ha conectado con la aparición del liberalismo económico. El probabilismo fue defendido por órdenes tan emblemáticas como los dominicos —auténtica fuerza de choque del papado para perseguir a los disidentes religiosos y ejecutar la política antisemita del papado— y los jesuitas, la orden contrarreformista por antonomasia que no sólo exigió la instauración de la Inquisición en territorios como India donde existían enclaves portugueses sino que llevó a cabo una política de sangre y fuego contra los protestantes, estableció un sistema educativo no para educar al pueblo como en la Europa de la Reforma sino para formar a las élites que someterían a las naciones a los intereses de la iglesia católica y que no vaciló a la hora de formar grupos terroristas cuya misión era asesinar a reyes protestantes y proceder a su derrocamiento. No sorprende que con una trayectoria semejante —que ha persistido hasta el día de hoy— la Compañía de Jesús no tuviera problema alguno en elaborar sistemas de relativismo moral.

De manera lógica, el probabilismo fue atacado como una forma de laxismo ya que permitía que la gente actuara según un criterio de libertad aunque fuera mínimamente probable que el mismo resultara correcto. Pascal fulminó terribles ataques contra el probabilismo, pero el filósofo francés estaba muy influido por la teología reformada y no podía entender lo útil que una visión semejante podía ser a la hora de confesar a reyes y aristócratas. No deja de ser significativo que la rehabilitación del probabilismo, terriblemente vapuleado durante los s. XVII y XVIII, viniera de la mano de Alfonso María de Ligorio, canonizado en 1839 y declarado doctor de la iglesia en 1871. A partir del s. XIX, los jesuitas adoptaron de manera clara el probabilismo como enseñanza oficial y hoy en día, junto con el equiprobabilismo de Alfonso María de Ligorio, constituye el sistema moral más generalizado dentro de la iglesia católica.

La gente del pueblo podía verse sometida a criterios estrictos en algunas áreas, pero el laxismo moral del que disfrutaban las élites rectoras, salvo en lo que a la sumisión a los intereses de la iglesia católica se refiere, era bien revelador. El tributo pagado a ese relativismo moral —algunos de cuyos peores frutos se aprecian en el seno de la vida familiar— no ha dejado de ser abonado una y otra vez durante los siglos siguientes a la Contrarreforma en forma de corrupción sistemática, de opacidad pública y de endeudamiento moral. Pero ¿hubiera podido ser de otra manera cuando la mentira y la falta de respeto hacia la propiedad de otros son sólo pecados veniales?

14

EL LEGADO DE LA REFORMA (VII): LA DIVISIÓN DE PODERES

Las naciones en las que triunfó la Reforma supieron siempre que el poder absoluto corrompe absolutamente. A decir verdad, el papado era para ellos un paradigma de esa realidad. Podían alegar así que un obispo de Roma que no contaba con frenos a su poder había terminado abandonando desde hacía siglos la humildad del pesebre de Belén o de la cruz del Calvario por la basílica de san Pedro en Roma, sin duda extraordinaria desde un punto de vista artístico, pero levantada con fondos de procedencia moralmente discutible. No se trataba de un episodio aislado sino de la continuación de lo que consideraban un proceso de degeneración. ¿Acaso los papas no habían trasladado la corte de Roma a Aviñón por razones meramente políticas (1309-1376)? ¿Acaso durante el siglo XIV no había padecido la iglesia católica un Cisma que se tradujo en la existencia de dos papas —llegó a haber hasta cuatro— que se excomulgaban recíprocamente (1378-1417)? ¿Acaso los papas guerreros del Renacimiento —magníficos mecenas e incluso dotados políticos por otra parte— no habían destacado precisamente por, en general, no ocuparse de la piedad como su primera tarea (1417-1534)? Pues si eso sucedía con gente que, por definición, tenía que ser ejemplar, ¿qué se podía esperar del poder político apenas tocado por lo espiritual?

Para la teología protestante, en seguimiento de lo enseñado explícitamente por la Biblia, el ser humano tiene una naturaleza corrompida por el pecado y, por lo tanto, lo mejor —lo único— a lo que puede aspirarse en términos políticos es a un poder que no sea absoluto y al que para que gestione bien sus funciones hay que limitar y vigilar. En apenas unas décadas, esa visión —ciertamente novedosa y, desde luego, radicalmente opuesta a la de la Europa de la Contrarreforma— fue articulando una serie de frenos frente al absolutismo en las naciones donde había triunfado la Reforma.

En Holanda se optó directamente por una república con libertad de culto donde, por ejemplo, se otorgó asilo a los judíos que habían sido expulsados de España en 1492 siendo la familia de Spinoza un ejemplo de entre tantos judíos que encontraron allí un lugar donde prosperar libremente. En las naciones escandinavas se asistió al nacimiento de un parlamentarismo creciente. En Inglaterra, en la primera mitad del siglo XVII, un ejército del Parlamento formado fundamentalmente por puritanos se alzó contra Carlos I. Su intención no era una revolución que implantara la utopía sino que consagrara el respeto a derechos como el de libertad de culto, de expresión o de representación y de propiedad privada. Así, en 1642, el mismo año en que los heroicos Tercios españoles iban camino de su última e inútil sangría para mayor gloria de los Austrias y de la iglesia católica, los soldados del parlamento inglés contaban con una *Biblia del soldado* que se había impreso por orden de Cromwell. El texto —una antología de textos bíblicos— comenzaba señalando la ilicitud de los saqueos y continuaba manifestando, bíblicamente, la justicia de la causa de la libertad.

Bien es cierto que los ingleses contaban con una ventaja sobre los españoles y es que la Reforma había permitido que su porcentaje de alfabetización fuera muy superior al del Imperio donde no se ponía el sol. En esa época, los puritanos que habían emigrado a América —entre los que había estado a punto de encontrarse Cromwell— contaban con una tasa de alfabetización superior al 70 por ciento según se desprende de los documentos de la época. En España, era unas siete veces inferior y así continuó por siglos. El resultado iba a ser obvio. Los ingleses lograron la victoria del parlamento contra el despotismo monárquico; los españoles —que fueron la primera nación que conoció un embrión de parlamentarismo con las cortes medievales— contemplarían como su hegemonía se perdía gracias al encadenamiento de reyes absolutos empeñados en ser la espada de la Contrarreforma.

De hecho, Teodoro de Beza, el sucesor de Calvino en el pastorado ginebrino, ya había escrito su *El derecho de los magistrados*, una obra donde justificaba la resistencia armada contra los tiranos. Y en 1579, se había publicado el *Vindiciae Contra Tyrannos* (*Claims Against Tyrants*) donde se formulaba la idea del contrato social esencial para el desarrollo del liberalismo posterior afirmándose que «existe siempre y en todo lugar una obligación mutua y recíproca entre el pueblo y el príncipe.... Si el príncipe falla en su promesa, el pueblo está exento de obediencia, el contrato queda anulado y los derechos de obligación carecen de fuerza».

Beza o el autor de *Vindiciae* no fueron una excepción. John Knox, un discípulo de Calvino que fue esencial en la Reforma escocesa sostuvo los mismos principios que fueron objeto de otros aportes jurídico-teológicos esenciales. John Ponet, un obispo de la Iglesia anglicana en torno a 1550 escribió *A Shorte Treatise of Politike Power* donde justificaba, apelando a la Biblia, a la resistencia contra los tiranos. Ponet fue, desde muchos puntos de vista, un antecesor del fundador del liberalismo, el también protestante y teólogo John Locke. Se puede indicar que también los jesuitas creían en el tiranicidio, pero lo cierto es que la diferencia era radical en los planteamientos. El derecho de rebelión se legitimaba en los reformadores sobre la base de la defensa de las libertades y no —como pretendían los jesuitas— en el ansia de acabar con un monarca que fuera, por ejemplo, hereje. Los protestantes podían vivir bajo un señor que tuviera otra religión y servirlo con lealtad, pero no veían legitimidad alguna en quien suprimía los derechos de sus súbditos y los oprimía. Por el contrario, para los católicos esa circunstancia resultaba intolerable y así no dudaron en conspirar contra aquellos monarcas de los que eran súbditos, pero que no estaban sometidos al papado, como fue el caso de Isabel I de Inglaterra.

No puede, pues, sorprender —en realidad, era totalmente lógico— que el liberalismo político lo pergeñara John Locke, el hijo de un puritano que había combatido contra Carlos I de Inglaterra.

En la parte final de su vida, Locke —que se vio muy influido por la Confesión de Westminster y otros documentos puritanos— estaba convencido de que sus escritos más importantes eran sus comentarios al Nuevo Testamento, pero la posteridad no lo ha visto así, como, por otro lado, tampoco lo ha hecho con Newton. Cuando Lord Shaftesbury recibió la orden de escribir una constitución para la Carolina, pidió la asistencia de Locke. En el texto que escribió a instancias de Lord Shaftesbury, insistió en la libertad de conciencia y en la extensión de la misma no sólo a cristianos de cualquier confesión sino también a judíos, indios, «paganos y otros disidentes». Se trataba de un punto de vista que era derivación natural de la Reforma, pero que necesitó llegar a la segunda mitad del siglo XX para que pudiera ser aceptado por la iglesia católica.

Locke era un protestante muy convencido —quizá algunos lo calificarían hoy de fundamentalista— y precisamente por eso creía que solo las religiones que son falsas necesitan apoyarse en la «fuerza y ayudas de los hombres». Por supuesto, como buen protestante, también era consciente de que la naturaleza humana presenta una innegable tendencia hacia el mal y por ello los poderes debían estar separados para evitar la tiranía.

Semejante visión encajaba en las naciones donde había triunfado la Reforma. Era inaceptable en aquellas, como España, Portugal e Italia, donde la Contrarreforma se había impuesto. Para las primeras, no había institución alguna —incluyendo la eclesial— que no pudiera verse salpicada por esa mala tendencia humana y curiosamente el reglamento de algunas denominaciones de la época, como los presbiterianos, recogió una división de poderes que maravilla al que lee sus documentos. Para las segundas, sí era obvio que había instituciones inmaculadas a las que, por añadidura, no se podía ni limitar ni someter al imperio de la ley. En pocas ocasiones quedaría esto de manifiesto con mayor claridad que en las bases puritanas de la democracia de Estados Unidos.

Durante el siglo XVII, los puritanos, sometidos a presiones del poder político inglés, optaron fundamentalmente por dos vías. No pocos decidieron emigrar a Holanda —donde los calvinistas habían establecido un peculiar sistema de libertades que proporcionaba refugio a judíos y seguidores de diversas fes— o incluso a las colonias de América del Norte. De hecho, los famosos y citados Padres Peregrinos del *Mayflower* no eran sino un grupo de puritanos. Por el contrario, los que permanecieron en su país natal formaron el núcleo esencial del partido parlamentario —en ocasiones, hasta republicano— que fue a la guerra contra Carlos I, lo derrotó y, a través de diversos avatares, resultó esencial para la consolidación de un sistema representativo en Inglaterra.

La llegada de los puritanos a lo que después sería Estados Unidos fue un acontecimiento de enorme importancia. Puritanos fueron, entre otros, John Endicott, primer gobernador de Massachusetts; John Winthrop, segundo gobernador de la citada colonia; Thomas Hooker, fundador de Connecticut; John Davenport, fundador de New Haven; y Roger Williams, fundador de Rhode Island. Incluso un cuáquero como William Penn, fundador de Pennsylvania y de la ciudad de Filadelfia, tuvo influencia puritana, ya que se había educado con maestros de esta corriente teológica. Desde luego, la influencia educativa fue esencial, ya que no en vano Harvard —como posteriormente Yale y Princeton— fue fundada en 1636 por los puritanos.[1] Cuando estalló la revolución americana a finales del siglo XVIII, el peso de los puritanos en las colonias inglesas de América del Norte era enorme. De los aproximadamente tres millones de americanos que vivían a la sazón en aquel territorio, 900.000 eran puritanos de origen escocés, 600.000 eran puritanos ingleses y otros 500.000 eran calvinistas de extracción holandesa, alemana o francesa. Por si fuera poco, los anglicanos que vivían en las colonias eran en buena parte de simpatía calvinista, ya que se regían por los *Treinta y nueve artículos,* un documento doctrinal con esta orientación. Así, dos terceras partes al menos de los habitantes de lo que sería Estados Unidos eran calvinistas y el otro tercio en su mayoría se identificaba con grupos de disidentes como los cuáqueros o los bautistas.

La presencia, por el contrario, de judíos y católicos era casi testimonial y los metodistas aún no habían hecho acto de presencia con la fuerza que tendrían después en Estados Unidos. El panorama resultaba

1 La bibliografía relativa a los verdaderos orígenes de la Constitución de Estados Unidos es abundante, aunque, de manera paradójica, no muy conocida. Un estudio enormemente interesante sobre sus orígenes en el pensamiento colonial del siglo XVII puede hallarse en P. Miller, The New England Mind. The 17th Century, Harvard, 1967

tan obvio que en Inglaterra se denominó a la guerra de independencia de Estados Unidos «la rebelión presbiteriana» y el propio rey Jorge III afirmó: «atribuyo toda la culpa de estos extraordinarios acontecimientos a los presbiterianos». Por lo que se refiere al primer ministro inglés Horace Walpole, resumió los sucesos ante el Parlamento afirmando que «la prima América se ha ido con un pretendiente presbiteriano». No se equivocaban y, por citar un ejemplo significativo, cuando el británico Cornwallis fue obligado a retirarse para, posteriormente, capitular en Yorktown, todos los coroneles del ejército americano salvo uno eran presbíteros de iglesias presbiterianas. Por lo que se refiere a los soldados y oficiales de la totalidad del ejército, algo más de la mitad también pertenecían a esta corriente religiosa.

El influjo de los puritanos resultó especialmente decisivo en la redacción de la Constitución. Ciertamente, los cuatro principios del calvinismo político arriba señalados fueron esenciales a la hora de darle forma, pero a ellos se unió otro absolutamente esencial que, por sí solo, sirve para explicar el desarrollo tan diferente seguido por la democracia en el mundo anglosajón y en el resto de Occidente. La Biblia —y al respecto las confesiones surgidas de la Reforma fueron muy insistentes— enseña que el género humano es una especie profundamente afectada como consecuencia de la caída de Adán. Por supuesto, los seres humanos pueden hacer buenos actos y realizar acciones que muestran que, aunque empañadas, llevan en sí la imagen y semejanza de Dios. Sin embargo, la tendencia al mal es innegable y hay que guardarse de ella cuidadosamente. Por ello, el poder político debe dividirse para evitar que se concentre en unas manos —lo que siempre derivará en corrupción y tiranía— y debe ser controlado. Esta visión pesimista —¿o simplemente realista?— de la naturaleza humana ya había llevado en el siglo XVI a los puritanos a concebir una forma de gobierno eclesial que, a diferencia del episcopalismo católico o anglicano, dividía el poder eclesial en varias instancias que se frenaban y contrapesaban entre sí, evitando la corrupción.

Esa misma línea fue la seguida a finales del siglo XVIII para redactar la Constitución americana. De hecho, el primer texto independentista norteamericano no fue, como generalmente se piensa, la Declaración de Independencia redactada por Thomas

Jefferson, sino la fuente de la que el futuro presidente norteamericano la copió. Esta no fue otra que la Declaración de Mecklenburg, un texto suscrito por presbiterianos de origen escocés e irlandés, en Carolina del Norte el 20 de mayo de 1775. La Declaración de Mecklenburg contenía todos los puntos que un año después desarrollaría Jefferson, desde la soberanía nacional a la lucha contra la tiranía pasando por el carácter electivo del poder político y la división de poderes. Por añadidura, fue aprobada por una asamblea de veintisiete diputados —todos ellos puritanos— de los que un tercio eran presbíteros de la iglesia presbiteriana, incluyendo a su presidente y secretario. La deuda de Jefferson con la Declaración de Mecklenburg ya fue señalada por su biógrafo Tucker, pero además cuenta con una clara base textual, y es que el texto inicial de Jefferson —que ha llegado hasta nosotros— presenta notables enmiendas y estas se corresponden puntualmente con la Declaración de los presbiterianos.

El carácter puritano de la Constitución —reconocido magníficamente, por ejemplo, por el español Emilio Castelar— iba a tener una trascendencia innegable. Mientras que el optimismo antropológico de Rousseau derivaba en el Terror de 1792 y, al fin y a la postre, en la dictadura napoleónica, o el no menos optimista socialismo propugnaba un paraíso cuya antesala era la dictadura del proletariado, los puritanos habían trasladado desde sus iglesias a la totalidad de la nación un sistema de gobierno que podía basarse en conceptos desagradables para la autoestima humana, pero que, traducidos a la práctica, resultaron de una eficacia y solidez incomparables. Si a este aspecto sumamos además la práctica de algunas cualidades como el trabajo, el impulso empresarial, el énfasis en la educación o la fe en un destino futuro que se concibe como totalmente en manos de un Dios soberano, justo y bueno[2], contaremos con muchas de las claves para explicar no solo la

2 Los acercamientos desde una perspectiva teológica —directa o indirecta— resultan indispensables para analizar este tema. Pueden hallarse de forma más o menos concreta en J. A. Froude, Calvinism, Londres, 1871, y L. Boettner, The Reformed Doctrine of Predestination, Phillipsburg, 1932. Finalmente, debo hacer mención a un ensayo notable debido a J. Budziszewski, The Revenge of Conscience. Politics and the Fall of Man, Dallas, 1999, en el que se retoman desde una perspectiva filosófica algunos de los aspectos más relevantes del análisis político de los puritanos.

evolución histórica de Estados Unidos, sino también sus diferencias con otros países del continente[3].

Al fin y a la postre, como tantas cuestiones trascendentales en la Historia del genero humano, no se trataba de una discusión meramente teórica. El pensamiento rousseauniano, convencido de la bondad natural del ser humano y del efecto benéfico del culto a la diosa Razón, tuvo como hija a la Revolución francesa, con su cortejo tantas veces olvidado de sangre y represión; el desconfiado protestantismo, a la Constitución norteamericana, con su refinado sistema de *checks and balances.* La Revolución francesa, en la que tuvo un papel esencial la masonería, derivó —¿podemos no creer que de manera lógica?— hacia la guillotina, el Terror y, por último, la implantación de una dictadura militar disfrazada de imperio; la segunda trazó un modelo político de división de poderes (división calcada de la estructura de gobierno eclesial de los presbiterianos ingleses) que ha funcionado hasta el día de hoy sin derivar en dictaduras.

La mayoría de los aportes de la Reforma no fueron —ni pretendían ser—originales. Estaban ya contenidos en la Biblia y, en mayor o menor medida, se fueron manifestando durante el primer milenio y medio de historia del cristianismo. Sin embargo, la evolución última de la cristiandad medieval actuó más como un freno sofocante que como un caldo de cultivo idóneo para su desarrollo. A inicios del siglo XVI, ni las embrionarias formas democráticas de las comunas bajomedievales ni el incipiente capitalismo flamenco e italiano contaban con suficiente vigor como para sobrevivir. Si, al final, fue así se debió, sin ningún género de dudas, al nuevo armazón de valores que estructuró la Reforma al llamar al género humano a regresar a la Biblia. Así, el capitalismo y la democracia se iban a manifestar antes —con todas sus limitaciones— en países de sociología protestante que en aquellos que permanecieron fieles a Roma, y, dentro de los primeros, en los que se adherían a formas de protestantismo más distanciadas del

3 La relación entre el pensamiento reformado y la democracia puede examinarse en R. B. Perry, Puritanism and Democracy, Nueva York, 1944, y, de manera más específica, en D. F. Kelly, The Emergence of Liberty in the Modern World. The Influence of Calvin on Five Governments from the 16th Through 18th Centuries, Phillipsburg, 1992, y J. J. Hernández Alonso, Puritanismo y tolerancia en el período colonial americano, Salamanca, 1999.

catolicismo con preferencia a aquellos que se diferenciaban menos de él.

Al fin y a la postre, el legado de la Reforma —el simple regreso a la Biblia puesta al alcance incluso de los más humildes— marcó una diferencia que existe hasta el día de hoy. La visión de la economía, de la sociedad, de la política son claramente diferentes en aquellas naciones sociológicamente católicas u ortodoxas y las protestantes. También lo han sido los frutos.

«¿Con qué autoridad habéis hecho tan detestables guerras a estas gentes...? ¿Cómo los tenéis tan opresos y fatigados, sin dalles de comer ni curallos en sus enfermedades que, de los excesivos trabajos que les dais, incurren y se os mueren, y por mejor decir, los matáis, por sacar y adquirir oro cada día?... Tened por cierto, que en el estado que estáis no os podéis salvar más que los moros o turcos, que carecen y no quieren la fe de Jesucristo».
(Fray Antón Montesinos, citado por fray Bartolomé de Las Casas)

«Los gobiernos, como los relojes, derivan del movimiento que les proporcionan los hombres; y al igual que los gobiernos están formados y son movidos por los hombres, también son arruinados por ellos. Por lo tanto, los gobiernos dependen más de los hombres que los hombres de los gobiernos. Que los hombres sean buenos, y el gobierno no podrá ser malo y si enferma lo curarán. Pero si los hombres son malos, el gobierno nunca podrá ser bueno y se las arreglarán para dañarlo y expoliarlo a su vez».
(William Penn)

15

EL CRISTIANISMO Y LA DEFENSA DE LAS OTRAS RAZAS

LA DEFENSA DE LOS INDÍGENAS AMERICANOS

El fenómeno que conocemos como Reforma provocó considerables distancias entre la Europa protestante y la católica. Ciertamente, ésta quedó descolgada de procesos enormemente positivos de una manera que persiste hasta el día de hoy, pero, con todo, no es lícito decir que la Europa católica quedó sumida en la barbarie. Ciertamente, la Reforma marcó a fuego la historia de la Europa posterior al quedar desvinculados de fecundos caminos educativos, económicos y políticos los países católicos. Sin embargo, no es menos cierto que los logros de estos distaron mucho de ser magros. No se trató únicamente de las contribuciones espirituales —el gran siglo de la mística española es el de la Contrarreforma—, sino, muy en especial, de las culturales. No solo es que el barroco católico, a pesar de sus diferencias conceptuales, implicó un esfuerzo creativo extraordinario, sino que, además, la incomparable producción artística del Siglo de Oro español (en realidad, casi dos siglos) es impensable sin una referencia al catolicismo. Las comedias, dramas y autos de Calderón, Lope o Tirso de Molina resultan incomprensibles sin una referencia al marco católico en que fueron concebidos, y lo mismo puede decirse de la novela, porque del *Lazarillo* al *Quijote*[1] (una obra que concluye con la confesión del protagonista y su conversión final) la impronta católica, en ocasiones crítica, no pocas veces en grado sumo decantada, resulta innegable. Por otro lado, a pesar de la escisión que significó la Reforma y la reacción frente a ella que conocemos como Contrarreforma, hubo terrenos en los que ambas concepciones del cristianismo en buena medida coincidieron precisamente porque arrancaban de principios comunes. Quizá el ejemplo más significativo al respecto lo encontramos en la actitud manifestada hacia aquellos seres descubiertos —el término no es peyorativo, sino descriptivo— por Occidente en su epopeya americana.

Para España, el Descubrimiento de América significó el acceso a fuentes en apariencia inagotables de riqueza. Es bien cierto que la carencia de una estructura mental como la presente en la Europa protestante evitó no su explotación, pero sí un aprovechamiento que se hubiera podido traducir en un desarrollo económico racional y con futuro. No es menos verdad que buena parte del producto de aquellas tierras se dilapidó en empresas político-religiosas en gran medida ajenas a los verdaderos intereses españoles. Sin embargo, aquellos caudales no dejaron de provocar apetitos que, unidos a una naturaleza conquistadora (y no tanto colonizadora) forjada durante la Reconquista, significaron el inicio de un proceso de aniquilamiento de las culturas indígenas existentes en América. Como antaño los bárbaros, los conquistadores hispanos y portugueses contemplaron la posibilidad de ganancia desde una perspectiva de culto a la violencia guerrera, a la separación estamental y a la riqueza por conquista y saqueo. Pero ahora, además, esa cosmovisión derivaba su supuesta legitimidad de la concesión que el papa, autodesignado en la Edad Media como vicario de Cristo en la tierra, había conferido a los monarcas españoles y portugueses para conquistar aquellos nuevos territorios. Por su parte, los holandeses e ingleses mantuvieron el mismo esquema bárbaro, pero su fuente de

1 Sobre esta cuestión, véase: C. Vidal, *Enciclopedia del Quijote,* Barcelona, 1999, págs. 128 y sigs. y 200 y sigs. Una visión actualizada en C. Vidal, *Diccionario del Quijote,* Barcelona, 2005.

supuesta legitimación fue distinta de la de las naciones católicas. En su caso, subvirtieron el principio de pacto con Dios subyacente en el Antiguo Testamento para llevar a cabo el dominio de diferentes tierras americanas. Frente a ambas visiones —medularmente bárbaras, como ya hemos visto— solo se alzó el valladar del cristianismo, el mismo que se había erguido en el siglo I frente al imperio.

La primera —por otro lado, conocidísima— defensa de los indígenas fue la de un católico español, el padre Las Casas[2]. Bartolomé de Las Casas había nacido en Sevilla no en 1474, como se creyó durante mucho tiempo, sino diez años después, como consta en la única declaración que sobre su edad nos dejó el propio interesado. Cuando tenía nueve años contempló a los primeros indios, siete, que habían llegado a Sevilla. El padre de Las Casas, Pedro, y su tío, el capitán Francisco de Peñalosa, participaron en 1493 en el segundo viaje de Colón.

En 1499 su padre le trajo incluso un indio que se quedó con el joven Bartolomé en calidad de esclavo hasta el año siguiente, en que, por disposición de Isabel la Católica, regresó a América. A inicios de 1502, Bartolomé de Las Casas, acompañando a su padre y a su tío, se embarcó para La Hispaniola.

Sus intereses, como los de la mayoría de los viajeros a Indias, eran puramente económicos. Hasta 1514, Bartolomé se dedicaría sobre todo a labrarse una fortuna sin evitar el uso de la espada. De hecho, participó en las guerras de Jaraguá y del Higüey, a la vez que poseía una hacienda con indios. Ni siquiera su paso al estado clerical cambió de inmediato su visión de la explotación de las Indias. En 1507 regresó a Europa y fue ordenado, y cinco años después se unió a la conquista de Cuba. Su misión era actuar como capellán de los conquistadores, pero eso no le impidió aceptar una pingüe encomienda de la que se hizo cargo hasta 1514. Hasta esa fecha, Las Casas había sido un paradigma de la conmixtión entre la cosmovisión bárbara y su legitimación clerical, un fenómeno que había

2 Sobre Las Casas, véanse: J. Alcina Franch, *Bartolomé de Las Casas,* Madrid, 1986; M. Bataillon, *El padre Las Casas y la defensa de los indios,* Madrid, 1985; L. Galmés, *Bartolomé de Las Casas. Defensor de los derechos humanos,* Madrid, 1982; M. Mahn-Lot, *El Evangelio y la violencia. Fray Bartolomé de Las Casas,* Madrid, 1967; R. Menéndez Pidal, *El padre Las Casas y Vitoria con otros temas de los siglos XVI y XVII,* Madrid, 1958 (notablemente crítico con Las Casas).

cosechado frutos como las Cruzadas o el amor cortés. Sin embargo, a mediados del citado año, Las Casas atravesó por un fenómeno tan medularmente cristiano como la conversión.

Enfrentado con Dios y con la realidad —no la apariencia creíble— de su existencia, el clérigo descubrió que no solo su conducta era reprobable, sino que además tenía que abandonarla con rapidez. No tardó entonces en renunciar a los indios de su repartimiento por razones de conciencia. Como otros conversos del pasado —Pablo de Tarso, Agustín de Hipona, Francisco de Asís… —, Bartolomé intentó de inmediato llevar a otros a vivir su experiencia. Así, regresó a Santo Domingo y estableció contacto con los dominicos. El 23 de diciembre de 1515, Las Casas se entrevistaba con Fernando el Católico, ya muy enfermo. Poco después conseguía la atención de Cisneros y de Adriano de Utrecht. Como resultado de esas gestiones, Las Casas fue nombrado «procurador o protector universal de todos los indios de las Indias». El 19 de mayo de 1520 obtenía en La Coruña una capitulación para realizar un proyecto de colonización pacífica en la costa de Paria, actual Venezuela. La finalidad de ese proyecto era no conquistar, sino colonizar, a la vez que acercarse pacíficamente a los indígenas para que escucharan la predicación del Evangelio.

En los años siguientes, Las Casas recorrería las Indias en defensa de los indígenas. Tras ingresar en los dominicos, había comenzado a predicar directamente contra los colonos españoles, lo que motivó su traslado a Santo Domingo, donde obtuvo en 1533 la rendición del cacique Enriquillo, sublevado desde 1519. A continuación estuvo en Panamá, Nicaragua y México (1536), y luego en Guatemala, donde redactó su *De unico vocationis modo* o *Del único modo de atraer a todos los pueblos a la verdadera religión*[3]. En esta obra, siguiendo la antigua tradición cristiana, sostenía que la única manera de llevar a un ser humano a la conversión era la persuasión y nunca la violencia. Se trataba de una tesis que pretendía probar mediante la entrada pacífica en la región de Tezulutlán, considerada hasta entonces como tierra de guerra en Guatemala.

---

3 Una edición notable, con introducción de Lewis Hanke y advertencia preliminar de Agustín Millares Carlo, es la publicada por el Fondo de Cultura Económica de México en 1975 (2.ª ed.). La *Obra indigenista* de Las Casas ha sido publicada por Alianza Editorial, Madrid, 1985.

De regreso a España, a principios de 1540, Las Casas obtuvo varias reales cédulas que respaldaban su proyecto para Tezulutlán, pero, sobre todo, entabló contacto con Carlos V. Fruto de esa entrevista fue la promulgación el 20 de noviembre de 1542 de las Leyes Nuevas. En ellas se prohibía la esclavitud de los indios, se ordenaba su liberación de los encomenderos y se les colocaba bajo la protección directa de la Corona. Además, en las tierras no exploradas debían penetrar siempre dos religiosos que vigilaran que los contactos con los indios se realizaran de forma pacífica.

En 1544, Las Casas era obispo de Chiapas. No tardó en establecer en los doce puntos de su *Confesionario* (publicado más tarde con el título de *Avisos y reglas de confesores)* que se negara la absolución a los que tuvieran esclavos indios. De manera comprensible, la actitud intrépida de Las Casas provocó un enfrentamiento con el virrey Antonio de Mendoza. En 1550, en un intento de dirimir la cuestión, se convocó en Valladolid[4] a una Junta de teólogos, expertos en derecho canónico y miembros de los Consejos de Castilla y de las Indias, para que procedieran a discutir la manera en que deberían llevarse a cabo los descubrimientos, conquistas y población en las Indias. Mientras Sepúlveda, heredero de la posición clásica y menos conscientemente de la bárbara, sostenía que los indios, como seres inferiores, debían quedar sometidos a los españoles, Las Casas defendió la postura opuesta, partiendo sobre todo de las enseñanzas de la Biblia. La Junta quedó inconclusa y Las Casas optó por renunciar a su obispado de Chiapas, pero también se entregó a la redacción de obras de enorme interés como su *Apologética historia sumaria,* que constituye un tratado de antropología comparada.

Los últimos tiempos de Las Casas fueron dolorosos. En 1558, por ejemplo, los dominicos que trabajaban en la Vera Paz, en Guatemala, defendieron la utilización de las armas para someter a los indios de la región Lacandona y de Puchutla. Al año siguiente, el proyecto pacífico de Las Casas naufragaba en medio de una guerra en la zona.

Es innegable que Las Casas no logró imponer su punto de vista por completo. Ciertamente, no concluyó el uso de la violencia

4 Una edición de las posiciones de Sepúlveda y Las Casas, en Juan Ginés de Sepúlveda y fray Bartolomé de Las Casas, *Apología,* Madrid, 1975.

y no pudo evitar el sometimiento de los indios. Incluso se puede argumentar contra él que abogó por la utilización de esclavos negros para salvar a los indígenas americanos de verse reducidos a la servidumbre. Sin embargo, a pesar de todas esas circunstancias, su brega no resultó ni mucho menos estéril. Por ejemplo, la Disputa de Valladolid, en la que él recogía el mensaje interracial del Nuevo Testamento, constituyó un auténtico jalón en el camino hacia el reconocimiento universal de los derechos humanos. Pero, además, las leyes de Indias, pese a sus problemas de aplicación directa, constituyeron un auténtico valladar contra el exterminio total de las poblaciones indígenas.

No solo eso. Como antaño había sucedido en Europa, los obispos, los religiosos, los misioneros se convirtieron, ocasionalmente, en uno de los escasos refugios con que podían contar los débiles y los oprimidos. Al igual que en la Europa de la Edad Oscura Benito o Romualdo representaban el único obstáculo para un ejercicio del poder político arbitrario y opresor, Las Casas y otros como él se convirtieron en defensores, en ocasiones muy eficaces, contra la explotación de los indígenas. Pero asimismo actuaron, también como en las Edades Oscuras de la vieja Europa, como educadores, como fundadores de universidades, como desbrozadores de terrenos baldíos, como estudiosos de las nuevas culturas conservando para la posteridad sus legados[5], como arbitradores de una nueva forma de vida que no concluyera con el exterminio de una raza por otra, sino con el mestizaje. Enfrentadas con la codicia de los conquistadores que estaban convencidos además de la legitimidad moral de sus acciones, las etnias indígenas hubieran perecido totalmente. Si no fue así se debió a la labor de Las Casas y de otros como él. No fue esta labor la única desarrollada así en el continente. También se dieron paralelos en la América protestante. Al respecto la experiencia de las etnias indias de Norteamérica constituye un ejemplo trágico y paradigmático a la vez. Los estudios recientes de Alden T. Vaughan han puesto de manifiesto cómo el comportamiento de los puritanos con los indios durante las primeras décadas de permanencia en América fue correcto y se sustentó en unas bases notables de

---

5 Sobre el tema, de especial interés y con una muy completa bibliografía resulta la obra de P. Borges, *Misión y civilización en América,* Madrid, 1986.

moralidad y respeto[6]. A decir verdad, superó éticamente a la conducta de los conquistadores españoles. Sin embargo, no faltaron las excepciones a esa tónica inicialmente general. Es probable que en pocos episodios quede reflejado esto con más claridad que en la historia de William Bradford y los Padres Peregrinos.

En 1593 se había aprobado en Inglaterra una legislación acentuadamente contraria a los no-conformistas, de manera que no pocos pensaron que la única salida para evitar la prisión o la ocultación de sus creencias era la emigración. Cuando contaba tan solo dieciocho años de edad, William Bradford se dirigió a Holanda junto a otros disidentes. La elección resultaba lógica, ya que, gracias a su carácter mayoritariamente calvinista, Holanda se había convertido en un emporio de la libertad religiosa que no era negada ni siquiera a anabautistas o a judíos. Sin embargo, Bradford no iba a permanecer mucho tiempo en los Países Bajos. Por aquellos días, algunos de los emigrados protestantes procedentes de Inglaterra estaban acariciando la idea de encontrar una nueva tierra en la que no solo pudieran ser tolerados, sino donde, además, tuvieran la posibilidad de establecer un nuevo modelo social sobre bases novedosas. Obviamente, tal posibilidad solo resultaba planteable en el continente americano, y así fue como buena parte de la iglesia inglesa que pastoreaba un hombre llamado Robinson decidió hacerse a la mar a bordo de un barco llamado *Mayflower.* La expedición se enfrentó con no pocas dificultades durante su travesía, de manera que en lugar de llegar a Virginia, que era el destino en que se había pensado, atracó en Cape Cod (Massachusetts), el 11 de noviembre de 1620.

Este desvío del destino original planteó una situación que no había sido contemplada con antelación por los peregrinos. Su intención al llegar a Virginia era gozar de mayor libertad que en Inglaterra, pero también la de someterse y disfrutar del gobierno inglés ya establecido en ese enclave. Sin embargo, ahora, al desembarcar en un territorio no ocupado previamente por Inglaterra, los peregrinos tuvieron que afrontar la necesidad de establecer una mínima estructura de gobierno. De aquí nacería el denominado *Pacto del*

6 A. T. Vaughan, *New England Frontier: Puritans and Indians,* 1620-1675, University of Oklahoma, 1995.

Mayflower[7], de enorme trascendencia porque en él los «peregrinos» se comprometían a construir una nueva entidad política en virtud de un pacto social libre y concluido por todos. Aquella visión política iba a sentar las bases de un sistema democrático de división de poderes.

La existencia de los primeros peregrinos no resultó en absoluto fácil. Algunos perdieron la vida durante la travesía. Además, de los ciento tres que desembarcaron, cincuenta y uno fallecieron durante el primer invierno, ya que —a diferencia de los conquistadores españoles— los colonos ni se habían equipado con un mínimo de sensatez para establecerse en los nuevos territorios ni tampoco tenían unos conocimientos rudimentarios que se lo permitieran. Seguramente, de no haber recibido la ayuda generosa y desinteresada de los indígenas, no hubieran podido sobrevivir.

Desde un principio, los recién llegados desearon tierras, si bien, en contra de lo señalado tantas veces, no despojaron de ellas a los indígenas, sino que se las compraron de manera conforme a sus costumbres. Cuestión aparte fue el contagio de nuevas enfermedades del tipo de la viruela. A causa de aquel, los indios murieron en masa, y los ingleses, no. Detrás de semejante catástrofe para unos y suerte para otros, en opinión de Bradford, solo podía verse la mano de Dios favoreciendo a los colonos. Si los conquistadores españoles apelaban a la legitimación papal de la Conquista proporcionada por las bulas alejandrinas para aniquilar imperios y someterlos a la Corona hispana[8], los ingleses se referían a una supuesta acción de la Providencia contra los indígenas. Así, el primer gobernador de Massachusetts escribiría en 1634 acerca de una epidemia similar:

> ... en cuanto a los nativos, han muerto casi todos de viruela, de manera que el Señor nos ha facilitado el dominio de lo que poseemos.

Tampoco faltaron los enfrentamientos armados. En 1636, la muerte en Block Island de un tal John Oldham, al que se había expulsado de la colonia de Plymouth, desencadenó la denominada Guerra de los

---

7 Sobre el Pacto del Mayflower, véase el capítulo dedicado al mismo, con bibliografía, en C. Vidal, Los textos que cambiaron la Historia, Barcelona, 1998.

8 Sobre estas, véase: C. Vidal, *Los textos que cambiaron la Historia*, ob. cit.

Pequots. El conflicto, que concluyó con la aniquilación casi total de estos, sin excluir a ancianos, mujeres y niños, fue considerado por algunos colonos como una guerra más que justa, mientras que otros la juzgaron una excusa para la expansión. Por supuesto, para los primeros fue una prueba de cómo Dios protegía a su pequeño rebaño en medio de un contexto hostil. El mismo William Bradford describió de manera bastante realista los sentimientos que aquel episodio despertó en los colonos:

> Fue una terrible visión contemplarlos friéndose en el fuego y los ríos de sangre que apagaban este, y lo horrible que eran la peste y el olor que salían; pero la victoria pareció un dulce sacrificio, y dieron la alabanza por ello a Dios, que había actuado de una manera tan maravillosa en su favor, encerrando a sus enemigos en sus manos y dándoles una victoria tan rápida sobre un pueblo tan orgulloso e insolente.

Finalmente, con algunas excepciones, el comportamiento correcto de los puritanos durante las primeras décadas fue seguido por un proceso de expansión de la inmigración procedente del otro lado del Atlántico, que tuvo como una de sus víctimas a los indígenas. En los siglos siguientes, las tribus de América del Norte —con las que jamás se produjo un mestizaje— desaparecieron por docenas o fueron diezmadas y recluidas en reservas. Hitler afirmaba que parte de la política nazi seguida contra los judíos se basaba en el ejemplo de la mantenida por los norteamericanos contra los indios. Se trató de una falacia. A diferencia de lo sucedido con el nacionalsocialismo alemán, los indígenas no desaparecieron e incluso, a día de hoy, cuentan en algunos casos con negocios prósperos que surgen, paradójicamente, de aquella política de confinamiento en las reservas. Una vez más, como había sucedido también durante la Edad Oscura, el único valladar frente a la barbarie lo constituyó la defensa de valores cristianos. Estos —como había sucedido con Las Casas en el centro y el sur de América— estuvieron presentes desde el inicio de la colonia.

En 1636, precisamente cuando se produjo la guerra contra los pequots, hubo voces que se alzaron contra lo que consideraban una codiciosa, injusta y salvaje arbitrariedad. Uno de los casos más conocidos fue el de un bautista[9] llamado Roger Williams. Este se vio obligado a huir de Plymouth, donde sus opiniones no era bien vistas. Sin embargo, no se desanimó. De hecho, marchó más hacia el oeste y fundó la ciudad de Providence. El enclave se convertiría en un refugio para disidentes y, a principios del siglo XVIII, constituía un próspero puerto de comercio con las Antillas. En toda la América católica no tuvo lugar, por desgracia, un episodio paralelo.

Otro ejemplo de defensa apasionada —y efectiva— del trato con los indígenas en las colonias de América del Norte estuvo relacionada con los cuáqueros y, de manera muy especial, con William Penn[10]. Nacido en 1644 en Londres, Penn estudió en la Universidad de Oxford. Fue allí donde experimentó una conversión que le llevó a integrarse en los cuáqueros[11], una de las confesiones protestantes surgidas en Inglaterra en aquellos años. Los cuáqueros pretendían vivir el Evangelio de manera radical, tal y como aparecía recogido en el Nuevo Testamento. Esa circunstancia los había llevado a negarse a combatir en la guerra civil que asoló Inglaterra durante la década de los cuarenta del siglo XVII, a conceder un papel igualitario a las mujeres que predicaban en sus reuniones y accedían a ministerios religiosos, a condenar la práctica de la esclavitud y también a abogar por una libertad de conciencia absoluta. No cabe duda de que esas ideas forman hoy día parte del acervo común de las naciones civilizadas, pero ni con mucho podían considerarse como tales a mediados del siglo XVII.

Penn residió durante algunos años en Irlanda y al regresar a Inglaterra escribió una serie de tratados en defensa de la tolerancia que tuvieron como resultado algunas breves estancias en prisión. En 1681, William Penn obtuvo de la Corona, en pago por una deuda contraída con su padre, una concesión de tierra en Norteamérica, y al año siguiente se embarcó hacia el Nuevo Continente con

9 Suele ser habitual utilizar en obras en castellano el término «baptista» para referirse a los miembros de esta confesión. Hemos preferido «bautista» porque es el que usan los propios confesantes de esta doctrina tanto en España como en Hispanoamérica.

10 Acerca de William Penn, véanse: W. W. Comfort, *William Penn,* Filadelfia, 1944; M. B. Endy, *William Penn and Early Quakerism,* Princeton, 1973.

11 Acerca de los cuáqueros, véanse: J. Punshon, *Portrait in Grey. A Short History of the Quakers,* Londres, 1991; W. C. Braithwaite, *The Beginnings of Quakerism,* Cambridge, 1970; E. Vipont, *The Story of Quakerism through three centuries,* Londres, 1960.

otros correligionarios. La colonia de los cuáqueros contaría incluso con una capital cuyo nombre ponía de manifiesto la mentalidad que inspiraba a Penn. Fue denominada Filadelfia, el término griego para expresar el «amor fraternal». En el curso de los años siguientes, Penn sentó las bases para la primera Constitución moderna —los cuatro *Frames of government*—, donde se recogió el principio de la libertad de conciencia sin ningún tipo de limitaciones. Asimismo promulgó una Carta de Privilegios, garantía de libertades, e incluso concibió la idea de crear un organismo supranacional, auténtico antecedente de la Organización de las Naciones Unidas, que pudiera solventar de manera pacífica los litigios internacionales.

Con todo, el aspecto más significativo de Pennsylvania sería, tal vez, su fundación, y precisamente por eso la mencionamos aquí. En teoría, el territorio de lo que luego sería conocido como Pennsylvania era propiedad de Penn. Sin embargo, el cuáquero consideró que semejante visión era injusta y no se correspondía con la realidad. Pensaran lo que pensaran otros blancos al norte y al sur del continente, él no consideraba lícito el despojo al que eran sometidos los indios. Mantuvo una reunión con los indígenas y les compró las tierras como hubiera hecho con cualquiera de sus compatriotas. Como había deseado Las Casas —y no había conseguido—, los cuáqueros mantuvieron una política de asentamiento pacífico, en virtud de la cual los indígenas oyeron hablar de Jesús mediante lo que los correligionarios de Penn denominaban «amistosa persuasión», pero nunca se vieron forzados a aceptar ninguna creencia. La colonia se comportaría de modo ejemplar con los indígenas, y lo único que cabe lamentar es que esa conducta no fuera seguida por otros inmigrantes de origen europeo.

Durante los siglos siguientes, en América del Norte —en la del Sur era inconcebible— los blancos firmarían con los pieles rojas no menos de un millar de tratados. El único que se vería respetado siempre sería el suscrito entre los indígenas y los cuáqueros de Pennsylvania.

LA LUCHA CONTRA LA ESCLAVITUD

La defensa de los indios contó, por lo tanto, con exponentes claros tanto en el seno del catolicismo como del protestantismo. No sucedió lo mismo, sin embargo, en relación con la esclavitud, otra de las grandes lacras que experimentaron un extraordinario desarrollo con ocasión del descubrimiento y colonización de nuevos mundos. De hecho, el mismo padre Las Casas llegó a considerar que la utilización de esclavos de origen africano podría paliar el triste destino de los indígenas americanos.

La lucha contra la esclavitud fue una causa que derivó de una cosmovisión bíblica, que se extendió a lo largo de varios siglos y que, de hecho, solo mucho después recibió el respaldo de ideologías distintas del cristianismo. Basta examinar las páginas de la *Enciclopedia,* el máximo monumento de la Ilustración, para percatarse de que los ilustrados no solo no eran contrarios a la esclavitud, sino que incluso la consideraban natural, dada la inferioridad racial de los esclavizados. Por ejemplo, en la voz «Negros, considerados como esclavos en las colonias de América», el texto dice:

> Estos hombres negros, nacidos vigorosos y acostumbrados a una alimentación burda, encuentran en América dulzuras que les hacen la vida animal mucho mejor que en su país.

Desde luego, resulta más que dudoso que la esclavitud en las colonias americanas pudiera ser calificada de «dulzuras» y que la vida de los negros pudiera ser por definición calificada de animal, hasta el punto de que el hecho de ser esclavos la mejorara. Sin embargo, eso y no otra cosa afirma el citado artículo de la *Enciclopedia,* y no resulta mejor la descripción que aparece en relación con esta población negra:

> Estos negros son idólatras, su lengua es difícil de pronunciar, saliendo la mayoría de los sonidos de la garganta con esfuerzo... Estos negros, se les llame como se les llame, hablan todos la misma lengua sobre poco más o menos.

Por si fuera poco, el ilustrado autor del artículo de la *Enciclopedia* indicaba que algunos negros logran superar sus defectos propios y se convierten en buenas personas cuya característica fundamental es nada menos que la sumisión a su dueño:

> Los defectos de los negros no se encuentran extendidos de manera tan universal que no se encuentren muy buenos sujetos.

> Varios habitantes poseen familias enteras compuestas de gente muy honrada y muy unida a su amo.

Partiendo de esa base, no resulta extraño que se afirmara que encontrar negros buenos era un fruto más de la casualidad que de la probabilidad:

> Si por azar se encuentra gente honrada entre los negros de Guinea, en su mayoría son durante todo el tiempo viciosos. En su mayor parte están inclinados al libertinaje, a la venganza, al robo y a la mentira.

Las consecuencias de semejante discurso no podían resultar más obvias. La esclavitud era censurable, pero los «salvajes» actuales habían caído tan por debajo del imaginario nivel en que se encontraba el «buen salvaje» primitivo que no cabía sino emprender su educación. Era obvio que unas razas eran superiores y otras claramente inferiores. Esa circunstancia obligaba a las primeras a dominar a las segundas por su bien. Que el resultado no podía sino ser positivo lo demostraba el que, hasta reducidos a la esclavitud, los negros se encontraran mejor bajo el dominio de un amo blanco en América que en libertad en África.

No resulta muy difícil imaginar lo que hubiera sido la suerte de estos desdichados si, frente a la visión de los conquistadores (legitimado incluso por algunas confesiones religiosas), al pensamiento ilustrado y, por supuesto, a las concepciones islámica y pagana de la esclavitud, no se hubiera alzado una recuperación del concepto bíblico acerca de esta institución. En realidad, basta con examinar lo que fue la trayectoria de la trata antes del movimiento emancipador.

El inicio de la trata se debió a los portugueses, que la comenzaron en 1444, y que unos quince años después importaban cada año poco menos de un millar de esclavos procedentes de diferentes puntos de la costa africana. Durante más de un siglo, Portugal monopolizó el comercio gracias a la colaboración indispensable de los comerciantes musulmanes del norte de África, que enviaban esclavos de África central a los mercados de Arabia, Irán y la India.

El Descubrimiento de América llevó a otras naciones a sumarse a tan vergonzosa y denigrante institución. Como ya hemos indicado, incluso los defensores de los indígenas de América no encontraron censurable —en ocasiones les pareció un remedio— el recurrir a la esclavitud de los africanos. En 1517, por ejemplo, Carlos I estableció un sistema de concesiones a particulares para introducir y vender esclavos africanos en América. A finales de ese mismo siglo, Inglaterra comenzó a competir por el derecho a abastecer de esclavos a las colonias españolas, detentado hasta entonces por Portugal, Francia, Holanda y Dinamarca. De hecho, la Paz de Utrecht, que se tradujo para España en la pérdida del territorio español de Gibraltar, significó también que la British South Sea Company consiguiera el derecho exclusivo de suministro de esclavos a estas colonias. Pero para entonces hacía ya casi un siglo que habían llegado a las colonias inglesas de América del Norte los primeros esclavos africanos, y este tráfico se incrementaría sobremanera con el desarrollo del sistema de plantaciones.

Ni siquiera la Revolución americana de 1776 cambió la situación, e incluso algunos de los Padres fundadores, como Thomas Jefferson, eran propietarios de esclavos. Sí es cierto que tanto Jefferson como no pocos de sus contemporáneos esperaban una desaparición paulatina de la institución siquiera por su agotamiento. Como en tantas ocasiones en que se confía en el futuro para que solucionen problemas que no nos atrevemos a abordar, el juicio de los Padres fundadores al respecto resultó erróneo.

Al fin y a la postre, el enfrentamiento con la esclavitud surgió no de la Ilustración, no de la masonería, ni tampoco del liberalismo, sino en el seno del protestantismo y por razones enraizadas directamente en las Escrituras. Durante el siglo XVII, los cuáqueros no solo condenaron la institución, sino que además determinaron que si alguno de sus fieles tenía esclavos sería excomulgado. Antes de que acabara el siglo los miembros de los cuáqueros habían emancipado a sus esclavos e iniciado, además, distintas obras humanitarias cuya finalidad no era otra que la de lograr su liberación.

En el siglo siguiente, al esfuerzo cuáquero se sumó el de los metodistas. Esta denominación había surgido como consecuencia de la predicación de un inglés nacido en 1703 y llamado John Wesley. Sin duda, Wesley es uno de los mayores genios religiosos de todos los tiempos, y su influencia, no solo en el terreno de la teología, sino también en el de las reformas sociales, se extiende hasta la actualidad. Estudiante de Oxford, misionero anglicano en América, en 1738 había regresado a Inglaterra. El 24 de mayo de ese mismo año, mientras se encontraba en una reunión religiosa, escuchó el prefacio del comentario de Lutero a la Epístola a los Romanos, y, convencido de que cualquiera podía alcanzar la salvación si tenía fe en Cristo, experimentó una conversión.

Como muchos otros antes de él en la Historia del cristianismo, John Wesley estaba ansioso por compartir su experiencia con sus contemporáneos. Por ello precisamente recorría cerca de ocho mil kilómetros al año pronunciando cuatro o cinco sermones al día, fundando nuevas congregaciones y escribiendo mientras viajaba a caballo. También, como muchos otros con anterioridad, la conversión tuvo en su caso hondas repercusiones sociales, tantas que hoy día se admite por lo general que la reforma moral obrada por el metodismo entre la población inglesa libró a esta de entregarse a los excesos revolucionarios que vivió el continente. Se acepte o no ese punto de vista —y existen más que sobradas razones para hacerlo—, lo cierto es que los numerosísimos conversos derivados de las predicaciones de Wesley abandonaban el alcohol (una auténtica plaga en la Inglaterra de la época), la holgazanería, la conducta disipada, y se entregaban a una vida metódica (de ahí que se les denominara metodistas) de seguimiento literal de los mandatos contenidos en el Nuevo Testamento. De esa dedicación a los más desfavorecidos surgieron escuelas, dispensarios médicos, sistemas de préstamo para iniciar nuevos negocios y, de manera directa, la lucha contra la esclavitud en Inglaterra.

El primero en enfrentarse con ella fue un antiguo capitán negrero llamado John Newton. Durante años había pensado que su ocupación no era inmoral. Fue su conversión, tras escuchar una predicación metodista, la que le convenció de que no solo no podía considerar legítima la esclavitud, sino que además estaba en la obligación moral de combatirla. A Newton se sumaron otros personajes de distintas confesiones protestantes, como fue el caso del bautista William Knibb. Sin embargo, el papel principal contra la denigrante institución lo representaría otro hombre llamado William Wilberforce.

A semejanza de Newton, William Wilberforce también había experimentado una conversión religiosa gracias a las predicaciones de los metodistas. Hombre piadoso, promovió la fundación de la Sociedad Misionera de la Iglesia (1798), así como de la Sociedad Bíblica inglesa y extranjera (1803), pero, a la vez, en su calidad de miembro del Parlamento, se dedicó a tareas de profundo contenido social. Así, Wilberforce —al que se llegó a denominar la conciencia del primer ministro— fomentó la educación de los necesitados y, sobre todo, desarrolló una extraordinaria labor para lograr la erradicación de la esclavitud. No fue una tarea fácil, ya que chocaba con intereses económicos obvios, pero en 1807 consiguió la prohibición británica del comercio de esclavos y en 1833 se declaró la abolición de la esclavitud en la totalidad de los territorios británicos. El único país que se había adelantado a Inglaterra en la abolición de la trata había sido Dinamarca, en 1792, y también apelando directamente a los principios contenidos en la Biblia.

En los años siguientes, la oposición a la trata seguiría estando limitada al mundo anglosajón —Napoleón se ocupó incluso de reprimir a los esclavos negros de América latina— y al ámbito del protestantismo. David Livingstone, el célebre explorador y abolicionista británico, era misionero protestante; las redes de emancipación de esclavos en Estados Unidos se debieron a cristianos como el cuáquero Levi Coffin, y el movimiento abolicionista norteamericano —triunfador moral de la Guerra de Secesión— estuvo formado de manera casi exclusiva por miembros de confesiones protestantes como Charles Finney.

La misma manera en que la esclavitud fue abolida en Estados Unidos es incomprensible sin una referencia al pensamiento protestante. En 1861, algunos de los estados del Sur decidieron separarse de la Unión nacional para conservar la institucion de la esclavitud. La respuesta de Lincoln —que estaba convencido de que la secesion acabaría con la democracia— fue pedir voluntarios para formar un ejército con el que mantener la unidad nacional. Así dio inicio la guerra más cruenta de la historia de Estados Unidos.

Durante los tiempos siguientes a su inicio, la opinión pública del Norte se hallaba dividida entre los abolicionistas radicales, que estimaban demasiado timorato el rumbo seguido por Lincoln en relación con la esclavitud, y los moderados —en algún caso incluso simpatizantes de los sureños—, que consideraban intolerable cualquier medida que pretendiera eliminar la esclavitud en aquellos estados donde era legal cuando Lincoln había llegado a la presidencia.

La Ley de Confiscación de 6 de agosto de 1861 otorgó la libertad a los esclavos que hubieran sido utilizados en favor de la rebelión sureña. Sin embargo, persistía el problema de lo que debía hacerse con los esclavos huidos que pertenecían a dueños que seguían siendo fieles a la Unión y que vivían en los estados fronterizos, o con los esclavos que pertenecían a los estados sureños y que habían huido o se habían visto abandonados por sus amos. Aunque Lincoln sentía una repugnancia profunda hacia la esclavitud, no era menos cierto que había dado su palabra a los estados de Kentucky, Missouri, Maryland y Delaware de que no atacaría la esclavitud en ellos y que tenía intención de cumplirla. De esa manera —mientras los radicales protestaban airadamente—, las cárceles de la Unión se llenaron de negros a los que se aplicó la ley del esclavo fugitivo y que esperaban que sus amos acudieran a reclamarlos.

Sin embargo, a Lincoln no se le escapaba lo insostenible de esa situación e intentó salir de ella mediante diversos recursos que no le llevaran a romper su palabra ni tampoco a pasar por alto un compromiso humanitario e incluso espiritual. Así, a la vez que lograba que el Congreso reconociera las repúblicas negras de Haití y Liberia, el 6 de marzo de 1862 recomendó que se adoptara una resolución ofreciendo ayuda económica a cualquier estado que pusiera en marcha medidas encaminadas a una emancipación gradual y con indemnización de los esclavos negros. Al esperar que semejante medida fuera promulgada por los congresos de los estados fronterizos, Lincoln se mantenía fiel a su palabra de no intervenir en el asunto desde el Ejecutivo y respetaba la autonomía estatal para dar ese paso. Desde su punto de vista, si los estados fronterizos aceptaban la propuesta, era posible que la guerra se acortara, porque los nacionalistas sureños comprenderían que no podían esperar nuevas adhesiones. De acuerdo con sus cálculos, un millón de dólares —la mitad del coste de un día de guerra— podría comprar a todos los esclavos de Delaware, a cuatrocientos dólares por cabeza. Una cantidad inferior a la de tres meses de conflicto armado podría a su vez servir para liberar a todos los negros del distrito de Columbia sujetos a la esclavitud.

El 10 de marzo, la propuesta de emancipación con indemnización fue presentada ante el Congreso. Consiguió pasar en el Congreso y el Senado por una amplia mayoría conjunta de republicanos y demócratas, pero no obtuvo un solo voto de los demócratas pertenecientes a los estados fronterizos. En paralelo, el Congreso aprobó una ley que abolía de manera gradual y compensada la esclavitud en el distrito de Columbia y financiaba el envío de colonos negros a Haití y Liberia.

El 9 de mayo, el general David Hunter, que estaba al mando del departamento del Sur, anunció que todos los esclavos de Georgia, Carolina del Sur y Florida eran liberados. La medida era lógica, pero chocaba frontalmente con los procedimientos legales adecuados, y Lincoln la revocó. No obstante, al dar ese paso —que levantó la ira de los radicales—, el presidente volvió a apelar a los congresistas de los estados fronterizos para que sus Congresos respectivos aceptaran la idea de una emancipación de los esclavos mediante indemnización.

A pesar de todo, a esas alturas, Lincoln estaba tan impregnado de la idea de que la guerra no era solo un conflicto para preservar la Unión y la democracia, sino también para ventilar cuestiones morales que entraban de lleno en el área de la trascendencia que se fue despegando del temperamento legalista que le había caracterizado hasta entonces. Así, cuando el Congreso, en contra de la doctrina establecida por el Tribunal Supremo en la *sentencia Dred Scott,* prohibió a los comandantes militares devolver a los esclavos de amos rebeldes a la Unión, Lincoln estampó su firma al pie del documento sin dudarlo. Finalmente, en mayo de 1862, Estados Unidos y Gran Bretaña firmaron un tratado en virtud del cual se comprometían a colaborar en la supresión del tráfico de esclavos.

Lincoln era consciente de que estos avances, a pesar de su importancia, no dejaban de ser medidas parciales que solo podrían consumarse con la abolición completa de la esclavitud. A pesar de todo, la marcha de la guerra no le permitía de momento ir más allá. Los estados fronterizos, a los que por tercera vez instó a aprobar una ley de emancipación, no respondieron a sus súplicas y su propio gabinete se oponía a su proclama de emancipación, alegando razones de oportunidad política nada despreciables.

La batalla de Antietam, gracias a la cual las fuerzas unionistas lograron derrotar a los invasores sureños, cambió radicalmente la situación. El sábado 21 de septiembre de 1862, Lincoln convocó a su Gabinete y anunció que estaba decidido a promulgar la proclama de emancipación. La razón se hundía en una consideración de corte espiritual. Cuando Lee había invadido el territorio leal a la Unión, el presidente se había dirigido en oración a Dios para comprometerse con Él a emancipar a los esclavos si las fuerzas confederadas eran derrotadas y se retiraban del Norte. Así había sucedido, y ahora Lincoln estaba dispuesto a cumplir la promesa que había formulado al Creador costara lo que costara. Ninguno de los miembros del Gabinete se opuso esta vez a la decisión de Lincoln. De esta manera, no pudo ser más espiritual el origen de la proclama de emancipación que declaraba que a partir del 1 de enero de 1863 serían libres todos los esclavos que se encontraran en un estado rebelde o en cualquier parte de un estado que el presidente designara. Lincoln venía así a concluir un camino comenzado por los protestantes ingleses en el siglo anterior.

A lo largo del siglo XIX la emancipación de los esclavos se convirtió en una bandera utilizada en la lucha contra el poder colonial —México abolió la esclavitud en 1813; Venezuela y Colombia, en 1821—, pero no siempre con convicción. La explicación de este comportamiento no podía ser más obvia: el proceso de abolición chocaba con los intereses de la burguesía. De hecho, Uruguay mantuvo la esclavitud hasta 1869; España, en Cuba, hasta 1886, y Brasil, hasta 1888. Cualquiera de estos procesos emancipatorios es dudoso incluso que hubiera comenzado sin los precedentes del mundo anglosajón, puesto que fue Inglaterra la que durante el Congreso de Viena instó a las otras potencias europeas a adoptar medidas similares a las aprobadas por su Parlamento.

En los inicios del siglo XXI, y a pesar de la incorporación de normas antiesclavistas en la legislación internacional, la esclavitud sigue siendo una realidad fuera de Occidente y afecta no menos de cien millones de personas. En algunos países islámicos y budistas incluso cuenta con una existencia legal. De no haber sido por la influencia del cristianismo, tal vez ese también sería el panorama en las sociedades occidentales. Sin embargo, el triunfo de la lucha contra la esclavitud durante el siglo XIX no significó que la causa de la libertad humana quedara salvada y asegurada para el siglo siguiente. En realidad, iba a enfrentarse durante este con los peores desafíos que había experimentado a lo largo de la Historia humana, y de nuevo el papel del cristianismo resultaría esencial.

16

EL CRISTIANISMO Y LA AMENAZA TOTALITARIA

LA LUCHA CONTRA EL SUFRIMIENTO HUMANO

El capítulo anterior estuvo centrado en el enfrentamiento que el cristianismo protagonizó de manera exclusiva contra la opresión de los indígenas americanos y la esclavitud. Sería erróneo considerar que semejantes batallas —por otro lado, incruentas— fueron las únicas libradas por el cristianismo contra la miseria humana. En realidad, hasta bien avanzado el siglo XIX puede decirse que contra ella solo lucharon los seguidores de Jesús de Nazaret. Los ejemplos son muy abundantes como para reseñarlos *in extenso.* Con todo, debemos indicar siquiera algunos de los más significativos.

De manera repetitiva suele señalarse que la primera legislación de carácter social que intentó limitar los abusos del liberalismo se promulgó en la Alemania de Bismarck, en relación con cuestiones como el seguro social médico y el de accidentes y jubilación. Semejante afirmación resulta grata a personas de todas las tendencias. Los simpatizantes con el conservadurismo suelen aprovechar el dato para señalar que las primeras reformas sociales partieron de un político que bajo ningún concepto podía identificarse con las izquierdas. Por el contrario, los simpatizantes de estas objetan que, en realidad, la legislación bismarckiana se debió a las presiones del partido socialdemócrata alemán y que, fundamentalmente, perseguían neutralizar el peso social de este. Ambas afirmaciones contienen algo de verdad, pero yerran en su presupuesto fundamental, el de considerar que las normas sociales bismarckianas fueron las primeras en ser aprobadas en Occidente.

En realidad, el inicio de la legislación social fue anterior en varias décadas y obedeció no a las presiones de las izquierdas ni a un intento de las derechas por contenerlas, sino a una cosmovisión cristiana. Su propulsor no fue otro que el séptimo conde de Shaftesbury, Anthony Ashley Cooper. Nacido en Londres en 1801, lord Shaftesbury obtuvo un escaño parlamentario en 1826. Su filiación política era conservadora y, de hecho, como tal representó, primero, a la ciudad de Woodstock, y después, desde 1831 hasta 1846, a Dorset. Sin embargo, su orientación era en esencia cristiana y enlazaba con precedentes como los de los cuáqueros o los metodistas. Así, Shaftesbury impulsó la aprobación de leyes que prohibían la contratación de mujeres y niños en las minas de carbón (1842) o que establecían una jornada laboral de diez horas para los trabajadores de las fábricas (1847).

Shaftesbury dedicó sus esfuerzos como legislador a otras dos áreas de sufrimiento humano, pero en ellas no fue original. La primera fue el cuidado dispensado a los enfermos mentales (1845), la segunda, la construcción de edificios modelo que servían de escuelas para los niños sin recursos económicos. En el primer terreno había sido ya precedido en el periodo del Barroco por el hispánico Juan de Dios, que no solo intentaría proporcionar cuidados y amor a los enfermos mentales, sino que además dejaría tras de sí una orden dedicada a continuar sus esfuerzos. También habían desempeñado —y desempeñarían— un papel no despreciable los cuáqueros y los mennonitas, dos confesiones pacifistas que, en ocasiones, fueron empleadas por distintos gobiernos para aliviar el dolor de los enfermos mentales.

En lo relativo a la educación, los precursores podían retrotraerse a los primeros cristianos, las escuelas eclesiales y monásticas durante la Edad Media, el esfuerzo alfabetizador de la Reforma que se tradujo en el primer sistema de educación pública o las órdenes religiosas católicas dedicadas a la enseñanza, incluso si éstas, en términos generales, se habían dedicado a las élites.

Movimientos como el de reforma penitenciaria de la cuáquera Elizabeth Fry (responsable de medidas humanitarias introducidas en las prisiones inglesas durante los siglos XVIII y XIX), el del socialismo cristiano de Frederick Maurice, Charles Kingsley y John Ludlow, surgido en la primera mitad del siglo XIX, el del sindicalismo católico y protestante o la fundación de la Cruz Roja por el protestante suizo Jean Henri Dunant o del Ejército de salvación por el también protestante William Booth, son solo botones de muestra en la historia de la lucha del cristianismo contra el sufrimiento humano.

Sin embargo, es muy posible que la gran batalla que el cristianismo haya tenido que librar a lo largo de este siglo no haya sido la humanitaria, caritativa o asistencial. Su mayor combate ha sido el de enfrentarse, como antaño, a la amenaza de modelos bárbaros de sociedad que de haber triunfado hubieran sometido a Occidente a una tercera Edad Oscura aún más tenebrosa que las dos anteriores. El primer modelo fue propugnado por el marxismo; el segundo, por los fascismos.

MARX Y EL PARADIGMA TOTALITARIO DE IZQUIERDAS[1]

Las tesis socialistas en sus más diversas variantes cuentan con una historia muy dilatada. Encontramos algunos precedentes en Platón, Campanella o Tomás Moro, así como en colectivos del tipo de los hutteritas durante el siglo XVI. A pesar de su enorme multiplicidad, no deja de ser significativo que el socialismo fuera en el curso de pocos años despojado de todas sus raíces y conectado casi de manera única con los nombres de Marx y Engels. Este fenómeno comenzó a fraguarse desde los primeros momentos en que ambos personajes entraron en contacto en 1844.

---

1 La bibliografía sobre Marx es muy extensa, pero suele adolecer de una clara tendenciosidad hacia posturas acríticamente favorables o contrarias. Acerca del Manifiesto comunista, resultan de interés: C. Andler, Le Manifeste Communiste, París, 1901, y B. Andreas, Manifeste du Parti Communiste, París, 1971. Sobre Marx y Engels, siguen siendo de interés: I. Berlin, Karl Marx, París, 1962; A. Cornu, Karl Marx et la révolution de 1848, París, 1948; M. Lowy, La teoría de la revolución en el joven Marx, México, 1972, y F. Mehring, Carlos Marx, Buenos Aires, 1965. Acerca de la revolución de 1848 y su contexto, véanse: J. Droz, Les révolutions allemandes de 1848, París, 1957; F. Fetjö, 1848 dans le monde, París, 1948; J. Sigmann, 1848: Les révolutions romantiques et démocratiques de l'Europe, París, 1970. Sin duda, uno de los estudios más inteligentes sobre el contexto del Manifiesto es el hasta cierto punto insuperable libro de Fernando Claudín, Marx, Engels y la revolución de 1848.

La pareja volvió a reunirse en la primavera de 1845 y, según relata Engels, para aquel entonces Marx ya había terminado de perfilar su concepción materialista de la historia y ambos comenzaron a elaborar con más detalle aquel resultado. En palabras de Engels, aquella teoría de Marx era, en realidad, un «*descubrimiento*» que «*iba a revolucionar la ciencia de la historia*». Precisamente por ello, pensaba Engels que en adelante no solo había que «*razonar científicamente*» sus puntos de vista, sino que además había que hacer lo posible por «*ganar al proletariado europeo*» a la nueva «*doctrina*».

Desde entonces, Marx y Engels intentaron proporcionar una forma más acabada a lo que, con bastante pretenciosidad, consideraban un descubrimiento científico, en obras como las *Tesis sobre Feuerbach,* la *Ideología alemana* y la *Miseria de la Filosofía,* y además dieron algunos pasos más prácticos como la entrada en la Liga de los Justos, que, desde el congreso de junio de 1847, se convirtió en la Liga de los comunistas. Fue precisamente esta entidad la que en su congreso de noviembre- diciembre de 1847 encomendó a ambos la redacción de un documento programático que sería conocido como el *Manifiesto comunista.* El contexto en el que la obra iba a aparecer no podía resultar en apariencia más prometedor. Por un lado, existía una convicción profunda por parte de Marx y de Engels de haber hallado una especie de instrumento privilegiado que les permitía comprender la historia de manera científica, entendiendo como tal la posesión de una clave idónea para desentrañar los arcanos de los acontecimientos históricos de acuerdo con una visión materialista. En segundo lugar, Marx y Engels, todavía un par de nombres más en medio del maremágnum de las concepciones socialistas de inicios del siglo XIX, tenían la posibilidad de convertirse en los ideólogos oficiales del movimiento. Por último, Alemania parecía madura para la revolución, mientras en Francia el gobierno de Luis Felipe, auténtico instrumento de las oligarquías, se enfrentaba con revueltas ocasionadas por el hambre y con una pequeña burguesía que deseaba la ampliación del censo electoral, distintos estados italianos se agitaban contra el dominio austriaco y Suiza se veía desgarrada por una guerra civil. Es comprensible que Engels se refiriera, por ejemplo, al «*corto plazo*» que le quedaba a la burguesía y en su *Catecismo comunista* (o *Principios del comunismo),* escrito en el otoño de 1847, afirmara que la «*revolución del proletariado se acerca de acuerdo con todos los indicios*». En medio de ese clima enfervorizado, casi febril, Marx y Engels escribieron su obra más leída, el denominado *Manifiesto comunista,* un texto que iba a explicitar la trayectoria que seguiría el marxismo en el siglo siguiente y que, por añadidura, deja traslucir la filosofía que iba a engendrar uno de los fenómenos más terribles de la Historia. De entrada, esta para Marx y Engels no era sino en esencia la de la lucha de clases:

> La historia de toda sociedad hasta el día de hoy no ha sido sino la historia de las luchas de clases.
> Libres y esclavos, patricios y plebeyos, nobles y siervos, maestros y aprendices, en resumen: opresores y oprimidos en lucha constante, han mantenido una guerra que no se ha interrumpido, manifiesta en algunas ocasiones, disimulada en otras; una guerra que siempre concluye mediante una transformación revolucionaria de la sociedad o mediante la aniquilación de las dos clases antagónicas.

Esa lucha en la época de Marx arrancaba del enfrentamiento entre la burguesía y el proletariado. Mientras subsistiera el poder de la burguesía, el futuro del proletariado era concebido por Marx como un conjunto de pasos hacia situaciones cada vez peores. La respuesta ante esa situación debía ser, según Marx, la lucha del proletariado contra la burguesía. Al principio, esa lucha sería inconexa, pero de forma creciente el proletariado iría aumentando la solidaridad. Tras indicar que la lucha de clases era inevitable y que el proletariado debía aniquilar a la burguesía para liberarse, Marx mencionaba el tema del partido comunista y su papel en este proceso histórico. A continuación, introducía la crítica que los comunistas realizaban de la cultura, del derecho, de la familia o de la patria según el esquema burgués. Desde su punto de vista, estos no eran sino conceptos que solo pretendían perpetuar el poder de la burguesía y la explotación del proletariado. La meta final de este, por lo tanto, debía ser hacerse con el poder político y desde el mismo llevar a cabo «*una violación despótica del derecho de propiedad*», que en los países más avanzados se encarnarían en un abanico de medidas muy concretas.

La exposición de Marx resultaba bastante sugestiva, pero no era ni con mucho la única visión socialista existente en aquella época ni tampoco la más popular. Por eso no causa sorpresa que la tercera parte del *Manifiesto* la dedicara a denigrar las demás concepciones socialistas. De esta manera califica a lo que él llamó *«socialismo feudal»* de *«mezcla de endechas y payasadas»;* al *«socialismo ínfimo burgués»,* de adolecer de una *«melancolía irritante»* y una *«pasividad intolerable»;* al alemán, de *«sucio e indignante»;* al *«conservador o burgués»,* de *«simplificar el trabajo administrativo del gobierno burgués»;* y al *«crítico utópico»,* de *«pedantería»* y *«fe supersticiosa y fanática»*. Frente a todas estas concepciones se erguía, en su opinión, la de los partidos comunistas:

> Los comunistas no se preocupan de disimular sus opiniones y sus proyectos. Proclaman abiertamente que sus propósitos solo pueden ser alcanzados mediante el desplome violento de todo el orden social tradicional. ¡Que las clases dirigentes tiemblen ante la idea de una revolución castellana! Los proletarios solo pueden perder sus cadenas. Tienen, por el contrario, un mundo que ganar. ¡Proletarios de todos los países, uníos!

La revolución esperada por Marx y Engels estalló en 1848; pero, contra lo que habían preconizado ambos, no trajo consigo la victoria del proletariado y la aniquilación de la burguesía, sino resultados muy diversos. Entre 1848 y 1852, no solo las revoluciones fueron siendo sofocadas, sino que además Luis Bonaparte dio un golpe de Estado en Francia iniciando el II Imperio y se produjo la disolución de la Liga de los comunistas. Como pronóstico del futuro inmediato, las líneas redactadas por Marx y Engels no podían haber resultado más fallidas.

A más largo plazo sucedió lo mismo con la visión científica que Marx y Engels afirmaban haber descubierto. A lo largo de décadas, los países capitalistas más avanzados no solo alejaron el fantasma de una crisis que provocara el desplome del sistema, sino que acabaron por primera vez en la historia con el trabajo infantil y lograron no solo que las clases medias no se proletarizaran, sino que buena parte del proletariado se convirtiera en clase media. Por otro lado, los países que habían adoptado como auténtico dogma de fe los principios marxistas fueron asistiendo, uno tras otro, al final del sistema por su propia incapacidad para atender buena parte de las cuestiones sociales que pretendía resolver de manera definitiva. Al fin y a la postre, sus trabajadores habían estado sufriendo un nivel de vida muy inferior al de aquellos que se encontraban engranados en los países de sistema capitalista.

Sin embargo, la cuestión que aquí se discute no es la efectividad en sí del sistema, sino los resultados derivados de la filosofía que lo informaba. El marxismo —y de manera paradigmática el *Manifiesto comunista*— encarna una visión apocalíptica, aunque su contenido no sea religioso, sino político. La Historia se encamina, según Marx, hacia su consumación apocalíptica. Esa visión impregnada de un sentimiento religioso —aunque secularizado— cuenta en el *Manifiesto* además con características propias del más acentuado dogmatismo eclesial. En los escritos de Marx, de nuevo el *Manifiesto* es un ejemplo, se condena a las sectas rivales (todos los demás socialismos), se descalifica globalmente al adversario, se alza una esperanza que no se sustenta sobre la realidad, sino sobre el deseo, y, sobre todo, se crea una conciencia de persecución —muy presente en las primeras líneas— porque los comunistas pertenecen al grupo de los que realmente tienen razón.

A su carácter mesiánico, el marxismo sumaba algunas líneas maestras que luego serían desarrolladas trágicamente por los partidos comunistas en su intento de alcanzar el poder. La primera fue la convicción de que los intereses del proletariado no eran comprendidos por este de manera suficiente y que, por lo tanto, necesitaba la pedagogía del mejor partido, el comunista. La segunda consistió en defender la alianza circunstancial con otras fuerzas políticas, pero con la intención de sustituirlas llegado el momento, ya que su visión era terriblemente imperfecta y obstaculizadora de la victoria final. La tercera fue la nítida declaración de que el triunfo de los comunistas significaría el final no solo de la democracia, sino también el exterminio violento de clases enteras. La cuarta consistió en afirmar la desaparición de la propiedad privada en favor de la estatal y la implantación de una dictadura.

Ni uno solo de estos aspectos dejó de traducirse en una sangrienta realidad en cualquier lugar donde el comunismo se alzó con el poder. En un espacio de apenas tres cuartos de siglo, de 1917 hasta nuestros días, causó más de cien millones de muertos, es decir, más víctimas que cualquier ideología anterior o que la peor de las plagas conocidas por Occidente hasta entonces.

Cuando las noticias referentes a las atrocidades de los estados comunistas comenzaron a ser tan frecuentes y documentadas que no podían ser negadas por tiempo indefinido, fue común insistir en que tales conductas no nacían del pensamiento de Marx, sino de una deformación estalinista de este. Era una apología en apariencia coherente pero, en realidad, ignorante de los propios escritos de Marx, comenzando por el *Manifiesto.*

Entre las víctimas del totalitarismo comunista, desde el mismo inicio, figuraron en primer lugar los cristianos[2]. No sorprende que así fuera porque el mismo Marx vio siempre en el cristianismo un opositor radical de una ideología que proponía una visión materialista de la Historia, y que además propugnaba la desaparición física de sectores enteros de la sociedad a manos de una dictadura. Si algo escandaliza es que el exterminio de millones de seres humanos, por la simple razón de que creían en Dios, fuera silenciado en Occidente en aras de un teórico bien mayor (¡el triunfo total del poder que los exterminaba!). Si algo sobrecoge es que, además, otros supuestos cristianos minimizaran los terribles hechos, los callaran, miraran hacia otro lado. Si algo llama la atención no es que las repetidas declaraciones de autoridades eclesiásticas —empezando con las encíclicas de varios pontífices— señalaran que el comunismo era perverso, sino que su oposición no resultara más repetida y constante. Si algo provoca un auténtico estremecimiento no es que los cristianos fueran expulsados de la vida civil, encerrados en campos de concentración, fusilados, sino que ni recurriendo a esos medios las dictaduras comunistas lograran acabar con ellos.

Es posible que las generaciones venideras tengan dificultad para creer que hubo un tiempo en que la mayor parte del orbe estuvo

---

2 Sobre el tema, véanse: M. Bourdeaux, Patriarch and Prophet: Persecution of the Russian Orthodox Church Today, Londres, 1969; ídem, Religious Ferment in Russia: Protestant Opposition to Soviet Religious Policy, Londres, 1968; W. Fletcher, A Study in Survival, Nueva York, 1965; D. Pospielovsky, op. cit., págs. 219 y sigs.; A. Valentinov, Religuiia i tserkov v SSSR, Moscú, 1960; G. Vins, Let the Waters Roar. Evangelists in the Gulag, Grand Rapids, 1989.

controlada por una doctrina llamada comunismo que causó, primero, la desgracia de sus propios gobernados y que en su extensión fue reduciendo a la esclavitud y a la muerte a centenares de millones de seres humanos. En cualquiera de los casos, lo que no debe olvidarse es que esa doctrina tuvo como objetivo fundamental la aniquilación del cristianismo y que, como antaño los emperadores romanos o los bárbaros venidos del este, del norte y del sur, fracasó en su objetivo. No fue, por otro lado, el único peligro totalitario que aquejó a la Humanidad en el siglo XX niel único que consideró al cristianismo como un objetivo. El otro fue el neopaganismo nihilista del que nacerían el fascismo y el nazismo.

NIETZSCHE Y EL PARADIGMA TOTALITARIO DE DERECHAS

Si Marx constituye un ejemplo paradigmático de las tesis que luego seguirían al pie de la letra Lenin, Stalin o Mao, no resulta menos cierto que Nietzsche avanzó una cosmovisión nihilista y anticristiana que luego cristalizaría, entre otros fenómenos, en el fascismo y el nazismo. De la misma manera que Marx, la figura de Nietzsche ha sido objeto no pocas veces de un tratamiento exculpatorio que arranca del influjo seductor de sus obras y de la identificación, siquiera parcial, con sus opiniones por encima de cualquier análisis frío y desapasionado de sus obras. Si durante el nazismo resultaba habitual —y del todo justificado— citarlo como un claro precedente de la ideología hitleriana, después del final de la Segunda Guerra Mundial se hizo corriente distanciarlo de ella e incluso releerlo desde una perspectiva que, *grosso modo,* podría calificarse de izquierdista.

Como en el caso de Marx, no constituye tarea de la presente obra realizar un repaso de todo el legado de Nietzsche, pero sí resulta indispensable asomarse cuando menos a aquella parte que tuvo un influjo claro en la configuración del pensamiento nazi y fascista. Esta surge durante el denominado tercer periodo creador de Nietzsche, el «periodo de Zaratustra» o de la «voluntad de poder». En esos momentos en que se ha emancipado de Wagner surgen las aportaciones más claras del filósofo al respecto: *La genealogía de la moral* (1887) y *El Anticristo* (1889). *La genealogía* ha sido considerada como la obra «más sombría y cruel» de Nietzsche[3]. Pero, sea como sea, su trágica

3 Prólogo de Andrés Sánchez Pascual a la obra en la edición castellana de Alianza Editorial, Madrid, 1972.

influencia en el siglo XX es incuestionable. En ella, el filósofo parte de una base claramente expuesta, la de que es necesario cambiar los valores morales existentes en ese entonces, y así llega a la conclusión de que, históricamente, eran buenos no los seres humanos que ahora se considera como tales, sino los hombres de rango superior. También era distinto su concepto de moral, puesto que para ellos esta equivalía a aquellos comportamientos y valorizaciones que resaltaban el rango y no la utilidad:

> ... fueron los «buenos» en sí, es decir, los nobles, los fuertes, los de posición superior y sentimientos de altura los que se sintieron y se valoraron tanto en lo que a ellos se refería como en lo que se refería a sus actos como buenos, es decir, como algo de primer rango, que estaba situado en contraposición con todo lo ruin, lo bajo, lo vulgar y lo plebeyo. Partiendo de este *pathos de la distancia* se atribuyeron el derecho de crear valores, de dar nombre a los valores: ¡pues sí que les importaba mucho la utilidad! El punto de vista de la utilidad es el más raro y poco adecuado de todos justo a la hora de tratar ese ardiente río de juicios superiores de valor ordenadores del rango, acentuadores del rango (1, 2).

Para Nietzsche —y de esta manera recuperaba el núcleo del pensamiento bárbaro con el que tuvo que enfrentarse el cristianismo desde su aparición hasta la Reforma — el concepto de «bueno» es algo que se identifica con los aristócratas, con los señores, con la clase superior. Por el contrario, lo malo corresponde a la plebe, al vulgo, a la clase inferior. En ese sentido, la moral primigeniamente buena es la de las elites aristocráticas y la mala la que se da entre la plebe. Si en su tiempo no se daba ya esa identificación, la responsabilidad inicial de ese acto se debía según el filósofo a las castas sacerdotales (1, 6-7) —«enemigos malvados... porque son los más impotentes»— y a los judíos (1, 7).

El mensaje de Nietzsche queda, por lo tanto, establecido con enorme claridad. Al principio existía una moral buena. Se trataba de la moral aristocrática, la de los poderosos, los fuertes, los violentos. A ella se contraponía la mala, la de los débiles, la de la plebe. Si hoy día esa diferenciación no existe se debe a un pueblo en concreto: los judíos. Para llevar a cabo su labor de corrupción, los judíos se han valido de un vehículo, de un perverso sistema de infiltración. Este no es otro que el cristianismo:

> Ese Jesús de Nazaret, evangelio vivo del amor, ese «redentor» que trae la bienaventuranza y la victoria a los pobres, a los enfermos, a los pecadores —¿acaso no era precisamente la seducción de la manera más inquietante e irresistible, la seducción y el extravío hacia aquellos valores judíos y hacia aquellas innovaciones *judías* del ideal? ¿No ha alcanzado Israel el último objetivo de su deseo sublime de venganza, precisamente en virtud del rodeo de ese «redentor», de ese enemigo y liquidador aparente de Israel? ¿No forma parte de la escondida magia negra de una política auténticamente *grande* de la venganza, de una venganza de altos vuelos, clandestina, de progreso pausado, calculada, el que Israel mismo negara y clavara en la cruz ante todo el mundo, como si fuera su enemigo mortal, al verdadero instrumento de su venganza, a fin de que «todo el mundo», o sea, todos los enemigos de Israel, mordieran el cebo sin sospecharlo? (1, 8).

El argumento de Nietzsche mezcla obviamente la verdad histórica —Jesús era judío y muchos de los valores judíos entraron en Occidente gracias al cristianismo— con un absurdo presupuesto conspirativo. Pero, sobre todo, sienta un principio esencial, el de que la moral verdadera choca con una perversidad llamada cristianismo. Mediante este, «los señores están liquidados; la moral del hombre vulgar ha vencido» (1, 9) y la moral que se ha impuesto es la del «resentimiento» (1, 10). Es este un fenómeno que, supuestamente, implica un «retroceso de la humanidad» (1, 11), una «inteligencia de rango ínfimo» (1, 13) y que presenta el juicio final y la vida eterna como «compensaciones» (1, 14-15).

Llegado a este punto de su exposición, el filósofo ha conseguido articular una visión de la Historia universal maniqueísta. En términos de moral, puede decirse que la historia gira en torno a dos concepciones diametralmente opuestas. Por un lado, se encuentra la que, a juicio de Nietzsche encarna lo bueno y noble, los valores positivos. Es la moral procedente de un pueblo de señores, de la fuerza, de la violencia, de la dominación; en resumen, de Roma. Frente a esa visión se alzaría, por el contrario, otra que debe ser calificada de baja y ruin, de plebeya y negativa. Es la visión del resentimiento, de la bajeza, de la corrupción de la moral. La misma se encarna en los judíos y ha tenido como frutos repugnantes el cristianismo y, de manera especial, el protestantismo.

En el tratado segundo de esta obra, titulado «"Culpa", "mala conciencia" y similares», el filósofo va a partir de esa dicotomía para dejar claro que el hombre «bueno» (en el sentido que al término da Nietzsche) se ve liberado de frenos morales, de la culpa, de la mala conciencia (2, 1-5). En segundo lugar, él mismo resulta un ser que es cruel de manera natural. La suya es, por otra parte, una crueldad que constituye un fundamento de la historia forjada por los seres superiores y que se manifiesta, entre otras cosas, en contar con seres inferiores sobre los que descargarla:

> ...su imperiosa necesidad de crueldad aparece como algo muy ingenuo, muy inocente... precisamente la «maldad desinteresada»... es una propiedad normal del hombre... yo he señalado, con prudente dedo, las siempre crecientes espiritualización y «deificación» de la crueldad que surcan toda la historia de la cultura superior (y la constituyen tomadas en un sentido importante). Además, no hace tanto tiempo en que no se sabía idear bodas de príncipes o fiestas populares de envergadura en que no tuviesen lugar ejecuciones, torturas, o, por ejemplo, un auto de fe, ni tampoco una casa nobiliaria en la que no hubiera seres sobre los que descargar sin escrúpulos la propia maldad y las burlas crueles (2, 6).

De hecho, Nietzsche no se detiene ahí en su consideración positiva de la crueldad. Esta, aparte de sus aspectos utilitarios, produce placer:

> Ver sufrir produce placer; el hacer sufrir, aún más placer —se trata de una tesis dura, pero es un axioma antiguo, poderoso, humano— demasiado humano, que, por otra parte, quizá ya llegaron a suscribir los monos... Sin crueldad no hay fiesta: así lo enseña la más antigua, la más larga historia del hombre... (2, 6).

Sin embargo, Nietzsche parece desear endulzar siquiera en parte su elogio de la crueldad. Para ello se vale de un argumento disparatado pero, a la vez, preñado de consecuencias, un argumento que —quizá no tan extrañamente— recuerda a ciertos ideólogos de la Ilustración a los que hemos citado páginas atrás. Este consiste en afirmar que no todos los seres humanos son igualmente sensibles al dolor. Así, por ejemplo, los negros —a los que caracteriza como «representantes del hombre prehistórico»— padecen menos cuando se les ocasionan sufrimientos:

> Tal vez entonces [en el pasado] el dolor no hiciera tanto daño como ahora; por lo menos podrá llegar a esa conclusión un médico que haya tratado a negros (tomando a estos como representantes del hombre prehistórico) —algunos casos de graves inflamaciones internas abocan hasta las puertas de la desesperación al mejor constituido de los europeos; pero a los negros no los abocan (2, 7).

Nietzsche era consciente de que semejante visión chocaba con el cristianismo, que no solo afirma que el ser humano tiene «una deuda con la divinidad» (2, 20), sino que además sostiene que Dios la ha saldado «redimiendo al hombre de aquello que este no puede redimir por sí mismo» (2, 21). De ahí que exprese su repugnancia hacia el Nuevo Testamento (3, 22) y frente a la cercanía del creyente en relación con Dios que ya aparece en el judaísmo (3, 22). Por el contrario, un colectivo moralmente modélico sería la conocida secta islámica de los Asesinos:

> Cuando los cruzados cristianos se toparon en Oriente con la invencible Orden de los asesinos, con aquella orden de espíritus libres *par excellence,* cuyos grados inferiores vivían en una obediencia que no ha sido alcanzada por ninguna orden monástica, recibieron también, por algún conducto, una indicación sobre aquel símbolo y aquella consigna, reservada en exclusiva a los grados superiores, como su *secretum:* «Nada es verdadero, todo está permitido...» (3, 24).

En resumen, pues, la *Genealogía de la moral* constituye no solo un análisis de las bases contemporáneas de la moral, sino también un intento de explicar cómo la misma ha podido devaluarse, degenerarse tanto como para dejar de estar pergeñada por los señores y pasar a responder a los anhelos de la plebe. Tal búsqueda tiene una respuesta obvia a juicio del filósofo. Se ha producido un proceso de corrupción, de subversión, que cuenta con un claro culpable: el pueblo judío y, de manera sobresaliente, la figura de Jesús. Frente a esa situación Nietzsche propone regresar a unos fundamentos morales propios de lo auténticamente bueno, aristocrático, señorial. Estos afirman que no hay culpa frente a la libertad de acción humana, que la crueldad y el descargar la misma sobre los inferiores es bueno y natural y que la consigna de «todo es permisible, nada es verdad...» es un correcto fundamento.

El Anticristo (1889), la segunda obra a la que vamos a referirnos, constituye uno de los panfletos más anticristianos de la historia universal y quizá también es uno de los más conocidos. En el mismo se califica al cristianismo de «más dañoso que cualquier vicio» (2); se le atribuye haber «desencadenado una guerra a muerte contra ese tipo superior de hombre» (5); se le acusa de ostentar «uno de los conceptos de Dios más corruptos a que se ha llegado en la tierra» (18); se le moteja de «mezcla de sublimidad, enfermedad e infantilismo» (31); se afirma que ser cristiano es «indecente» (38, 50), que para ser filólogo o médico hay que ser «anticristiano» (47) y que, en realidad, para ser cristiano «hay que estar lo bastante enfermo» (51); se le convierte en objeto de desprecio al igual que a los socialistas y anarquistas (57) (un hecho pasado por alto por los empeñados en hallar en Nietzsche a un precursor de la izquierda) y, por último, tras retratarlo como «vampiro del *imperium romanum*» (58) y como «la única gran maldición» (62), el filósofo añade una ley contra el cristianismo. Como señalaría Nietzsche, esta y no otra es «la conclusión más coherente, la conclusión necesaria, de todo su camino mental»[4].

Frente a la amenaza cristiana, Nietzsche propone el alzamiento de las razas nórdicas:

> No hace justicia ciertamente a las dotes religiosas, por no decir al gusto, de las fuertes razas de la Europa nórdica el que no hayan rechazado al Dios cristiano hasta la fecha. Tendrían que acabar con semejante engendro de la *décadence,* enfermizo y decrépito. Sin embargo, como no han acabado con él, pesa sobre ellas una maldición (19).

4 Andrés Sánchez Pascual, Prólogo de El Anticristo, Alianza Editorial, Madrid, 1974, pág. 9.

Dado que «el cristiano es solo un judío de confesión "más libre"» (44), la proscripción del cristianismo es indispensable. De hecho, cuanto más cercano es el cristianismo a sus raíces más repugnante le resulta. Por eso, el protestantismo, su rama «más irrefutable», le resulta más aborrecible que el catolicismo (61) y, sobre todo, le parecen sobremanera detestables los primeros cristianos:

> ¿Qué se sigue de esto? Que uno hace bien en ponerse los guantes cuando lee el Nuevo Testamento. La proximidad de tanta mugre casi obliga a hacerlo. De la misma manera que no elegiríamos como amigos a unos judíos polacos, tampoco elegiríamos a unos «primeros cristianos». Ni siquiera es necesario presentar una objeción contra ellos... Ni los unos ni los otros huelen bien (46).

Esta proscripción de judíos y cristianos, esa abolición del monoteísmo (19) significa para el filósofo el regreso de la moral buena, de la moral aristocrática, de la moral de los señores. Como es lógico, una transformación de semejantes características debía tener claras repercusiones sociopolíticas. Nietzsche lo sabía e indicó de inmediato la forma ideal que adquirirían las mismas. Su cristalización sería un orden similar a la sociedad de castas de la India, un sistema —inamovible e intraspasable— implantado por los conquistadores arios sobre las razas consideradas inferiores en el segundo milenio a. C.[5]:

> Establecer un código al estilo de Manú implica otorgar en lo sucesivo a un pueblo el derecho a llegar a ser maestro, a llegar a ser perfecto —a ambicionar el arte supremo de la vida. Para ello hay que hacerlo inconsciente: esa es la meta de toda mentira santa—. El orden de castas, que es la ley suprema, dominante, constituye solo el reconocimiento de un orden natural, de una legalidad natural de primer orden, contra la que nada puede ningún antojo, ninguna «idea moderna»... Es la naturaleza, no Manú, la que establece separaciones entre los predominantemente espirituales, los predominantemente fuertes en lo que a músculos y genio se refiere, y los terceros, los que no sobresalen en ninguna de las dos cosas, los mediocres. Estos últimos son la inmensa mayoría, y los primeros, lo selecto. La casta superior —yo la denomino los menos— tiene

5 Sobre este sistema, véase: C. Vidal, Buda, el príncipe, Barcelona, 2012.

> también, por ser la perfecta, los privilegios de los menos: entre los mismos se cuenta el de representar en la tierra la felicidad, la belleza, la bondad. La belleza, lo bello solo les está permitido a los hombres más espirituales: solo en ellos la bondad no es debilidad... El orden de castas, la jerarquía, se limita a formular la ley suprema de la vida misma, la separación de los tres tipos es necesaria para la conservación de la sociedad, para la posibilitación de tipos superiores y supremos —la desigualdad de derechos es la condición primera para que llegue a haber derechos... ¿A quién es a quien yo más odio, entre la morralla de hoy? A la morralla de los socialistas, a los apóstoles de los chandalas, que con su diminuto ser arruinan el instinto, el placer, el sentimiento de satisfacción del obrero... La injusticia no está nunca en los derechos desiguales, sino en exigir derechos «iguales»... El anarquista y el cristiano son de una misma procedencia... (57).

El cuadro social descrito por Nietzsche en las líneas precedentes no puede resultar más explícito. Según relata, la Naturaleza exige el dominio de los menos (los más fuertes, los más espirituales) sobre la mayoría de los mediocres. El modelo ideal es por ello el del sistema indio de castas que permite la dominación de un número reducido sobre la gran masa, masa a la que es imperativo mentir (con «mentira santa», según la terminología de Nietzsche) y además mantener aislada de cualquier idea que signifique su promoción o su petición de derechos.

El sueño de Nietzsche, expresado en sus justos términos, consistió en reinstaurar la visión de un periodo histórico, en parte real, en parte imaginario, en que lo bueno era similar a lo fuerte, a lo violento, a lo aristocrático, y en que lo malo resultaba equivalente de lo débil, lo bajo, lo plebeyo. Se trataba de implantar socialmente el dominio de una elite que dominara sin el freno de la culpa, negando la existencia de la verdad y ejerciendo la crueldad sobre los inferiores. Semejante salto en la moral chocaba con un claro enemigo, el cristianismo, que debía ser aniquilado por las razas germánicas. Tales medidas permitirían implantar una sociedad elitista, basada en la desigualdad y la jerarquía, al estilo del sistema ario de castas existente desde hace milenios en la India. En ella, los más, los mediocres, serían engañados y mantenidos en una ignorancia feliz de la que no debía sacarlos el cristianismo. Para lograr esa finalidad sería una medida de enorme valor la promulgación de una ley contra el cristianismo que lo erradicara por fin de la faz de la tierra, aniquilando sus lugares sagrados y convirtiendo en parias (chandalas en el lenguaje de Nietzsche) a sus sacerdotes, a los que «se proscribirá, se hará morir de hambre, se arrojará a todo tipo de desierto» (Artículo quinto).

Las enseñanzas del filósofo alemán tuvieron repercusiones políticas, en especial desde inicios del presente siglo. El fascismo de Mussolini —que retaba a Dios a fulminarle con un rayo en el plazo de cinco minutos— y, sobre todo, el nazismo de Hitler se sustentaron en buena medida sobre una nueva moral de la minoría fuerte, violenta y audaz, que se imponía sobre una masa engañada. Eran una amalgama de socialismo con nacionalismo —así lo afirmó Mussolini y así lo tituló Hitler— que sabía cómo desventrar desde el interior los sistemas parlamentarios. Se trataba de verdaderas revoluciones, pero revoluciones ejecutadas no mediante el asalto sino mediante el desmoronamiento interior de las instituciones. Habrá que esperr al denominado «socialismo del siglo XXI» para volver a encontrar el modelo puesto en pleno funcionamiento. Pero regresemos a las conexiones entre el fascismo y el filósofo alemán. Guste o no, las afirmaciones ideológicas de Nietzsche y las cámaras de gas de Auchswitz, Treblinka y Sobibor se hallan unidas por una línea recta y directa. Tanto el fascismo como el nazismo contemplaron de manera negativa el cristianismo —aunque aprovecharan las veleidades políticas de la Santa Sede para concluir acuerdos que les beneficiaron en política interior y exterior— y, en especial en el caso de Hitler, articularon medidas para debilitar e incluso eliminar totalmente su influencia social.

No deja de ser significativo que, en sus *Conversaciones de sobremesa,* Hitler se adentrara de manera continuada en el terreno de las especulaciones filosóficas y que estas tengan un marcado resabio de Nietzsche y del ocultismo neopagano. Precisamente por ello, tampoco resulta sorprendente que el nazismo intentara en su programa neopagano eliminar al cristianismo de manera absoluta. Hoy día sabemos que el exterminio de los cristianos formaba una parte tan esencial del programa nazi como el de los judíos[6]. Solo se retrasó a la espera de una victoria en la guerra mundial que no hiciera temer una reacción internacional contraria. Hasta bien avanzado el conflicto, el Vaticano pudo guardar silencio frente a las atrocidades nazis — silencio que se hizo valer en las relaciones con el III Reich — hasta bien adentrado el conflicto, el propio *Führer* no se engañó sobre aquellos a los que consideraba sus enemigos. Hasta el final de sus días consideró como su «prisionero particular» a un pastor protestante, Martin Niehmoller, que ya en 1933 había tenido el arrojo de predicar a sus feligreses que siguieran al «rabino judío, Jesús de Nazaret». Tampoco olvidó las acciones antinazis —que paralizaron, por ejemplo, el programa de eutanasia de enfermos mentales antes de la guerra— de la *Bekennende Kirche,* de Karl Barth o de Rudolf Bultmann, Dietrich Bonhoeffer o la también protestante Sophie Scholl son solo algunos de los nombres de los millares de cristianos que murieron en los campos de concentración y cárceles nazis por oponerse a un régimen que consideraban como la encarnación de un neopaganismo brutal y bárbaro. No se equivocaron, desde luego, en su juicio.

Al concluir el siglo XX, al acercarse a su tercer milenio de existencia, el cristianismo había sobrevivido a dos terribles amenazas que, como tantas veces antaño, no solo le habían puesto en peligro a él, sino a todo el género humano. A pesar de sus diferencias, las dos —marxismo y fascismo-nazismo— coincidían en algunos aspectos esenciales. Ambas negaban la existencia de principios morales superiores que limitaran el poder y la persecución de sus objetivos; ambas ansiaban desesperadamente llevar a cabo la ejecución de sus objetivos; ambas creían en la legitimidad de exterminar social, económica y físicamente a los que consideraban sus enemigos, fueran

6 Sobre el nazismo y su enfrentamiento con el cristianismo, véanse: C. Bernadac, Les sorciers du ciel, París, 1969 (sobre los sacerdotes en los campos de concentración); J. S. Conway, The Nazi Persecution of the Churches, Londres 1968, (La persecución religiosa de los nazis, Barcelona,1970) (probando que el nazismo tenía planes de posguerra para el exterminio de los cristianos); S. Bologna, La chiesa confessante sotto il nazismo 1933-1936, Milán, 1967 (Nazismo y clase obrera 1933-1936, Editorial Akal, Madrid 1999). Sobre el lamentable episodio de la colaboración eclesial católica con Hitler, véase: K. P. Spicer, Hitler´s Priests. Catholic Clergy and National Socialism, DeKalb, 2008 y G. Lewy, The Catholic Church and Nazi Germany, 2000.

burgueses o judíos; ambas eran conscientes de que el cristianismo se les oponía ideológicamente como un valladar frente a sus aspiraciones; ambas intentaron —y fracasaron en el intento— aniquilarlo como a un adversario privilegiado que era.

Puede que algunos consideren que las dos grandes bestias —el comunismo y el fascismo-nazismo— habían sido conjuradas a finales del siglo XX, un juicio optimista si se tiene en cuenta que el régimen comunista chino, por ejemplo, ejerce su dominio sobre más de mil trescientos millones de personas. Lo cierto es que, como sucedió en los siglos pasados, las amenazas que se yerguen sobre el futuro de la Humanidad no son seguramente menores que las sorteadas en el pasado. En ese sentido, el cristianismo está llamado a representar un papel fundamental. Pero antes de abordar ese tema, debemos recapitular su influencia en la cultura humana.

CONCLUSIÓN

LOS RETOS DEL SIGLO XXI

La Historia del cristianismo no pudo comenzar bajo peores auspicios. Entroncada de manera directa con la del judaísmo —de la que pretendía ser realización y cumplimiento—, desde el primer momento dejó de manifiesto una clara oposición con este. Jesús no solo predicaba una clara desviación del exclusivismo religioso de Israel llamando a los gentiles para que recibieran el mensaje del Reino del Dios (y anunciando que muchos lo acogerían con mayor gusto que los judíos a los que estaba destinado), sino que además se manifestaba provocadoramente abierto en su actitud hacia las mujeres y, sobre todo, a los pecadores. En realidad, esta última actitud y sus propias pretensiones lo colocaron desde el principio en un camino que acabó desembocando en su ejecución.

Lejos de creer en la existencia de un grupo que podía ser mejor que otros y cuya afiliación garantizaba el paso a un mundo mejor, Jesús ofreció a sus contemporáneos una relación personal con Dios, una relación, por otra parte, de la que todos estaban necesitados, de la misma manera que un enfermo que requiere la ayuda urgente e imprescindible de un médico. El género humano —pecadores y supuestos justos, hombres y mujeres, judíos y gentiles— era semejante a una oveja perdida que no sabe cómo encontrar el camino para regresar al redil, a una moneda perdida que por sí misma no podrá volver al bolsillo de su dueña, como un hijo pródigo que disipó toda su fortuna y que precisa del perdón generoso de su padre para redimirse. Jesús insistía en que esa salvación era posible porque Dios en Él había salido al encuentro de la Humanidad y bastaba con que esta ahora no rechazara el ofrecimiento. Para aquellos que estuvieran dispuestos a vivir en la nueva relación de pacto con Dios —un pacto basado en la muerte futura e ineludible de Jesús— se abriría la posibilidad de una nueva vida vivida de acuerdo con unas nuevas condiciones. No solo es que en ella sería posible encontrar la salvación, no solo es que en ella se podría descubrir un sentido que enlazaba con la eternidad, no solo es que en ella se viviría en una nueva comunidad sin barreras raciales, sociales o de género sexual, no solo es que en ella no se repetirían los patrones diabólicos del poder, es que además se encarnaría el ideal de amar al prójimo sin límites ni condiciones, un ideal digno del Dios que se encarnaba para morir en la cruz.

La predicación de Jesús era provocadora, y sus afirmaciones de ser el Mesías, el Hijo del hombre e incluso el Hijo de Dios, acabaron provocando una reacción combinada que lo llevó a la muerte. Durante la Pascua del año 30 d. C., sus adversarios debieron de respirar tranquilos convencidos de que aquel controvertido personaje dejaría de ser un peligro y una molestia… pero se equivocaron.

A los tres días, los mismos discípulos que lo habían abandonado durante su prendimiento, proceso y ejecución comenzaron a predicar la peregrina doctrina de que Jesús había resucitado y se les había aparecido. Por supuesto, ni las autoridades judías ni las romanas creyeron en aquella afirmación (¿no se habían ellas ocupado de arrancar de Jesús hasta el último hálito de vida?), pero no dejó de resultar preocupante cómo antiguos incrédulos (Santiago) o incluso enemigos (Pablo) se sumaban con fervor a la nueva fe que se negó encarnizadamente a morir.

En el curso de su primera década, el cristianismo —que ya recibía ese nombre de sus adversarios y tal vez en son de burla— había comenzado a dar pasos que ponían de manifiesto la influencia de las enseñanzas de su maestro y fundador. Admitió gentiles en su seno, proporcionó a las mujeres un papel que jamás hubieran soñado en el judaísmo, por no decir en el paganismo, organizó un sistema de asistencia social en Jerusalén (con prolongaciones en otras ciudades donde se había asentado), se mostró crítico hacia el poder político y extremó los valores contenidos en el judaísmo siguiendo el ejemplo de Jesús.

Antes de cumplir el primer cuarto de siglo de existencia, la nueva fe se había arraigado en Europa e incluso contaba con comunidades en ciudades tan importantes como Atenas, Corinto, Éfeso, Colosas, Tesalónica, Filipos y la misma capital, Roma.

Desde luego, su avance no podía atribuirse a la simpatía del imperio. En realidad, el cristianismo era —si cabía— más molesto en sus pretensiones, en sus valores y en su conducta para la gentilidad que para el judaísmo. No solo eliminaba todas las barreras étnicas en un universo donde ser ciudadano romano era una ambición de muchos, sino que, además, desconfiaba del sistema imperial, daba una cabida extraordinaria a la mujer en su seno, sostenía un sentido finalista de la Historia y se preocupaba por los débiles, los marginados, los abandonados, es decir, por aquellos por los que no sentía la más mínima preocupación el imperio.

A pesar de las idealizaciones que *a posteriori* se puedan hacer de este y de sus innegables aportes positivos, lo cierto es que el imperio romano era una firme encarnación del poder de los hombres sobre las mujeres, de los libres sobre los esclavos, de los romanos sobre los otros pueblos, de los fuertes sobre los débiles. No debe extrañarnos que Nietzsche lo considerara un paradigma de su filosofía del «superhombre», porque efectivamente así era. Frente a ese imperio el cristianismo predicó a un Dios encarnado que había muerto en la cruz para la salvación del género humano, permitiendo a este alcanzar una vida nueva. En esta resultaba imposible mantener la discriminación que oprimía a las mujeres condenándolas a la muerte o al matrimonio impúber, el culto a la violencia que se manifestaba en los combates de gladiadores, la práctica de conductas inhumanas como el aborto o el infanticidio, la justificación de la infidelidad masculina y la deslealtad conyugal, la participación en la guerra, el abandono de los desamparados o la ausencia de esperanza.

A lo largo de tres siglos, el imperio desencadenó sobre los cristianos distintas persecuciones que cada vez fueron más violentas y que no solo no lograron su objetivo de exterminar a la nueva fe, sino que mostraron la incapacidad de conseguirlo. Al final, el cristianismo se impuso no solo porque entregaba —el mismo Juliano el Apóstata lo reconoció— un amor que en absoluto podía nacer del seno del paganismo, sino también porque proporcionaba un sentido de la vida y una dignidad incluso a aquellos a los que nadie estaba dispuesto a otorgar un mínimo de respeto. Constantino no le otorgó el triunfo. Más bien se limitó a reconocerlo —y, quizá, a intentar instrumentarlo— y a levantar acta de que el paganismo ya no se recuperaría del proceso de decadencia en que había entrado siglos atrás.

Nunca existió un imperio cristiano (a pesar de que el cristianismo fue declarado religión oficial durante un espacio breve de tiempo), pero sí es verdad que algunos de sus principios quedaron recogidos, en mayor o menor medida, en la legislación bajoimperial. Sin embargo, el gran aporte que el cristianismo proporcionaría a Roma no sería ese.

A partir del siglo III la penetración de los bárbaros en el *limes* romano se hizo incontenible. Durante algunas décadas se pensó en la posibilidad de asimilarlos convirtiéndolos en aliados. Los resultados de esta política fueron efímeros. En el 476, el imperio romano de Occidente dejó formalmente de existir, aunque, en realidad, estaba enfermo de muerte desde mucho tiempo atrás. Pese a todo, aun con el efecto letal de aquellas invasiones, la cultura clásica no desapareció. El cristianismo —especialmente a través de los monasterios— la preservó. Pero no se limitaron a ello. También salvaguardaron valores cristianos en medio de un mundo que se había colapsado por completo y cuyo futuro era siempre incierto e inseguro. Así, al cultivo del arte se sumó el respeto y la práctica del trabajo del tipo que fuera, a la defensa de los débiles se unió la práctica de la caridad, al esfuerzo misionero se vinculó la asimilación y culturización de pueblos pujantes pero que, a medio plazo, también se rindieron como antaño el imperio al cristianismo.

En el siglo VIII, Occidente se vio acosado por una terrible y nueva amenaza, la del islam, que, más destructiva aún que la de los bárbaros, aniquiló a su paso todas las sociedades que intentaron defender su libertad frente a él. Durante el siglo siguiente, el cristianismo proporcionó el entramado de una breve reconstrucción del imperio, ahora sobre principios como la preservación de la cultura clásica, la promulgación de leyes sociales o la articulación del principio de legitimidad política. Sin embargo, se trató de una creación que vino a desplomarse ante el empuje de unas nuevas invasiones más letales que las sufridas durante los siglos III-V. Se produjo entonces una nueva Edad Oscura de consecuencias aún peores, y Occidente quedó embotellado entre los asaltos islámicos en el sur —detenidos por los resistentes españoles que desangraron las aceifas islámicas llegadas al sur de Francia— y las incursiones bárbaras procedentes del norte (vikingos) y del este (magiares). En el curso de unas décadas, todos los logros de siglos anteriores desaparecieron convertidos en humo y cenizas. Una vez más, empero, el cristianismo se mostró mucho más vigoroso que sus enemigos. Cuando estos eran más fuertes, cuando no necesitaban pactar, cuando podían imponer su voluntad valiéndose solo de la espada, acabaron aceptando la enorme fuerza espiritual del cristianismo y lo asimilaron en sus territorios. Al llegar el año 1000, el cristianismo se extendía hasta el Volga.

Las sociedades nacidas de aquella aceptación del cristianismo en su seno no llegaron a incorporar todos los principios de la nueva fe en su existencia. De hecho, en buena medida, eran reinos nuevos sustentados sobre el culto a la violencia necesaria para la conquista o para la simple defensa frente a las invasiones. Sin embargo, el cristianismo ejerció sobre ellos una influencia fecunda. La reforma del siglo XI volvió a sentar las bases de un principio de la legitimidad del poder alejado de la arbitrariedad guerrera de los bárbaros, buscó de nuevo la defensa y la asistencia de los débiles, y continuó un esfuerzo artístico y educativo que ya contaba con más de medio milenio de existencia. Además, dulcificó la violencia bárbara implantando las primeras normas del derecho de guerra —la Paz de Dios y la Tregua de Dios—, supo recibir la cultura de otros pueblos, creó un sistema de pensamiento como la Escolástica y, sobre todo, abrió las primeras universidades. Es cierto que el aumento del poder temporal de los papas acabó siendo nefasto para la institución, que durante el siglo XIV esta se desacreditó sobremanera con episodios como el papado de Aviñón o el Gran Cisma de Occidente y que la Escolástica acabó convirtiéndose en un sistema muerto que frenaba más que alentaba el saber. Sin embargo, el cristianismo logró despegar de esas lamentables circunstancias y de esa manera abrió las puertas a la Modernidad.

La Reforma protestante subrayó desde su inicio dos grandes principios. El primero fue el de la libertad de conciencia del ser humano frente a las autoridades, lo que le permitía examinar personalmente su camino en la vida a la luz de las Escrituras. No resulta por ello extraño que el primer reconocimiento de un derecho fundamental que se produjo en la historia europea fuera el de libertad religiosa en la Paz de Augsburgo y, precisamente, a impulsos de los protestantes. El segundo gran principio de la Reforma resultó mucho más fecundo y se centró en acercar la Biblia al pueblo sin condiciones. De ese acercamiento derivaron la recuperación de la visión bíblica del trabajo y del ahorro, la alfabetización indispensable para poder leer en el seno de una religión que más que nunca era del Libro, el regreso a un ideal social igualitario y meritocrático, el inicio de la investigación científica moderna y las bases para la democracia que —dada la situación de caída del ser humano— solo podía basarse en una división y limitación de poderes y en el control estricto de los gobernantes por los gobernados.

En el curso de los siglos siguientes, las distintas ramas del cristianismo rivalizaron en logros artísticos, culturales y caritativos, pero el legado de la Reforma permitió a países más desfavorecidos económicamente, pero imbuidos de la cosmovisión bíblica recuperada por el protestantismo, adelantar a sus rivales en terrenos como el desarrollo económico, científico, educativo, cultural e incluso político.

No solo eso. Causas como la defensa de los indígenas, la lucha contra la esclavitud, las primeras leyes sociales contemporáneas o la denuncia del totalitarismo no hubieran sido nunca iniciadas sin el impulso cristiano. No debe por ello sorprender que el pasado siglo XX haya sido el que ha contemplado un número mayor de encarcelamientos, maltratos y ejecuciones de cristianos por encima de cualquier otro periodo de la Historia. Tanto los campos de exterminio de Hitler como el *gulag* soviético o el *laogai* chino intentaron, aunque en vano, acabar con una fe a la que veían, con toda razón, como un oponente radical de sus respectivas cosmovisiones.

Sin duda, los aportes del cristianismo a la cultura occidental han sido grandiosos a lo largo de sus casi dos mil años de existencia. Sin embargo, solo podemos captar algo de su extraordinaria importancia cuando tratamos de imaginar lo que hubiera sido un mundo sin cristianismo u observamos los resultados obtenidos por otras culturas.

Un mundo que se hubiera limitado a continuar la herencia clásica no solo habría resultado en una sociedad despiadada, en la que los fuertes y los violentos se sabían protagonistas, sino que además habría perecido ante el empuje de los bárbaros en los siglos III-V sin dejar nada en pos de sí. Durante varios siglos, los reinos bárbaros hubieran combatido de manera infructuosa entre ellos para no poder sobrevivir al empuje conjunto de las segundas invasiones y del avance árabe, suponiendo que este se hubiera dado sin un islam cuya existencia presupone por obligación la del cristianismo.

Durante los siglos de lo que ahora conocemos como Medievo, Europa hubiera sido albergue de oleada tras oleada de invasores, sin excluir a los mongoles contenidos por Rusia, de las que no hubiera surgido nada perdurable como no surgió en otros contextos. Ni la cultura clásica, ni la Escolástica, ni las universidades, ni el pensamiento científico habrían aparecido como no aparecieron en otras culturas. Además, sin el regreso a los valores bíblicos recuperados por la Reforma se hubieran perpetuado —como así sucede en algunas naciones hasta el día de hoy— fenómenos como la esclavitud, la arbitrariedad del poder político, el anquilosamiento de la educación en manos de una escasa casta tradicional o la ausencia de desarrollo científico.

Basta echar un vistazo a las culturas informadas por el islam, el budismo, el hinduismo o el animismo —donde siguen considerándose legítimas conductas degradantes para el ser humano— para percatarse de lo que podría haber sido un mundo sin la influencia civilizadora del cristianismo. Y aun así nuestro juicio no se corresponde con toda la dureza de lo que serían esas situaciones. A fin de cuentas, hoy día, hasta la sociedad más apartada puede beneficiarse de aspectos emanados de la influencia cristiana en la cultura occidental, desde el progreso científico a la persecución de un sistema de asistencia social, por citar solo dos ejemplos. Incluso en el siglo XX, el olvido de principios de origen cristiano —un origen que suele olvidarse casi siempre— hubiera sumido a la Humanidad en una era de barbarie sin precedentes, bien a causa del triunfo del marxismo o del fascismo-nazismo.

En estos primeros años del siglo XXI, los desafíos con que se enfrenta el cristianismo y la cultura occidental nacida de su impulso, no son escasos ni de pequeña envergadura. El primer reto para el sistema de libertades nacido del cristianismo es —como en los siglos XVIII, XIX o XX— una visión moral laicista —que no laica— y defensora del relativismo moral. Esa cosmovisión pretende ser tolerante con todos salvo con aquellos que no la comparten. En ese sentido, resulta extraordinariamente sectaria e intolerante y, por supuesto, abiertamente anticristiana. Amparada en la dictadura de lo políticamente correcto —uno de los fenómenos más negativos política, social y culturalmente de la Historia—, esa visión está minando los pilares sobre los que se sustenta la cultura occidental y amenaza con aniquilarla de manera absoluta. Si hace décadas convirtió en bandera la legalización del aborto —es decir, del asesinato de millares de inocentes cuyo único delito era ser niños no deseados por sus madres—, ahora camina peligrosamente hacia la despenalización de la eutanasia, hacia la permisión del exterminio de criaturas disminuidas física y mentalmente, y hacia el aniquilamiento de la familia. En buena medida, todo ese proceso resulta lógico, ya que, desprovisto de las raíces que le dieron el ser, nuestro sistema de libertades corre el riesgo real de no poder sostenerse y de acabar extinguiéndose en un proceso de barbarie moral que —para colmo— se presentará a la sociedad como un encadenamiento de avances legislativos. Ciertamente, serán avances, pero no hacia una mayor dignidad, sino hacia la disolución final de las sociedades democráticas.

De no revertirse ese proceso, de no recuperarse las raíces cristianas de la cultura occidental, llegaremos a contemplar no solo cómo las distintas naciones occidentales asumen como muestra de progreso las metas de Hitler de acabar con los enfermos terminales o con los ciudadanos que padecen taras de algún tipo, sino que también seremos testigos de ataques formidables a la institución familiar impulsados por la agenda del *lobby* gay, una agenda que incluye la legalización del matrimonio entre personas del mismo sexo, la adopción de niños por parejas homosexuales y el encarcelamiento, tras tacharlos de homófobos, de aquellos que no se sometan a sus objetivos. Como en la época de Hitler o de Stalin, todas estas medidas —que significan la negación del derecho a la vida, el aniquilamiento de la libertad de expresión, el desprecio por la dignidad humana y el intento mefistofélico de liquidar la familia— podrían significar el final de una cultura, como ya sucedió, por ejemplo, a finales del siglo V.

No se trata del único paralelo que presenta este siglo recientemente comenzado con épocas anteriores. El islam —como ya sucedió en el siglo VIII o en el XVI— aparece hoy día como un adversario formidable decidido a utilizar la violencia más descarnada para imponer su dominio y exterminar a sus oponentes. Para colmo, si en los momentos históricos mencionados Occidente reaccionó ante las agresiones islámicas con una convicción que frenó, en mayor o menor medida, el ataque musulmán, en el momento actual, esa gallardía carece de paralelos. Ciertamente, Estados Unidos y Gran Bretaña han reaccionado con firmeza frente a los atentados del 11-S y del 7-J, pero, por ejemplo, la política de Rodríguez Zapatero en España constituyó un paradigma de cobardía, de ceguera y de falta de honor y de convicción para enfrentarse a agresiones islamistas. Da la impresión de que, igual que en el siglo VIII la traición de algunos españoles permitió la invasión islámica —un drama que duró ocho siglos— en el siglo XXI algunos no tendrían inconveniente en que la tragedia se repitiera con tal de no verse molestados en su blanda comodidad y de lograr mantenerse en el poder. Lamentablemente, hay sectores enteros de la sociedad europea dispuestos a actuar de una manera similar, aunque eso implique el suicidio de un Occidente más dispuesto a capitular deshonrosamente que a defenderse con decisión.

Finalmente, debe hacerse una referencia al denominado «socialismo del siglo XXI» que, en estos momentos, detenta el poder en distintos países de Hispanoamérica. En realidad, su manera de asentarse presenta más paralelos con el fascismo clásico de Mussolini que con las revoluciones comunistas. Llegado al poder a través de las urnas —como Hitler o Mussolini— ha demostrado una enorme capacidad para erosionar el régimen democrático desde dentro y perpetuarse. Como en otras ocasiones del pasado, la iglesia católica muestra claros indicios de pactar más que resistir a ese socialismo del siglo XXI a cambio de beneficios sociales, económicos y políticos. De hecho, la figura del papa Francisco sería, por su trayectoria, ideal para ese tipo de pacto —que ya se ha producido en la Nicaragua sandinista donde algún cardenal opositor es ahora valedor principal del régimen— ya que sus antecedentes de años [7] abogan por una crítica feroz del régimen capitalista, una defensa del socialismo como concepción más cercana al catolicismo e incluso una asunción total de los argumentos utilizados por la dictadura cubana contra Estados Unidos. De seguir esa línea, el papa Francisco estaría adoptando una línea peligrosa que cuenta con trágicos antecedentes en la historia.

La voz de alarma —una vez más— frente a esas innegables amenazas tiene que venir del cristianismo y encontrar en este su médula o, de lo contrario, resultará excesivamente limitada y no podrá estar a la altura de las circunstancias. Al igual que en tantos otros momentos anteriores de la Historia de Occidente, el cristianismo se dibuja, a inicios del siglo XXI, como la única fuerza capaz de salvar la libertad, la dignidad humana, la justicia y la cultura frente a los embates de la violenta barbarie. Para no fracasar en esa misión, el cristianismo —también a semejanza de lo sucedido en otras épocas— debe regresar con firmeza, entusiasmo y convicción a aquello que es común a cualquiera de sus manifestaciones, en otras palabras, a la Biblia. El retorno a esta le permitirá reencontrarse con las raíces que configuraron la revolución científica y la democracia contemporánea, la respuesta frente a la esclavitud o frente a la explotación de los indígenas, la clave de la verdadera dignidad e incluso de la configuración de la vida familiar y social. Aferrado a la Biblia, Occidente podrá sobrevivir. Apartado de ella, se encuentra tan condenado a perecer como el Imperio romano a finales del siglo V. Y es que pretender construir el futuro sin recurrir a sus principios solo puede interpretarse como una muestra fatal de terrible arrogancia, de profunda ignorancia o de crasa maldad.

Ciertamente, el cristianismo no ha logrado a lo largo de casi dos mil años que sus puntos de vista fueran aceptados de una manera total. En unas ocasiones esto se ha debido a su propiodistanciamiento de la pureza original de su enseñanza —y debemos enfatizar el hecho de que cuanto más se ha acercado al mensaje bíblico mayores y mejores han sido sus resultados—; en otras, a que la vivencia de

---

Diálogos entre Juan Pablo II y Fidel Castro

una ética tan elevada no puede esperarse del conjunto de una sociedad ni tampoco imponerse como se ha creído por error más de una vez. Con todo, su influencia humanizadora, civilizadora, de verdadero progreso no cuenta con paralelos de ningún tipo a lo largo de la Historia universal. Sin esa influencia, el devenir humano hubiera sido un fluir continuo de violencia y barbarie, de guerra y destrucción, de calamidades y sufrimiento. Con ella se ha visto acompañado el gran drama de la condición humana de progreso y justicia, de compasión y cultura.

Todas estas circunstancias, al fin y a la postre, hallan su explicación en las peculiares características del cristianismo como religión que le diferencian de manera ostensible de las otras. El filósofo español Manuel García Morente lo expresó de manera elocuente al describir su visión, repentina e inesperada, de Jesús: «Ese es Dios, que entiende a los hombres, que vive con los hombres, que sufre con ellos, que los consuela, que les da aliento y les trae la salvación. Si Dios no hubiera venido al mundo, si Dios no se hubiera hecho hombre en el mundo, el hombre no tendría salvación, porque entre Dios y el hombre habría siempre una distancia infinita que jamás podría el hombre franquear... Dios hecho hombre, Cristo sufriendo como yo, más que yo, muchísimo más que yo, a ese sí que lo entiendo y ese sí que me entiende» *(El «Hecho extraordinario»).* Juan lo había expresado de forma más sencilla veinte siglos antes al escribir que Dios había amado tanto al mundo que había enviado a Su Hijo para que el que en Él creyera no se perdiera, sino que tuviera vida eterna (Juan 3, 16). Lo que, por último, ha hecho diferente al cristianismo a lo largo de veinte siglos, lo que le ha convertido en base sólida y fecunda de desarrollo y progreso, de libertad y amparo de los desfavorecidos, de cultura y ciencia, es la propia persona, la propia obra y la propia enseñanza de Jesús. Precisamente por eso, el cristianismo no ha proporcionado solo sentido para la vida presente, sino que es también una garantía de esperanza futura.

Miami, Abril de 2014

APÉNDICE

LA FECHA DE REDACCIÓN DE LOS EVANGELIOS

La datación de los Evangelios ha experimentado en las últimas décadas un progresivo retroceso en lo que a su localización en el tiempo se refiere. Si durante el siglo XIX era común situar la misma en el siglo II (en el caso de Juan incluso en la segunda mitad del siglo II), hoy día existe una práctica unanimidad en colocarla durante el siglo I. Las fechas habituales serían el año 60-65 d. C. para Marcos (en cualquier caso, antes del 70 d. C.); entre el 70 y el 90 para Mateo y Lucas, y entre el 90 y el 100 para Juan. Aunque esta postura es, hoy por hoy, mayoritaria ha comenzado a ser desafiada de manera muy consistente desde hace poco más de una década y, a nuestro juicio, debería ser revisada. En este apéndice expondremos, de manera somera, la que, a nuestro juicio, sería una datación de los cuatro Evangelios más acorde con la evidencia histórica. Puesto que el Evangelio de Marcos es por lo general aceptado como redactado antes del 70 d. C., dejaremos su discusión para el final.

Empezaremos por el Evangelio de Lucas. Lucas forma parte de un interesantísimo díptico formado por este Evangelio y los Hechos de los Apóstoles. Existe una unanimidad casi total en aceptar que ambas obras pertenecen al mismo autor y que, por supuesto, Lucas fue escrita con anterioridad, como se indica en los primeros versículos del libro de los Hechos. Partiendo de la datación de este, sin embargo, debemos situar la redacción de Lucas antes del año

70 d. C. Al menos desde el siglo II el Evangelio —y, por lo tanto, el libro de los Hechos— se atribuyó a un tal Lucas. Referencias a este personaje que se supone fue médico aparecen ya en el Nuevo Testamento (Colosenses 4, 14; Filemón 24; II Timoteo 4, 11). La lengua y el estilo del Evangelio no permiten en sí rechazar o aceptar esta tradición de manera indiscutible. El británico Hobart[1] —en el mismo sentido se definió A. Harnack[2]— intentó demostrar que en el vocabulario del Evangelio aparecían rasgos de los conocimientos médicos del autor, por ejemplo: 4, 38; 5, 18 y 31; 7, 10; 13, 11; 22, 14, etc. El texto lucano revela un mayor conocimiento médico que los de los autores de los otros tres Evangelios, pero no parece que podamos ir más allá. Los mismos términos pueden hallarse en autores de cierta formación cultural como Josefo o Plutarco. Por otro lado, el especial interés del tercer Evangelio hacia los paganos sí que encajaría en el supuesto origen gentil del médico Lucas. Desde nuestro punto de vista, sostenemos la opinión de O. Cullmann de que «no tenemos razón de peso para negar que el autor paganocristiano sea el mismo Lucas, el compañero de Pablo»[3].

Como veremos más adelante, la datación posible del texto abona aún más esta posibilidad. En cuanto a esta, por lo general se sostiene hoy una fecha para la redacción de los Hechos que estaría situada entre el 80 y el 90 d. C. De hecho, las variaciones al respecto son mínimas. Por mencionar solo algunos de los ejemplos diremos que N. Perrin ha señalado el 85, con un margen de cinco años arriba o abajo[4]; E. Lohse indica el 90 d. C.[5]; P. Vielhauer, una fecha cercana al 906[6], y Cullmann aboga por una entre el 80 y el 90[7]. El terminus ad quem de la fecha de redacción de la obra resulta fácil de fijar por cuanto el primer testimonio externo que tenemos de la misma se halla en la Epistula Apostolorum, fechada en la primera mitad del siglo II. En cuanto al terminus a quo ha sido objeto de mayor

1 W. K. Hobart, The Medical Language of Saint Luke, Dublín, 1882, págs. 34-37.
2 Lukas der Arzt, Leipzig, 1906.
3 O. Cullmann, El Nuevo Testamento, Madrid, 1971, pág. 55.
4 Véase: N. Perrin, The New Testament, Nueva York, 1974, págs. 195 y sigs.
5 E. Lohse, Introducción al Nuevo Testamento, Madrid, 1975, págs. 167 y sigs.
6 P. Vielhauer, op. cit., cap. VII.
7 O. Cullmann, op. cit., pág. 77.

controversia. Para algunos autores debería ser el 95 d. C., basándose en la idea de que Hechos 5, 36 y sigs. depende de Josefo (Ant XX, 97 y sigs.). Tal dependencia, señalada en su día por E. Schürer, resulta más que discutible, aunque haya sido sostenida por algún autor de talla[8]. Hoy día puede considerarse abandonada de manera casi general[9]. Tampoco son de más ayuda las tesis que arrancan de la no utilización de las cartas de Pablo y más si tenemos en cuenta que llegan a conclusiones diametralmente opuestas. A la de que aún no existía una colección de las cartas de Pablo (con lo que el libro se habría escrito en el siglo I y, quizá, en fecha muy temprana)[10] se opone la de que el autor ignoró las cartas conscientemente (con lo que cabría fechar la obra entre el 115 y el 130 d. C.). Ahora bien la aceptación de esta segunda tesis supondría una tendencia en el autor a minusvalorar las cartas paulinas en favor de una glorificación del apóstol, lo que, como ha señalado P. Vielhauer[11], parece improbable y, por contra, hace que resulte más verosímil la primera tesis. A todo lo anterior, que obliga a fijar una fecha en el siglo I (algo no discutido hoy casi por nadie), hay que añadir el hecho de que aparecen algunos indicios internos que obligan a reconsiderar la posibilidad de que Lucas y los Hechos fueran escritos antes del año 70 d. C. La primera de estas razones es que Hechos concluye con la llegada de Pablo a Roma. No aparecen menciones de su proceso ni de la persecución neroniana ni, mucho menos, de su martirio. A esto se añade que el poder romano es contemplado con aprecio (aunque no con adulación) en los Hechos y la atmósfera que se respira en la obra no parece presagiar ni una persecución futura ni tampoco el que se haya atravesado por la misma unas décadas antes.

8 Véase: F. C. Burkitt, The Gospel History and its Transmission, Edimburgo, 1906, págs. 109 y sigs.

9 Véanse: F. J. Foakes Jackson, The Acts of the Apostles, Londres, 1931, XIV y sigs.; W. Kümmel, op. cit., pág. 186; G. W. H. Lampe, PCB, pág. 883; T. W. Manson, Studies in the Gospels and Epistles, Manchester, 1962, págs. 64 y sigs. Posiblemente el debelamiento de esta tesis quepa atribuirlo a A. Harnack, Date of Acts and the Synoptic Gospels, Londres, 1911, cap. I.

10 En este sentido, véase: W. Kümmel, op. cit., pág. 186, y T. Zahn, op. cit., III, págs. 125 y sigs.

11 Véase: P. Vielhauer, op. cit., cap. VII.

No parece que el conflicto con el poder romano haya aparecido en el horizonte antes de la redacción de la obra. De hecho, en el relato de Apocalipsis 17, 6 no resulta nada claro que se esté hablando de la Roma imperial al referirse a una ciudad borracha como consecuencia de derramar la sangre de los mártires. Esta circunstancia parece, pues, abogar más por una fecha para los Hechos situada a inicios de los sesenta, desde luego, más fácilmente ubicable antes que después del 70 d. C. Como ha indicado B. Reicke[12], «la única explicación razonable para el abrupto final de los Hechos es la asunción de que Lucas no sabía nada de los sucesos posteriores al año 62 cuando escribió sus dos libros».

En segundo lugar, aunque Santiago, el hermano del Señor, fue martirizado en el año 62 por sus compatriotas judíos, el suceso no es recogido por los Hechos. Sabida es la postura de Lucas hacia la clase sacerdotal y religiosa judía. Relatos como el de la muerte de Esteban, la ejecución del otro Santiago, la persecución de Pedro o las dificultades ocasionadas a Pablo por sus antiguos correligionarios que se recogen en los Hechos hacen muy difícil justificar la omisión de este episodio y más si tenemos en cuenta que permitiría presentar a los judíos (y no a los romanos) como enemigos del Evangelio, puesto que el asesinato se produjo en la ausencia transitoria de procurador romano que tuvo lugar a la muerte de Festo. Cabría esperar que la muerte de Santiago, del que los Hechos presentan una imagen conciliadora, positiva y práctica, fuera recogida por Lucas. Aboga también en favor de esta tesis el hecho de que un episodio así se podría haber combinado con un claro efecto apologético. En lugar de ello, solo tenemos el silencio, algo que solo puede explicarse de manera lógica si aceptamos que Lucas escribió antes de que se produjera el mencionado hecho, es decir, con anterioridad al 62 d. C. En tercer lugar, los Hechos no mencionan en absoluto un episodio que —como tendremos ocasión de ver más adelante— jugó un papel esencial en la controversia judeocristiana. Nos referimos a la destrucción

12 Véase: B. Reicke, «Synoptic Prophecies on the Destruction of Jerusalem», en D. W. Aune (ed.), Studies in the New Testament and Early Christian Literature: Essays in Honor of Allen P. Wikgrenò, Leiden, 1972, pág. 134.

de Jerusalén y la subsiguiente desaparición del segundo Templo. Esto sirvió para corroborar buena parte de las tesis sostenidas por la primitiva Iglesia y fue utilizado repetidas veces por autores cristianos en su controversia con judíos. Precisamente por eso se hace muy difícil admitir que Lucas omitiera el recurso a un argumento tan aprovechable desde una perspectiva apologética. Pero aún más incomprensible resulta esta omisión si tenemos en cuenta que Lucas acostumbra a mencionar el cumplimiento de las profecías cristianas para respaldar la autoridad espiritual de este movimiento espiritual. Un ejemplo de ello es la forma en que narra el caso concreto de Agabo como prueba de la veracidad de los vaticinios cristianos (Hechos 11, 28). El que pudiera citar a Agabo y silenciara el cumplimiento de una supuesta profecía de Jesús —y, como veremos más adelante, no solo de él— acerca de la destrucción del Templo solo puede explicarse, a nuestro juicio, por el hecho de que esta última aún no se había producido, lo que nos sitúa, de manera inexcusable, en una fecha de redacción anterior al año 70 d. C. Lógicamente, por lo tanto, si Hechos se escribió antes del 62 d. C., aún más antigua tiene que ser la fecha de redacción del Evangelio de Lucas.

La única objeción para oponerse a esa tesis es que, supuestamente, la descripción de la destrucción del Templo que se encuentra en Lucas 21 tuvo que escribirse con posterioridad al hecho, siendo así un vaticinium ex eventu. Lo cierto, sin embargo, es que tal afirmación es, a nuestro juicio, muy dudosa por las siguientes razones:

1. Los antecedentes judíos veterotestamentarios en relación a la destrucción del Templo (Ezequiel 40-48; Jeremías, etcétera).
2. La coincidencia con pronósticos contemporáneos en el judaísmo anterior al 70 d. C. (por ejemplo: Jesús, hijo de Ananías, en Guerra, VI, 300-9).
3. La simplicidad de las descripciones en los Sinópticos que hubieran sido, presumiblemente, más prolijas de haberse escrito tras la destrucción de Jerusalén.

4. El origen terminológico de las descripciones en el Antiguo Testamento.
5. La acusación formulada contra Jesús en relación con la destrucción del Templo (Marcos 14, 55 y sigs.).
6. Las referencias en Q[13] —que se escribió antes del 70 d. C.— a una destrucción del Templo.

No hay nada en Lucas que nos obligue a datarlo después del 70 d. C. y, por las razones expuestas, lo más posible es que se escribiera antes del 62 d. C. De hecho, ya en su día, C. H. Dodd[14] señaló que el relato de los sinópticos no arrancaba de la destrucción realizada por Tito, sino de la captura de Nabucodonosor en 586 a. C., y afirmó que «no hay un solo rasgo de la predicción que no pueda ser documentado directamente a partir del Antiguo Testamento». Con anterioridad, C. C. Torrey[15] había indicado asimismo la influencia de Zacarías 14, 2 y otros pasajes en el relato lucano sobre la futura destrucción del Templo. Asimismo, N. Geldenhuys[16] ha señalado la posibilidad de que Lucas utilizara una versión previamente escrita del Apocalipsis sinóptico que recibió especial actualidad con el intento del año 40 d. C. de colocar una estatua imperial en el Templo y de la que habría ecos en II Tesalonicenses 2[17]. Concluyendo, pues, podemos señalar que, aunque hasta la fecha la datación de Lucas y Hechos entre el 80 y el 90 es mayoritaria, existen a nuestro juicio argumentos de signo fundamentalmente histórico que obligan a cuestionarse este punto de vista y a plantear sin ambages la posibilidad de que la obra fuera escrita en un periodo anterior al

---

13 Sobre Q, véase: C. Vidal, El primer Evangelio. El documento Q, Barcelona, 1992.

14 «The Fall of Jerusalem and the Abomination of Desolation», en Journal of Roman Studies, 37, 1947, págs. 47-54.

15 Documents of the primitive church, 1941, págs. 20 y sigs.

16 The Gospel of Luke, Londres, 1977, págs. 531 y sigs.

17 En favor también de la veracidad de la profecía sobre la destrucción de Jerusalén y el Templo, recurriendo a otros argumentos, véanse: G. Theissen, Studien zur Sociologie des Urchristentums, Tubinga, 1979, cap. III; B. H. Young, Jesus and His Jewish Parables, Nueva York, 1989, págs. 282 y sigs.; R. A. Guelich, «Destruction of Jerusalem», en DJG, Leicester, 1992; C. Vidal, «Jesús», en Diccionario de las tres religiones, Madrid, 1993.

año 62 en que se produce la muerte de Santiago, auténtico terminus ad quem de la obra. De ello se desprende asimismo que Jesús, en efecto, pronunció oráculos prediciendo la destrucción del Templo. No nos parece por ello sorprendente que el mismo A. Harnack llegara a esta conclusión al final de su estudio sobre el tema, fechando los Hechos en el año 62[18] o el conjunto de los sinópticos por otros autores[19].

Mateo[20] recoge una lectura judeocristiana de la vida y la enseñanza de Jesús. Como hemos señalado, su datación suele situarse en alguna fecha en torno al 80 d. C. Pero la base para afirmar tal cosa es, como en el caso de Lucas, la presuposición —insostenible por las razones ya señaladas— de que la predicción de Jesús sobre la destrucción del Templo es un vaticinium ex eventu[21]. Como Lucas, Mateo utilizó Q —caso de haber existido el documento— e igualmente podría ser datado antes del 70 d. C., por las mismas razones ya aducidas (salvo la relacionada con el libro de los Hechos). Aunque quizá no fue redactado en Palestina, una antigua tradición conecta a su autor —al menos en parte— con el apóstol del mismo

---

18 Véase: A. Harnack, Date..., págs. 90-135, y que, a través de caminos distintos, la misma tesis haya sido señalada para el Evangelio de Lucas. No mencionamos aquí —aunque sus conclusiones son muy similares— las tesis de la escuela jerosomilitana de los sinópticos (R. L. Lindsay, D. Flusser, etc.), que apuntan a considerar el Evangelio de Lucas como el primero cronológicamente de todos. Véanse: R. L. Lindsay, A Hebrew Translation of the Gospel of Mark, Jerusalén, 1969; ídem, A New Approach to the Synoptic Gospels, Jerusalén, 1971. En nuestra opinión, la tesis dista de estar demostrada de una manera indiscutible, pero la sólida defensa que se ha hecho de la misma obliga a plantearse su estudio de manera ineludible. Un análisis reciente de la misma, en B. H. Young, Jesus and His Jewish Parables, Nueva York, 1989.

19 Véanse: J. B. Orchard, «Thessalonians and the Synoptic Gospels», en Bb, 19, 1938, págs. 19-42 (fecha Mateo entre el 40 y el 50, dado que Mateo 23, 31-25, 46 parece ser conocido por Pablo); ídem, Why Three Synoptic Gospels, 1975 (fecha Lucas y Marcos en los inicios de los años 60 d. C.); B. Reicke, op. cit., pág. 227 (sitúa también los tres sinópticos antes del año 60). En un sentido similar, J. A. T. Robinson, Redating the New Testament, Filadelfia, 1976, págs. 86 y sigs.

20 Acerca de Mateo, con bibliografía y discusión de las diferentes posturas, véanse: D. A. Carson, Matthew, Grand Rapids, 1984; R. T. France, Matthew, Grand Rapids, 1986; ídem, Matthew: Evangelist and Teacher, Grand Rapids, 1989; W. D. Davies y D. C. Allison, Jr., A Critical and Exegetical Commentary on the Gospel According to Saint Matthew, Edimburgo, 1988; U. Luz, Matthew 1-7, Minneápolis,1989.

21 Una discusión detallada del tema, en J. A. T. Robinson, Redating..., págs. 86 y sigs.

nombre. La cuestión de la datación parece agudizarse aún más en relación con el denominado Cuarto Evangelio, el de Juan[22].

En relación con el autor, la cuestión de la evidencia externa ha sido bastante tratada en comentarios como los de Barret, Beasley-Murray, Brown y Schnackenburg, autores todos ellos que niegan que este haya sido Juan, el hijo de Zebedeo. El primero en haber conectado el Cuarto Evangelio con el mencionado personaje parece haber sido Ireneo (Adv. Haer 3, 1, 1), citado por Eusebio (HE 5, 8, 4), que cita como fuente de su afirmación al mismo Policarpo. El testimonio, sin lugar a dudas, reviste una cierta importancia, pero, no es menos cierto, no deja de presentar inconvenientes para su aceptación. En primer lugar, no deja de ser extraño que otra literatura relacionada con Éfeso (por ejemplo, la Epístola de Ignacio a los Efesios) omita la supuesta relación entre el apóstol Juan y esta ciudad. Por otro lado, cabe la posibilidad de que Ireneo hubiera experimentado una confusión en relación con la noticia que recibió de Policarpo. Así, Ireneo señala que Papías fue oyente de Juan y compañero de Policarpo (Adv. Haer 5, 33, 4), pero, de acuerdo al testimonio de Eusebio (HE 3, 93, 33), Papías fue, en realidad, oyente de Juan el Presbítero —que aún vivía en los días de Papías (HE 3, 39, 4)— y no del apóstol. Cabe, pues, la posibilidad de que ese fuera el mismo Juan al que se refirió Policarpo. Por último, otras referencias a una autoría de Juan el apóstol en fuentes cristianas revisten un carácter lo suficientemente tardío o legendario como para cuestionarlas, sea el caso de Clemente de Alejandría, transmitido por Eusebio (HE 6, 14, 17), o el del Canon de Muratori (c. 180-200). La tradición existía, es cierto, a medidados del siglo II, pero no parece del todo concluyente. En cuanto a la evidencia interna, el Evangelio recoge referencias que podríamos dividir en las relativas a la redacción y las relacionadas con el Discípulo amado. Las noticias recogidas en 21, 24 y 21, 20 podrían identificar al redactor inicial con el Discípulo amado. De

22 Para este Evangelio, con bibliografía y exposición de las diferentes posturas, véanse: R. Bultmann, The Gospel of John, Filadelfia, 1971; C. K. Barrett, The Gospel according to St. John, Filadelfia, 1978; R. Schnackenburg, The Gospel According to St. John, 3 vols., Nueva York, 1980-1982; F. F. Bruce, The Gospel of John, Grand Rapids, 1983; G. R. Beasley-Murray, John, Waco, 1987.

hecho, resulta evidente que quien escribió, al menos, 21, 24-25 no escribió el resto del Evangelio, de cuya autenticidad aparece como garante o, tal vez, como la fuente principal de las tradiciones recogidas en el mismo; pero, una vez más, queda en penumbra si esta es una referencia a Juan, el apóstol.

Hay referencias al Discípulo amado en 13, 23; 19, 26-27; 20, 1-10 y 21, 7 y 20-24. Cabe la posibilidad, asimismo, de que los pasajes de 18, 15-16; 19, 34-37 y, quizá, 1, 35-36 estén relacionados con el mismo. Resulta obvio que el Evangelio en ningún momento identifica por nombre al Discípulo amado —ni tampoco a Juan el apóstol, dicho sea de paso—, y si en la Última Cena solo hubieran estado presentes los Doce, es obvio que el Discípulo amado tendría que ser uno de ellos; pero tal dato dista de ser por completo seguro. Con todo, no se puede negar de manera dogmática la posibilidad de que el Discípulo fuera Juan, el apóstol, e incluso existen algunos argumentos que parecen favorecer tal posibilidad. Sumariamente, los mismos pueden quedar resumidos de la manera siguiente:

1. La descripción del ministerio galileo tiene una enorme importancia en Juan, hasta el punto de que la misma palabra «Galilea» aparece más veces en este Evangelio que en ningún otro (véase, especialmente: 7, 1-9).

2. Cafarnaum recibe un énfasis muy especial (2, 12; 4, 12; 6, 15), en contraste con lo que otros Evangelios denominan el lugar de origen de Jesús (Mateo 13, 54; Lucas 4, 16). La misma sinagoga de Cafarnaum es mencionada más veces que en ningún otro Evangelio. Tanto en el caso de 1 como de 2, nos encontramos ante circustancias que encajan a la perfección con Juan, el de Zebedeo, toda vez que él no solo era galileo, sino que además vivía en Cafarnaum (1, 19; 5, 20).

3. El Evangelio de Juan se refiere asimismo al ministerio de Jesús en Samaria (c. 4), algo que resulta natural si tenemos en cuenta la conexión de Juan, el de Zebedeo, con la evangelización judeocristiana de Samaria (Hechos 8, 14-17). Este nexo

ha sido advertido por diversos autores con anterioridad[23] y reviste, en nuestra opinión, una importancia fundamental.

4. Juan formaba parte del grupo de tres (Pedro, Santiago y Juan) más próximo a Jesús. Resulta un tanto extraño que un discípulo en apariencia tan cercano a Jesús como el Discípulo amado, de no tratarse de Juan, no aparezca siquiera mencionado en otras fuentes.

5. Las descripciones del Jerusalén anterior al 70 d. C. encajan con lo que sabemos de la estancia de Juan en esta ciudad después de Pentecostés. De hecho, los datos suministrados por Hechos 1, 13-8, 25 y por Pablo (Gálatas 2, 1-10) señalan que Juan estaba en la ciudad antes del año 50 d. C. Volveremos sobre este tema más adelante al referirnos a la datación del libro.

6. Juan es uno de los dirigentes judeocristianos que tuvo contacto con la Diáspora, al igual que Pedro y Santiago (Santiago 1, 1; I Pedro 1, 1; Juan 7, 35; I Corintios 9, 5), lo que encajaría con algunas de las noticias contenidas en fuentes cristianas posteriores en relación con el autor del Cuarto Evangelio.

7. El Evangelio de Juan procede de un testigo que se presenta como ocular, lo que de nuevo encajaría con Juan, el de Zebedeo.

8. El vocabulario y el estilo del Cuarto Evangelio señalan a una persona cuya lengua primera era el arameo y que escribía en un griego correcto pero lleno de aramismos, todas ellas circustancias que encajan con Juan, el hijo de Zebedeo.

---

23 Este punto ha sido estudiado en profundidad por diversos autores. Al respecto, véanse: J. Bowman, «Samaritan Studies: I. The Fourth Gospel and the Samaritans», en BJRL, 40, 1957-1958, págs. 298-327; W. A. Meeks, The Prophet-King: Moses Traditions and the Johannine Christology, Leiden, 1967; G. W. Buchanan, «The Samaritan Origin of the Gospel of John», en J. Neusner (ed.), Religion in Antiquity: Essays in Memory of E. R. Goodenough, Leiden, 1968, págs. 148-175; E. D. Freed, «Samaritan Influence in the Gospel of John», en CBQ, 30, 1968, págs. 580-587; ídem, «Did John write his Gospel partly to win Samaritan Converts?», en Nov Test, 12, 1970, págs. 241-246.

9. El trasfondo social de Juan, el de Zebedeo, encaja a la perfección con lo que cabría esperar de un «conocido del sumo sacerdote» (Juan 18, 15). De hecho, la madre de Juan era una de las mujeres que servía a Jesús «con sus posesiones» (Lucas 8, 3), al igual que la de Juza, administrador de las finanzas de Herodes. Asimismo sabemos que contaba con asalariados a su cargo (Marcos 1, 20). Quizá algunos miembros de la aristocracia sacerdotal lo podrían mirar con desprecio por ser un laico (Hechos 4, 13), pero el personaje debió de distar mucho de ser mediocre a juzgar por la manera tan rápida en que se convirtió en uno de los primeros dirigentes de la comunidad jerosolimitana, solo detrás de Pedro (Gálatas 2, 9; Hechos 1, 13; 3, 1; 8, 14; etc.). De no ser, pues, Juan el de Zebedeo el autor del Evangelio —y pensamos que la evidencia en favor de tal posibilidad no es, en absoluto, pequeña— tendríamos que conectarlo con algún discípulo cercano a Jesús (por ejemplo, como los mencionados en Hechos 1, 21 y sigs.) que contaba con un peso considerable dentro de las comunidades judeocristianas de Palestina.

En relación con la datación de esta obra, no puede dudarse de que el consenso ha sido casi unánime en las últimas décadas. Por lo general, los críticos conservadores databan la obra en torno a finales del siglo I o inicios del siglo II, mientras que los radicales, como Baur, la situaban hacia el 170 d. C. Uno de los argumentos utilizados como justificación de esta postura era leer en Juan 5, 43 una referencia a la rebelión de Bar Kojba. El factor determinante para refutar esta datación tan tardía fue el descubrimiento en Egipto del p 52, perteneciente a la última década del siglo I o primera del siglo II, donde aparece escrito un fragmento de Juan. Esto sitúa la fecha de redacción en torno al 90-100 d. C. como máximo. Con todo, existen, a juicio de varios estudiosos, razones considerables para datar el Evangelio en una fecha anterior. Quizá, el punto de arranque de esta revisión de la fecha quepa situarlo en relación con los estudios de C. H. Dodd sobre este Evangelio[24]. Aunque este autor siguió todavía la corriente de datar la obra

24 C. H. Dodd, Historical Tradition in the Fourth Gospel, Londres, 1963.

entre el 90 y el 100, atribuyéndola a un autor situado en Éfeso, reconoció, sin embargo, que el contexto del Evangelio está referido a condiciones «presentes en Judea antes del año 70 d. C., y no más tarde, ni en otro lugar»[25]. De hecho, la obra es descrita como «difícilmente inteligible»[26] fuera de un contexto puramente judío anterior a la destrucción del Templo e incluso a la rebelión del 66 d. C. Pese a estas conclusiones, C. H. Dodd sustentó la opinión en boga alegando que Juan 4, 53 era una referencia a la misión gentil y que el Testimonio de Juan recordaba la situación en Éfeso en Hechos 18, 24-19, 7. Ambas tesis son, desde nuestro punto de vista, insostenibles. El pasaje de Juan 4, 53 es muy discutible que tenga la connotación que le dio Dodd, pero, aunque así fuera, lo cierto es que la misión entre los gentiles fue asimismo previa al 66 d. C. En cuanto a la noticia de Hechos 18 y 19, debe recordarse que narra sucesos acontecidos también antes del 66 d. C. En realidad, existen a nuestro juicio elementos que hacen pensar en una datación anterior al 70 d. C. De manera somera, los mismos pueden resumirse así:

1. La cristología resulta muy primitiva. Jesús es descrito como «profeta y rey» (6, 14 y sigs.); «profeta y mesías» (7, 40-2); «profeta» (4, 19 y 9, 17); «mesías» (4, 25); «hijo del hombre» (5, 27), y «maestro de Dios» (3, 2). Aunque, en verdad, Juan hace referencia a la preexistencia del Verbo, tal concepto estaría presente asimismo, de haber existido, en Q —que identifica a Jesús con la Sabiduría eterna— y, como hemos visto en la tercera parte de nuestro estudio, en la generalidad del judeocristianismo palestino anterior a Jamnia.

2. El trasfondo —como ya se percató Dodd— solo encaja en el mundo judío palestino anterior al 70 d. C.

3. La única referencia que, en apariencia, situaría el Evangelio tras el año 70 d. C. es la noticia en relación con la expulsión de las sinagogas de algunos cristianos (Juan 9, 34 y sigs.; 16, 2). Para algunos autores, tal circunstancia está

25 C. H. Dodd, op. cit., pág. 120.

26 Ibídem, págs. 311 y sigs.; 332 y sigs., y 412 y sigs.

conectada con el birkat ha-minim e indicaría una redacción posterior al 80 d. C.[27]. Lo cierto, sin embargo, es que utilizar el argumento de la persecución para dar una fecha tardía de redacción de los Evangelios no parece que pueda ser de recibo desde el estudio realizado al respecto por D. R. A. Hare[28]. De hecho, tal medida fue utilizada ya contra Jesús (Lucas 4, 29), Esteban (Hechos 7, 58) y Pablo (Hechos 13, 50), con anterioridad al 66 d. C.

4. No hay referencias a los gentiles en el Evangelio (aunque sí la hay en Q, que es anterior al 70 d. C.). Esta circunstancia obliga a datar el Evangelio en una fecha muy temprana, cuando tal posibilidad tenía poca relevancia, y, desde luego, resulta imposible de encajar con un contexto efesino como el sostenido por algunos autores.
5. Los saduceos tienen una enorme importancia en el Evangelio. De hecho, se sigue reconociendo el papel profético del Sumo sacerdote (Juan 11, 47 y sigs.). Todo ello carecería de sentido tras el 70 d. C. —no digamos ya tras Jamnia—, dada la forma en que este segmento de la vida religiosa judía se eclipsó con la destrucción del Templo.
6. No hay referencias a la destrucción del Templo. Por el contrario, la profecía sobre tal evento atribuida a Jesús (2, 19) no solo no se conecta con los sucesos del año 70, sino con los del 30 d. C. En un Evangelio donde la animosidad de los dirigentes de la vida cúltica está tan presente —algo con paralelos en los datos suministrados por el libro de los Hechos en relación con Juan—, tal ausencia resulta inexplicable si es que, en efecto, el evangelio se escribió después del 70 d. C.

27 Una defensa muy rigurosa de este punto de vista, en F. Manns, John and Jamnia: how the break occured between Jews and Christians c. 80-100 A. D., Jerusalén, 1988.

28 D. R. A. Hare, The Theme of Jewish Persecution of Christians in the Gospel according to St. Matthew, Cambridge, 1967, págs. 48-56. con paralelos en los datos suministrados por el libro de los Hechos en relación con Juan—, tal ausencia resulta inexplicable si es que, en efecto, el Evangelio se escribió después del 70 d. C.

7. Los detalles topográficos son anteriores al 70 d. C. y rigurosamente exactos[29]. No solo revelan los mismos un conocimiento extraordinario de la Jerusalén anterior al 70 d. C., sino que además considera que la misma no «fue» así, sino que «es» así (4, 6; 11, 18; 18, 1; 19, 41). Una vez más, la ausencia de referencias a lo acontecido en el 70 d. C. resulta especialmente reveladora.
8. El discípulo está vivo en una época en que debería esperarse su muerte. Por lo general, esta circunstancia —recogida en el capítulo 21— ha sido utilizada para justificar una fecha tardía de la fuente, más teniendo en cuenta que presupone la muerte de Pedro (21, 18-23) en la cruz (compárese con 12, 33 y 18, 32). Tal interpretación significa ir más allá de lo que dice la fuente, que solo nos indica una fecha posterior al 65 d. C. De hecho, y viendo el contexto histórico, preguntarse si el Discípulo amado (y más si se trataba de Juan) iba a sobrevivir hasta la venida de Jesús resultaba lógico. Santiago había muerto en el 62 d. C.; Pedro, en el 65; Pablo, algo después. Es lógico que muchos pensaran que la Parusía podía estar cercana y que, quizá, el Discípulo amado viviría hasta la misma. Este no era de la misma opinión. Jesús no les había dicho eso a él y a Pedro, sino que este debía seguirlo sin importar lo que le sucediera al primero (Juan 21 y sigs.). Ahora Pedro había muerto (65 d. C.), pero nada indicaba que, por ello, la Parusía estuviera cerca. Una vez más, la destrucción del Templo en el 70 d. C. no es mencionada. Por lo tanto, desde nuestro punto de vista, lo más razonable es suponer que la conclusión de Juan se escribió en una fecha situada entre el 65 y el 66 d. C., siendo esta última o bien obra de él, que hablaría entonces en tercera persona, o bien de algún discípulo suyo. El contexto resulta, a nuestro juicio, claramente judeocristiano y palestino. En cuanto al resto del Evangelio, sin duda, es anterior al 65 d. C., pero, con seguridad, posterior a la misión

---

29 En este sentido, véanse: J. Jeremias, The Rediscovery of Bethesda, John 5, 2, Louisville, 1966; W. F. Albright, The Archaeology of Palestine, Harmondsworth, 1949, págs. 244-248; R. D. Potter, «Topography and Archaeology in the Fourth Gospel», en Studia Evangelica, I, 73, 1959, págs. 329-337; ídem, The Gospels Reconsidered, Oxford, 1960, págs. 90-98; W. H. Brownlee, «Whence the Gospel According to John?», en J. H. Charlesworth (ed.), John and the Dead Sea Scrolls, Nueva York, 1990.

samaritana de los treinta y quizá anterior a las grandes misiones entre los gentiles de los cincuenta d. C. La acumulación de todo este tipo de circustancias explica el que un buen número de especialistas haya situado la redacción del Evangelio con anterioridad al 70 d. C.[30], así como los intentos, poco convincentes en nuestra opinión, de algunos autores encaminados a no pasar por alto la solidez de estos argumentos y, a la vez, conjugarlos con una datación tardía del Evangelio. Estas interpretaciones chocan, a nuestro juicio, con el inconveniente principal de no responder a los argumentos arriba señalados, sobre todo, en relación con el trasfondo histórico[31].

30 Entre ellos, cabe destacar: P. Gardner-Smith, St. John and the Synoptic Gospels, Cambridge, 1938, págs. 93-96 (posiblemente coetáneo de Marcos); A. T. Olsmtead, Jesus in the Light of History, Nueva York, 1942, págs. 159-225 (poco después de la crucifixión); E. R. Goodenough, «John a Primitive Gospel», en JBL, 64, 1945, págs. 145-182; H. E. Edwards, The Disciple who Wrote these Things, 1953, págs. 129 y sigs. (escrito hacia el 66 por un judeocristiano huido a Pella); B. P. W. Stather Hunt, Some Johannine Problems, 1958, págs. 105-117 (justo antes del 70); K. A. Eckhardt, Der Tod des Johannes, Berlín, 1961, págs. 88-90 (entre el 57 y el 68); R. M. Grant, A Historical Introduction to the New Testament, 1963, pág. 160 (escrito en torno a la guerra del 66 por judeocristianos de Palestina o exiliados); G. A. Turner, «The Date and Purpose of the Gospel of John», en Bulletin of the Evangelical Theological Society, 6, 1963, págs. 82-85 (antes de la revuelta del 66); G. A. Turner y J. Mantey, John, Grand Rapids, 1965, pág. 18 (contemporáneo de las cartas paulinas); W. Gericke, «Zur Entstehung des Johannesevangelium», en TLZ, 90, 1965, cols. 807-820 (en torno al 68); E. K. Lee, «The Historicity of the Fourth Gospel», en CQR, 167, 1966, págs. 292-302 (no necesariamente después de Marcos); L. Morris, The Gospel According to John, Grand Rapids, 1972, págs. 30-35 (antes del 70 con probabilidad); S. Temple, The Core of the Fourth Gospel, 1975, VIII, 35-65 (sobre la base de un bosquejo anterior de los años 25-35. S. Temple cita, además, a M. Barth, datándolo antes del 70 y considerándolo el Evangelio más primitivo); J. A. T. Robinson, Redating..., págs. 307 y sigs. (el proto-Evangelio lo data en el 30-50 en Jerusalén y la redacción final hacia el 65); ídem, The Priority of John, Londres, 1985 (redacción final hacia el 65 y estudio sobre su autenticidad histórica).

31 J. L. Martyn, The Gospel of John in christian history, Nueva York, 1979 (una primera fase redaccional por judeocristianos palestinos entre antes del 66 d. C. y los años ochenta; un periodo medio a finales de los ochenta, y un periodo final posterior a los ochenta); M. E. Boismard, L'Évangile de Jean, París, 1977 (una primera redacción en el cincuenta, quizá por Juan, el hijo de Zebedeo; una segunda en el 60-65, por un judeocristiano de Palestina, quizá Juan el Presbítero, al que se refiere Papías; una tercera redacción en torno al 90 d. C., por un judeocristiano palestino emigrado a Éfeso; redacción definitiva en Éfeso por un miembro de la escuela joánica, a inicios del siglo II); W. Langbrandtner, Weltferner Gott oder Gott der Liebe. Die Ketzerstreit in der johanneischen Kirche, Fráncfort, 1977 (redacción final se situaría hacia el 100 d. C.); R. E. Brown, The Community of the beloved disciple, Nueva York, 1979, Cuadros de síntesis (la comunidad joánica se origina en Palestina a mediados de los cincuenta y desarrolla una «cristología alta» de pre-existencia del Hijo que lleva a conflictos con otros judíos. Este periodo concluirá a finales de los años ochenta, redactándose el Evangelio hacia el año 90 d. C.).

En cuanto a Marcos 32 que, muy posiblemente, recoge la predicación petrina[32], es un evangelio dirigido fundamentalmente a los gentiles y, casi con toda seguridad, forjado en un medio gentil que pudo ser Roma o, en segundo lugar, Alejandría. Como ya indicamos, se suele admitir de manera poco menos que unánime que fue escrito con casi absoluta certeza antes del año 70 d. C. De lo anterior, pese a lo sucinto de la exposición, deberíamos desprender que la redacción de los Evangelios que aparecen en el Nuevo Testamento tendríamos que situarla con anterioridad al 70 d. C. No solo su propia evidencia interna obliga a pensar en esa posibilidad, sino que el único argumento existente para datarlos con posterioridad a la destrucción del Templo (la profecía sobre la misma pronunciada por Jesús, interpretada como vaticinium ex eventu) no solo carece de la consistencia que aparenta tener, sino que además ese mismo anuncio ya aparece en Q, que se redactó, con toda seguridad, antes del 70 d. C.

Hemos sostenido ese punto de vista de manera novelada en C. Vidal, El testamento del pescador, Barcelona, 2004. Este libro sería el libro de temática espiritual más vendido en España durante el año 2004, a excepción de la Biblia, y muy por delante de las obras de Juan Pablo II o el Dalai Lama.

32 Sobre este Evangelio, con bibliografía y discusión de las diversas posturas, véanse: V. Taylor, The Gospel of Mark, Nueva York, 1966; H. Anderson, The Gospel of Mark, 1981; E. Best, Mark: The Gospel as Story, Filadelfia, 1983; L. Hurtado, Mark, Peabody, 1983; M. Hengel, Studies in the Gospel of Mark, Minneápolis, 1985; D. Lahrmann, Das Markusevangelium, Tubinga, 1987; R. A. Guelich, Mark 1-8: 26, Waco, 1989; J. D. Kingsbury, Conflict in Mark, Minneápolis, 1989.

BIBLIOGRAFÍA

I) CRISTIANISMO PRIMITIVO

I. Fuentes

a) Clásicas

Suetonio:

ROLFE, J. C., *Suetonius,* 2 vols. (latín con traducción inglesa), Cambridge y Londres, 1989.

Tácito:

MOORE, C. H., y JACKSON, J., *Tacitus: Histories and Annals,* 4 vols. (latín con traducción inglesa), Cambridge y Londres, 1989.

b) Talmúdicas

HERFORD, R. T., *Christianity in Talmud and Midrash* (hebreo y arameo), Londres, 1905.

c) Flavio Josefo

THACKERAY, H. St. J.; MARCUS, R.; WIKGREN, A., y FELDMAN, L. H., *Josephus,* 10 vols. (griego con traducción inglesa), Cambridge y Londres, 1989.

d) Patrísticas

MIGNE, J. P., *Patrologia Graeca,* 162 vols., París, 1857-1886.
— *Patrologia Latina,* París, 1844-1864.

II. Obras generales

AGNEW, F. H., «On the Origin of the term Apostolos», en CBQ, 38, 1976, págs. 49-53.

— «The origin of the NT Apostle-Concept», en JBL, 105, 1986, págs. 75-96.

AGUA, A. DEL, *El método midrásico y la exégesis del Nuevo Testamento,* Valencia, 1985.

AUNE, D. E., *Prophecy in Early Christianity,* Grand Rapids, 1983.

BAECK, L., «The Faith of St. Paul», en *Judaism and Christianity,* Filadelfia, 1960, págs. 139-168.

BAGATTI, B., «Resti cristiani in Palestina anteriori a Costantino?», en *Rivista di Archeologia Cristiana,* XXVI, 1950, págs. 117-131.

— «Scoperta di un cimitero giudeo-cristiano al Dominus Flevit», en LA, III, 1953, págs. 149-184.

BAGATTI, B., y MILIK, J. T., *Gli Scavi del «Dominus Flevit». I. La necropoli del periodo romano,* Jerusalén, 1958.

— *L'Église de la Circoncision,* Jerusalén, 1964.

— *Gli scavi di Nazareth. I. Dalle origini al secolo XII,* Jerusalén, 1967.

— *Antichi villaggi cristiani di Galilea,* Jerusalén, 1971.

— «Nuove Scorpete alla Tomba della Vergine a Getsemani», en LA, XXII, 1972, págs. 236-290.

— «L'apertura della Tomba della Vergine a Getsemani», en LA, XXIII, 1973, págs. 318-321.

BAGATTI, B.; PICCIRILLO, M., y PRODOMO, A., *New Discoveries at the Tomb of Virgin Mary in Gethsemane,* Jerusalén, 1975.

— *Antichi villaggi cristiani di Samaria,* Jerusalén, 1979.

— *Antichi villaggi cristiani di Giudea e Neghev,* Jerusalén, 1983.

BARBAGLIO, G., *Pablo de Tarso y los orígenes cristianos,* Salamanca, 1989.

BARCLAY, W., *The Revelation of St. John,* Filadelfia, 2 vols., 1976.

BARON, D., *The Servant of Jehovah,* Londres, 1922.

BARR, J., «Which language did Jesus speak?», en BJRL, 53, 1970-1971, págs. 9 y sigs.

BARRETT, C. K., *The Epistle to the Romans,* Londres, 1957.

— *The Pastoral Epistles,* Oxford, 1963.

— *The First Epistle to the Corinthians,* Londres, 1968.

— *Luke the Historian in Recent Study,* Filadelfia, 1970.

— *The Second Epistle to the Corinthians,* Londres, 1973.

— *The Gospel according to St. John,* Filadelfia, 1978.

— *Freedom and Obligation,* Londres, 1985.

— *The New Testament Background,* Nueva York, 1989.

BARTH, G., *El bautismo en el tiempo del cristianismo primitivo,* Salamanca, 1986.

BARTH, K., *The Epistle to the Romans,* Oxford, 1933. (Carta a los Romanos, BAC Madrid 1998).

— *The Epistle to the Philipians,* Londres, 1962.

BARTH, M., *Rediscovering the Lord's Supper,* Atlanta, 1988.

BAUCKHAM, R. J., *II Peter and Jude,*Waco, 1983.

BAUER, W., *Rechtgläubigkeit und Ketzerei im ältesten Christentum,* Tubinga, 1934.

— *New Testament Apocrypha,* I, Filadelfia, 1963.

— *Orthodoxy and Heresy in Earliest Christianity,* Filadelfia, 1971.

BAUR, F. C., «Die Christuspartei in der Korinthischen Gemeinde, der Gegensatz des petrinischen und paulinischen Christenthums in der ältesten Kirche, der Apostel Paulus in Rom», en *Tübinger Zeitschrift für Theologie,* 4, 1831, págs. 61-206.

— *Paulus, der Apostel Jesu Christi,* Tubinga, 1846.

— *Paul: His life and Works,* 2 vols., Londres, 1875.

BEASLEY-MURRAY, G. R., *Jesus and the Kingdom of God,* Grand Rapids, 1986.

— *John,* Waco, 1987.

BIKERMAN, E., «Sur la version vieux-russe de Flavius Josèphe», en *Melanges Franz Cumont,* Bruselas, 1936, págs. 53-84.

BORNKAMM, G., *Pablo de Tarso,* Salamanca, 1978.

BOUSSET, W., *Kyrios Christos,* Nashville, 1970.

BOWKER, J. W., «Speeches in Acts: A Study in Proem and Yelammedenu Form», en *New Testament Studies,* 14, 1967-1968, págs. 96-111.

— *The Targums and the Rabbinic literature,* Cambridge, 1969.

BRIAND, J., *L'Église judéo-chrétienne de Nazareth,* Jerusalén, 1981.

BROWN, R. E., *The Community of the Beloved Disciple,* Nueva York, 1979.

— *The Birth of the Messiah,* Nueva York, 1979. (Existe edición castellana: *El nacimiento del Mesías,* Madrid, 1982).

— *The Epistles of John,* Nueva York, 1982.

BRUCE, F. F., *The Epistle to the Ephesians,* Glasgow, 1961.

— *The Epistles of John,* Londres, 1970.

— *1 and 2 Corinthians,* Londres, 1971.

— *¿Son fidedignos los documentos del Nuevo Testamento?,* Miami, 1972.

— *New Testament History,* Nueva York, 1980.

— *1 and 2 Thessalonians,*Waco, 1982.

— *Paul and Jesus,* Grand Rapids, 1982.

— *The Epistle of Paul to the Galatians,* Exeter, 1982.

— *The Gospel of John,* Grand Rapids, 1983.

— *The Epistles to the Colossians, to Philemon and the Ephesians,* Grand Rapids, 1984.

— *Philipians,* Basingstoke, 1984.

— *The Epistle of Paul to the Romans,* Londres, 1985.

— *La Epístola a los Hebreos,* Grand Rapids, 1987.

— *The Acts of the Apostles,* Leicester, 1988. (*Hechos de los Apóstoles,* Desafío, 2007).

— «Eschatology in Acts», en Gloer, W. H. (ed.), *Eschatology and the New Testament,* Peabody, 1988.

— *New Testament Development of Old Testament Themes,* Grand Rapids, 1989.

— *Paul: Apostle of the Heart Set Free,* Grand Rapids, 1990. (*Pablo,apóstol del corazón liberado,* Clie, Barcelona 2012).

BRÜNE, B., «Zeugnis des Josephus über Christus», en Th St Kr, 92, 1919, págs. 139-147.

BULTMANN, R., «Neuste Paulusforschung», en TR, 6, 1934, págs. 229-246, 286.

BULTMANN, R., *Kerygma and Myth,* Londres, 1953, (Revelación y Mito, Herder, Barcelona 1965).

— «Jesus and Paul», en *Existence and Faith,* Londres, 1964, págs. 217-239.

— *The Gospel of John,* Filadelfia, 1971.

— *Teología del Nuevo Testamento,* Salamanca, 1981.

CARAGOUNIS, C. C., *The Son of Man,* Tubinga, 1986.

CARRINGTON, P., *The Early Christian Church,* I, Cambridge, 1957.

CASEY, M., *Son of Man,* Londres, 1979.

CLERMONT-GANNEAU, C., «Discovery of a Tablet from Herod's Temple», en *Palestine Exploration Quarterly,* 3, 1871, págs. 132-133.

— «Epigraphes hébraiques et grecques sur des ossuaires juifs inédits», en *Revue Archéologique,* 3.ª serie, 1883, I, págs. 257-268.

CLOGG, F. B., *An Introduction to the New Testament,* Londres, 1940.

CONGAR, Y., *El Espíritu Santo,* Barcelona, 1983.

CONZELMANN, H., «Jesus Christus», en RGG, III, 1959, cols. 619-653.

— *Die Apostelgeschichte,* Tubinga, 1963.

— *1 Corinthians,* Filadelfia, 1979.

CRANFIELD, B., *The Epistle to the Romans,* 2 vols., Edimburgo, 1975-1979.

CREED, J. M., «The Slavonic Version of Josephus History of the Jewish War», en *The Harvard Theological Review,* XXV, 1932, págs. 318-319.

CULLMANN, O., *Le problème littéraire et historique du roman pseudo-clémentin,* París, 1930.

— *The Earliest Christian Confessions,* Londres, 1949.

— *Baptism in the New Testament,* Londres, 1950.

— *El Estado en el Nuevo Testamento,* Madrid, 1966.

— *El Nuevo Testamento,* Madrid, 1971.

— *Jesús y los revolucionarios de su tiempo,* Madrid, 1971.

— *Del Evangelio a la formación de la teología cristiana,* Salamanca, 1972.

— *Christology of the New Testament,* Londres, 1975.

CUMONT, F., «Un rescrit impérial sur la violation de sépulture», en *Revue Historique,* 163, 1930, págs. 241 y sigs.

DALE, J. W., *Baptizo: an Inquiry into the Meaning of the Word as Determined by the Usage of Jewish and Patristic Writers,* Filadelfia, 1991.

DALEY, B. E., *The Hope of the Early Church: A Handbook of Patristic Eschatology,* Cambridge, 1991.

DALMAN, G., *Die Thalmudischen Texte (über Jesu),* Leipzig, 1900.

— *The Words of Jesus,* Edimburgo, 1902.

— *Die Worte Jesu,* Leipzig, 1898 y 1930.

DANIÉLOU, J., *La théologie du judéo-christianisme,* París, 1958.

— *Theology of Jewish Christianity,* Chicago, 1964.

DAVIES, W. D., *Paul and Rabbinic Judaism,* Londres, 1948.

DEISS, L., *La Cena del Señor,* Bilbao, 1989.

DERENBOURG, J., *Essai sur l'histoire et la géographie de la Palestine,* París, 1867.

DIBELIUS, M., *A Fresh Approach to the New Testament and Early Christian Literature,* Londres, 1936.

DIBELIUS, M., y CONZELMANN, H., *The Pastoral Epistles,* Filadelfia, 1972.

DIBELIUS, M., y KÜMMEL, W. G., *Paul,* Londres, 1953.

— *Studies in the Acts of the Apostles,* Londres, 1956.

DÍEZ MACHO, A., *La lengua hablada por Jesucristo,* Madrid, 1976.

— *Jesucristo «único»,* Madrid, 1976.

DIX, G., *Jew and Greek: A Study in the Primitive Church,* Londres, 1953.

DOCKERY, D. S., «Baptism», en DJG.

DODD, C. H., *The Epistle of Paul to the Romans,* Londres, 1932.

— «The Fall of Jerusalem and the Abomination of Desolation», en JRS, 37, 1947, págs. 47-54.

— *Historical Tradition in the Fourth Gospel,* Londres, 1963.

EDERSHEIM, A., *Prophecy and History according to the Messiah,* Grand Rapids, 1980. (*Profecía e historia en relación con el Mesías,* Clie, Tarrasa, 1986).

— *La vida y los tiempos de Jesús el Mesías,* Tarrasa, 1988.

ELLIOT-BINNS, L. E., *Galilean Christianity,* Londres, 1956.

ELLIS, E. E., y GRÄSSER, E., «The Authorship of the Pastorals», en *Evangelical Quarterly,* 32, 1960, págs. 151-161 (eds.), *Jesus und Paulus,* Gotinga, 1975.

FELDMAN, L. H., *Studies in Judaica: Scholarship on Philo and Josephus (1937-1962),* Nueva York, 1963. *Josephus,* IX, Cambridge y Londres, 1965.

— *Josephus and Modern Scholarship,* Berlín-Nueva York, 1984.

FERNÁNDEZ URIEL, P., «El incendio de Roma del año 64: Una nueva revisión crítica», en *Espacio, Tiempo y Forma,* II, Historia Antigua, t. III, Madrid, 1990, págs. 61-84.

FERNÁNDEZ URIEL, P., y VIDAL MANZANARES, C., «Anavim, apocalípticos y helenistas: Una introducción a la composición social de las comunidades judeocristianas de los años 30 a 70 del siglo I d. C.», en *Homenaje a J. M. Blázquez,* Madrid, vol. IV (en prensa).

FISHER, E. J. (ed.), *The Jewish Roots of Christian Liturgy,* Nueva York, 1990.

FLUSSER, D., *Jesús en sus palabras y su tiempo,* Madrid, 1975.

— «El Hijo del Hombre», en Toynbee, A. (ed.), *El crisol del cristianismo,* Madrid, 1988.

FOAKES-JACKSON, F. J., *The Acts of the Apostles,* Londres, 1931.

GELDENHUYS, N., *The Gospel of Luke,* Londres, 1977.

GERHARDSSON, B., *Memory and Manuscript: Oral Traditions and Written Transmission in the Rabbinic Judaism and Early Christianity,* Uppsala, 1961.

GNUSE, R., *Comunidad y propiedad en la tradición bíblica,* Estella, 1987.

GONZÁLEZ-FAUS, J., *Clamor del reino: estudio sobre los milagros de Jesús,* Salamanca, 1982.

GOPPELT, L., *Christentum und Judentum im ersten und zweiten Jahrhundert,* Güttersloh, 1950.

— *Typos: The Typological Interpretation of the Old Testament in the New,* Grand Rapids, 1982.

GRAU, J., *Escatología,* Barcelona, 1977.

GUEVARA, H., *Ambiente político del pueblo judío en tiempos de Jesús,* Madrid, 1985.

GUTHRIE, D., *New Testament Introduction,* Londres, 1965.

HARNACK, A. VON, *Chronologie der altchristlichen Litteratur bis Eusebius,* Leipzig, 1893-1897.

HARNACK, A. VON, *Lukas der Arzt,* Leipzig, 1906.

— «Die Apostelgeschichte», en *Beiträge zur Einleitung in das Neue Testament,* III, Leipzig, 1908.

— *Date of Acts and the Synoptic Gospels,* Londres, 1911.

HEGERMANN, H., *Jesaja 53 in Hexapla, Targum und Peschitta,* Gütersloh, 1954.

HENGEL, M., *Property and Riches in the Early Church,* Filadelfia, 1974.

— *El Hijo de Dios,* Salamanca, 1978.

— *Acts and the History of Earliest Christianity,* Londres, 1979.

— *The Charismatic Leader and His Followers,* Edimburgo, 1981.

— *Between Jesus and Paul,* Londres, 1983.

— *The «Hellenization» of Judaea in the First Century after Christ,* Londres y Filadelfia, 1989.

— *The Zealots,* Edimburgo, 1989.

— *Judaism and Hellenism,* Minneápolis, 1991.

HERFORD, R. T., *Christianity in Talmud and Midrash,* Londres, 1905.

HÉRING, J., *The Second Epistle of Saint Paul to the Corinthians,* Londres, 1968.

HOBART, W. K., *The Medical Language of Saint Luke,* Dublín, 1882.

HOENNICKE, G., *Das Judenchristentum im ersten um zweiten Jahrhundert,* Berlín, 1908.

JEREMIAS, J., *The Servant of God,* Londres, 1957.

— *La Última Cena,* Madrid, 1980.

— *Teología del Nuevo Testamento,* I, Salamanca, 1980.

— *Abba y el mensaje central del Nuevo Testamento,* Salamanca, 1983.

— *Jerusalén en tiempos de Jesús,* Madrid, 1985.

JOCZ, J., *The Jewish People and Jesus Christ: The Relationship between Church and Synagogue,* Grand Rapids, 1.ª ed., 1949; 3.ª ed., 1979.

JUEL, D., *Messianic Exegesis: Christological Interpretation of the Old Testament in Early Christianity,* Filadelfia, 1988.

JÜNGEL, E., *Paulus und Jesus,* Tubinga, 1962.

JUSTER, J., *Les juifs dans l'Empire romain,* París, 1914.

KÄSEMANN, E., *Commentary on Romans,* Grand Rapids, 1980.

KAUTSKY, K., *Orígenes y fundamentos del cristianismo primitivo,* Salamanca, 1974.

KEE, H. C., *Miracle in the Early Christian World,* New Haven, 1983.

— *Miracle and Magic in the New Testament Times,* Cambridge, 1986.

KIM, S., *The Son of Man as the Son of God,* Grand Rapids, 1983.

KLAUSNER, J., *From Jesus to Paul,* Londres, 1944.

— *The Messianic Idea in Israel,* Londres, 1956.

— *Jesús de Nazaret,* Buenos Aires, 1971.

KÖSTER, H., *Introducción al Nuevo Testamento,* Salamanca, 1988.

KYRTATAS, D. J., *The Social Structure of the Early Christian Communities,* Londres, 1987.

LABRIOLLE, P., *La Réaction païenne,* París, 1948 (2.ª ed.).

LADD, G. E., *El Evangelio del Reino,* Miami, 1974.

— *Crucial Questions about the Kingdom,* Grand Rapids, 1974.

— *Presence of the Future,* Grand Rapids, 1974.

— *The Resurrection of Jesus,* Grand Rapids, 1975.

— *El Apocalipsis de Juan,* Miami, 1978.

LAKE, K., *The Earlier Epistles of St. Paul,* Londres, 1919.

— *The Beginnings of Christianity,* Londres, 1933.

LAKE, K., y LAKE, S., *An Introduction to the New Testament,* Londres, 1938.

LAPIDE, P., *The Resurrection of Jesus: A Jewish Perspective,* Minneápolis, 1983.

— «I Accept the Resurrection of Easter Sunday», en Kac, A. W. (ed.), *The Messiahship of Jesus,* Grand Rapids, 1986.

LEVEY, S. H., *The Messiah: An Aramaic Interpretation,* Nueva York, 1974.

LIEMPT, L. VAN, «De testimonio flaviano», en *Mnemosyne,* 55, 1927, págs. 109-116.

LOHSE, E., *Colossians and Philemon,* Filadelfia, 1971.

— *Introducción al Nuevo Testamento,* Madrid, 1975.

LONGENECKER, R. N., *Paul, Apostle of Liberty,* Nueva York, 1964.

— *The Christology of Early Jewish Christianity,* Grand Rapids, 1970.

MACCOBY, H., *Judaism in the First Century,* Londres, 1989.

MALHERBE, A. J., *Social Aspects of Early Christianity,* Filadelfia, 1983.

MANNS, F., *Essais sur le Judéo-Christianisme,* Jerusalén, 1977.

MANNS, F., *Bibliographie du Judéo-Christianisme,* Jerusalén, 1979.

— *Pour lire la Mishna,* Jerusalén, 1984.

— *La prière d'Israël à l'heure de Jésus,* Jerusalén, 1986.

— *John and Jamnia: how the Break occured between Jews and Christians c. 80-100 A. D.,* Jerusalén, 1988.

MANSON, T. W., *The Servant-Messiah. A Study of public ministry of Jesus,* Manchester, 1953.

— *Studies in the Gospel and Epistles,* Manchester, 1962.

MARSHALL, I. H., *Luke: Historian and Theologian,* Exeter, 1970.

— *The Acts of the Apostles,* Leicester, 1980.

— *Last Supper and Lord's Supper,* Grand Rapids, 1980.

— *1 and 2 Thessalonians,* Londres, 1983.

— «Son of Man», en DJG.

MARX, K., y ENGELS, F., *Sobre la religión,* Salamanca, 1979.

MEEKS, W. A. (ed.), *The Writings of St. Paul,* Nueva York, 1972.

— *Los primeros cristianos urbanos,* Salamanca, 1988.

MERX, A., *Der Messias oder Ta'eb der Samaritaner,* Tubinga, 1909.

MORRIS, L., *The Apostolic Preaching of the Cross,* Grand Rapids, 1956.

— *The First and Second Epistles to Thessalonians,* Londres, 1959.

— *The First Epistle to the Corinthians,* Grand Rapids, 1979.

MOWINCKEL, S., *El que ha de venir: mesianismo y mesías,* Madrid, 1975.

MUÑOZ LEÓN, D., *Dios-Palabra: Memra en los Targumim del Pentateuco,* Valencia, 1974.

MURPHY, F. J., *The Religious World of Jesus,* Nashville, 1991.

MURPHY O'CONNOR, J., y CHARLESWORTH, J. H., *Paul and the Dead Sea Scrolls,* Nueva York, 1990.

NASH, R., *Christianity and the Hellenistic World,* Grand Rapids, 1984.

PELLETIER, A., «L'originalité du témoignage de Flavius Josèphe sur Jésus», en RSR, 52, 1964, págs. 177-203.

PERELMUTTHER, H. G., *Siblings: Rabbinic Judaism and Early Christianity at their Beginnings,* Mahwah, 1989.

PÉREZ FERNÁNDEZ, M., *Tradiciones mesiánicas en el Targum palestinense,* Valencia-Jerusalén, 1981.

— *La lengua de los sabios,* I, Valencia, 1992.

PERRIN, N., *The New Testament,* Nueva York, 1974. 292

PRITZ, R. A., *Nazarene Jewish Christianity,* Jerusalén y Leiden, 1988.

RAMSAY, W. M., *A Historical Commentary on St. Paul's Epistles to the Galatians,* Londres, 1899.

— *St. Paul the Traveller and the Roman Citizen,* Londres, 1920.

RICHARDS, G. C., «The Composition of Josephus Antiquities», en CBQ, 33, 1939, págs. 36-40.

RICHARDSON, A., *Las narraciones evangélicas sobre los milagros,* Madrid, 1974.

RIDDERBOS, H. N., *Paul: An Outline of his Theology,* Grand Rapids, 1975.

RIESENFELD, H., *The Gospel Traditions and its Beginnings,* Londres, 1957.

ROBINSON, J. A. T., *Redating the New Testament,* Filadelfia, 1976.

— *The Priority of John,* Londres, 1985.

ROBINSON, J. M., y KOESTER, H. (eds.), *Trajectories through Early Christianity,* Filadelfia, 1964.

ROWLAND, C., *The Open Heaven,* Londres, 1985.

— *Christian Origins,* Londres, 1989.

SABOURIN, L., *The Divine Miracles Discussed and Defended,* Roma, 1977.

SANDERS, E. P., *Paul and Palestinian Judaism,* Minneápolis, 1977.

— *Jesus and Judaism,* Filadelfia, 1985. (*Jesús y el judaísmo,* Trotta, Madrid, 2004).

— *Paul, the Law and the Jewish People,* Filadelfia, 1989.

SANDMEL, S., *The Genius of Paul: A Study in History,* Nueva York, 1970.

SCHOEPS, H. J., *Theologie und Geschichte des Judenchristentums,* Tubinga, 1949.

— *Aus frühchristlicher Zeit,* Tubinga, 1950.

— *Paul: The Theology of the Apostle in the Light of Jewish Religious History,* Londres, 1961.

SCHÜRER, E., *The History of the Jewish people in the Age of Jesus Christ,* Edimburgo, 1987. (*Historia de los judíos en tiempos de Jesús,* Ediciones Cristiandad, Madrid, 1985).

— «Josephus», en *Realenzyclopädie für die protestantische Theologie und Kirche,* IX, 1901, págs. 377-386.

SHERWIN-WHITE, A. N., *Roman Society and Roman Law in the New Testament,* Oxford, 1963.

SIMON, M., *Verus Israel: Études sur les relations entre Chrétiens et Juifs dans l'empire romain,* París, 1964.

SMALLWOOD, E. M., *The Jews under Roman Rule,* Leiden, 1976.

SORDI, M., *Los cristianos y el imperio romano,* Madrid, 1988.

TESTA, E., *Il Simbolismo dei Giudeo-Cristiani,* Jerusalén, 1962.

— «Scoperta del Primitivo Rito della Estrema Unzione in una Laminella del I secolo», en *La Terra Santa,* 39, 1963, págs. 70-74.

— «Le "Grotte dei Misteri" giudeo-cristiane», en LA, XIV, 1964, págs. 65-144.

— *L'huile de la Foi. L'Onction des malades sur une lamelle du Ier siècle,* Jerusalén, 1967.

— «Ancora sulla laminella giudeo-cristiana», en *Biblica,* 49, 1968, págs. 249-253.

— *Nazaret Giudeo-Cristiana,* Jerusalén, 1969, págs. 79-110.

— *I Graffiti della Casa di San Pietro,* Jerusalén, 1972.

THACKERAY, H. St. J., *Josephus the Man and the Historian,* Nueva York, 1967.

— *Josephus,* III, Londres, 1979.

THEISSEN, G., *The Miracle Stories of the Early Christian Tradition,* Filadelfia, 1983.

— *Estudios de sociología del cristianismo primitivo,* Salamanca, 1985.

THIEDE, C. P., *Simon Peter,* Grand Rapids, 1988.

TOYNBEE, A. (ed.), *El crisol del cristianismo,* Madrid, 1988.

VIDAL, C., «La figura de María en la literatura apócrifa judeocristiana de los dos primeros siglos», en *Ephemerides Mariologicae,* 41, 1991, págs. 191-205.

— «María en la arqueología judeocristiana de los tres primeros siglos», en ibídem, págs. 353-364.

— «La influencia del judeocristianismo en la liturgia mariana», en ibídem, 42, 1992, págs. 115-126.

— *Los Evangelios gnósticos,* Barcelona, 1991.

— *Diccionario de Patrística,* Estella, 1992.

— *El Primer Evangelio: el Documento Q,* Barcelona, 1993.

— *Los documentos del mar Muerto,* Madrid, 1993.

— *Los esenios y los rollos del mar Muerto,* Barcelona, 1993.

VIDAL, C., *El judeocristianismo en la Palestina del siglo I: de Pentecostés a Jamnia,* Madrid, 1994.

— *Diccionario de Jesús y los Evangelios,* Estella, 1995.

VIDAL, C., y FERNÁNDEZ URIEL, P., «Anavim, apocalípticos y helenistas: Una introducción a la composición social de las comunidades judeocristianas de los años 30 a 70 del siglo I. d. C.», en *Homenaje a J. M. Blázquez,* Madrid, vol. IV (en prensa).

WENHAM, D., y BLOMBERG, C. (eds.), *The Jesus Tradition Outside the Gospels,* Sheffield, 1985.

— *The Miracles of Jesus,* Sheffield, 1986.

WILKEN, R. L., *The Christians as the Romans Saw Them,* New Haven y Londres, 1984.

WILLIS, W. (ed.), *The Kingdom of God in 20th Century Interpretation,* Peabody, 1987.

YODER, J. H., *The Politics of Jesus,* Grand Rapids, 1979.

YOUNG, B. H., *Jesus and His Jewish Parables,* Nueva York, 1989.

ZAHN, T., *Introduction to the New Testament,* Edimburgo, 1909.

ZULUETA, F. DE, «Violation of Sepulture in Palestine at the Beginning of the Christian Era», en JRS, 22, 1932, págs. 184 y sigs.

II) PERÍODO PATRÍSTICO

I. Obras generales

ALTANER, B., *Patrología,* 5.ª ed., Madrid, 1962.

BOSIO, G., *Iniziazione a I Padri,* vol. I, Turín, 1963.

DIBELIUS, M., *A Fresh Approach to the New Testament and Early Christian Literature,* Nueva York, 1936.

GOODSPEED, E. J., *A History of Early Christian Literature,* Chicago, 1942.

HARNACK, A. VON, *Geschichte der altchristlichen Literatur bis auf Eusebius,* 3 vols., 2.ª ed., Leipzig, 1958.

LEIGH BENNET, E., *Handbook of the Early Christian Fathers,* Londres, 1920.

QUASTEN, J., *Patrología,* 3 vols., Madrid, 1968, 1973 y 1981.

VIDAL, C., *Diccionario de Patrística,* Estella, 1992.

II. Obras de patrística griega

BARDY, G., *Littérature grecque chrétienne,* 2.ª ed., París, 1935.

BATTIFOL, P., *La littérature grecque,* 3.ª ed., París, 1901.

CAMPBELL, J. M., *The Greek Fathers,* Londres-Nueva York, 1929.

CAMPENHAUSEN, H. VON, *Los Padres de la Iglesia. I. Padres griegos,* Madrid, 1974.

PELLEGRINO, M., *Letteratura greca cristiana,* Roma, 1956.

III. Obras de patrística latina

BARDY, G., *Littérature latine chrétienne,* 3.ª ed., París, 1943.

CAMPENHAUSEN, H. VON, *Lateinische Kirchenväter,* Stuttgart, 1960.

CUEVAS, E., y DOMÍNGUEZ DEL VAL, U., *Patrología española. Apéndice a la patrología de B. Altaner,* 5.ª ed., Madrid, 1962.

MONCEAUX, P., *Histoire de la littérature latine chrétienne,* París, 1924.

PELLEGRINO, M., *Letteratura latina cristiana,* Roma, 1957.

ROSE, H. J., *A Handbook of Latin Literature from the Earliest Times to 430,* Londres, 1936.

SWETE, H. B., *Patristic Study,* Londres, 1902.

IV. Obras de patrística oriental

AKINIAN, N., *Untersuchungen zur Geschichte der armenischen Literatur,* iena, 1938.

BARDY, G., «Les premiers temps du christianisme de langue copte en Egipte», *Mémorial Lagrange,* págs. 203-216, París, 1940.

BAUMSTARK, A., *Die christlichen Literaturen des Orients,* 2 vols., Leipzig, 1911-1914.

CERULLI, E., *Storia della letteratura etiopica,* Milán, 1956.

CHABOT, J. B., *Littérature syriaque,* París, 1935.

GRAF, G., *Geschichte der christlichen arabischen Literatur,* 5 vols., Roma, 1944-1953.

HARDEN, J. M., *An Introduction to Ethiopic Christian Literature,* Londres, 1926.

KARST, J., *Littérature géorgienne chrétienne,* París, 1934.

O'LEARY, *Littérature copte,* DAL, núm. 9, 1930, págs. 1599-1635.

ORTIZ DE URBINA, I., *Patrologia Syriaca,* Roma, 1958.

VIDAL, C., *Los evangelios gnósticos,* Barcelona, 1991.

V. Ediciones de textos patrísticos

GRAFFIN, R., *Patrologia syriaca,* París, 1894-1926.

GRAFFIN, R., y NAU, F., *Patrologia orientalis,* París, 1907 y sigs.

MIGNE, J. P., *Patrologiae cursus completus,* Series Latina, 221 vols., París, 1844-1855. (Para el rápido uso de los índices hay una *Elucidatio in 235 tabulas Patrologiae Latinae,* Rotterdam, 1952).

— *Patrologiae cursus completus,* Series Graeca, 161 vols., París, 1857-1866.

VI. Obras específicas

1. *Padres apostólicos*

DEBLAVY, J., *Les idées eschatologiques de S. Paul et des Pères apostoliques,* Alençon, 1924.

CASAMASSA, A., *I padri apostolici, Studio introduttivo,* Roma, 1938.

CHOPIN, L., *La Trinité chez les Pères apostoliques,* París, 1925.

LAWSON, J., *A Theological and Historical Introduction to the Apostolic Fathers,* Nueva York, 1961.

ROBINSON, J. A., *Barnabas, Hermas and the Didache,* Londres, 1920.

RUIZ BUENO, D., *Los Padres apostólicos,* Madrid, 1950.

UNDERHILL, E., *The Mystic Way,* Londres, 1914.

2. *Literatura apócrifa del Nuevo Testamento*

BONSIRVEN, J., *La Bibbia apocrifa,* Milán, 1962.

GONZÁLEZ BLANCO, E., *Los evangelios apócrifos,* 3 vols., Madrid, 1934.

JAMES, M. R., *The Apocryphal New Testament,* Oxford, 1950.

PROCTOR, W. C., *The value of the Apocrypha,* 1926.

SANTOS OTERO, A., *Los evangelios apócrifos,* Madrid, 1988.

SNELL, B. J., *The value of the Apocrypha,* Londres, 1905.

VIDAL, C., *Los evangelios gnósticos,* Martínez Roca, Barcelona, 1991.

VIDAL, C., «La figura de María en la literatura apócrifa judeocristiana de los dos primeros siglos», *Ephemerides Mariologicae,* Madrid, vol. XLI, 1991, fasc. III, págs. 191-205.

3. *Poesía cristiana*

BATE, H. N., *The Jewish Sibylline Oracles,* Londres, 1918.

BOLISANI, E., *L'innologia cristiana antica,* Padua, 1964.

CATAUDELLA, Q., *Antología cristiana,* Milán, 1969.

CORSARO, F., *Sedulio poeta,* Catania, 1956.

COURCELLE, P., *Histoire littéraire des grandes invasions germaniques,* París, 1964.

CUNNINGHAM, M. P., «Forty years of Prudentius Studies», en *Aufstieg und Niedergang des römischen Welts,* Berlín, III.

HARRIS, J. R., y MINGANA, A., *The Odes and Psalms of Solomon,* 2 vols., Manchester, 1916-1920.

HOPPENBROUWERS, H., *Commodien, poète chrétien,* Nimega, 1964.

LABOURT, J., y BATTIFOL, P., *Les Odes de Salomon,* París, 1911.

MARUCCHI, O., *Il pontificato di papa Damaso e la storia della sua familia secondo le recenti scoperte archeologiche,* Roma, 1905.

MEARNS, J., *The Canticles of the Christian church,* Cambridge, 1914.

PEEBLES, B. M., *The poet Prudencius,* Nueva York, 1951.

RIZZA, G., *Paolino di Nola,* Catania, 1947.

SPITZMULLER, H., *Poésie latine chrétienne du Moyen Âge,* III-IV, París, 1971.

VIDAL, C., «Prudencio: los judíos en la obra de un padre hispano», en *En torno a Sefarad: encuentro internacional de historiadores,* Toledo, 16-19 diciembre, 1991.

4. *Los mártires*

BERNARD RUFFIN, C., *The days of the martyrs,* Huntington, 1985.

CAMPENHAUSEN, H. VON, *Die Idee des Martyriums in der alten Kirche,* Gotinga, 1936.

FRIEND, W. H. C., *Martyrdom and Persecution in the Early Church,* Londres, 1965.

GARCÍA VILLADA, Z., *Rosas de martirio,* Madrid, 1925.

HANOZIN, P., *La geste de martyrs,* París, 1935.

LUIS RUIZ, B., *Actas selectas de mártires,* 2 vols., Madrid, 1943-1944.

ROME, E., *Premiers témoins du Christ,* París, 1966.

RUIZ BUENO, D., *Actas de los mártires,* Madrid, 1951.

5. *Los apologistas*

CHADWICK, H., *Early Christian Thought and the Classical tradition. Studies in Justin, Clement and Origen,* Londres, 1966.

DONALDSON, J., *The Apologists,* Londres, 1866.

GIORDANI, I., *La prima polemica cristiana,* Turín, 1930.

LAGUIER, J., *La méthode apologétique des Pères dans les trois premiers siècles,* París, 1905.

LITTLE, V. A. S., *The Christology of the Apologists,* Londres, 1934.

RUIZ BUENO, D., *Padres apologistas griegos del siglo II,* Madrid, 1979.

SHOTWELL, W. A., *The Biblical Exegesis of Justin Martyr,* Londres, 1965.

6. *Los herejes*

BLACKMAN, E. C., *Marcion and his influence,* Londres, 1948.

BURKITT, F. C., *The Religion of the Manichees,* Cambridge, 1925.

CAMELOT, P. T., *Éfeso y Calcedonia,* Vitoria, 1971.

EVANS, P. W., *Some lessons from Marcion,* Birmingham, 1950.

FREND, W. C. H., *The Donatist Church,* Oxford, 1971.

GRANT, R. M., *Gnosticism and Early Christianity,* Nueva York, 1959.

— *Gnosticism,* Nueva York, 1961.

— *La Gnose et les origines chrétiennes,* París, 1964.

GIGLI, G., *L'ortodossia, l'arianesimo e la politica di Constanzo II,* Roma, 1950.

HANDLER, G., *Wulfila und Ambrosius,* Sttutgart, 1961.

KELLY, J. N. D., *The Athanasian Creed,* Londres, 1964.

LABRIOLLE, P. DE, *La crise montaniste,* París, 1913.

PUECH, H., *Le manichéisme, son fondateur, sa doctrine,* París, 1949.

QUISPEL, G., *Gnosis und Weltreligion,* Zúrich, 1951.

ROUGIER, L., *La critique biblique dans l'antiquité: Marcion et Fauste de Milève,* París, 1958.

SCIPIONI, L. I., *Nestorio e il concilio di Efeso,* Milán, 1974.

THOMPSON, E. A., *The visigoths in the time of Ulfila,* Oxford, 1966.

VIDAL, C., *Los evangelios gnósticos,* Martínez Roca, Barcelona, 1991.

WERMELINGER, O., *Rom und Pelagius,* Sttutgart, 1975.

WIDENGREN, G., *Mesopotamian Elements in Manichaeism,* Uppsala, 1946.

7. *Los Padres alejandrinos*

BREZZI, P., *La gnosi cristiana di Alessandria e le antiche scuole cristiane,* 1950.

CROUZEL, H., *Origène et la philosophie,* París, 1962.

CHADWICK, H., *Early Christian Thought and the Classical tradition. Studies in Justin, Clement and Origen,* Londres, 1966.

DANIELOU, J., *Origène,* París, 1948.

FAYE, E. DE, *Clément d'Alexandrie,* París, 1906.

HASLER, V. E., *Gesetz und Evangelium in der alten Kirche bis Origines,* Zúrich, 1953.

JAEGER, W., *Early Christianity and Greek Paideia,* Cambridge (Massachusetts), 1962.

PATRICK, J., *Clement of Alexandria,* Edimburgo, 1914.

PUGLIESI, M., *L'apologetica greca e Clemente Alessandrino,* Catania, 1947.

WEBER, K. O., *Origenes der Neuplatoniker,* Múnich, 1962.

8. *Los Padres latinos y romanos*

ANDERSON, J. O., *Novatian,* Copenhague, 1901.

BUNSEN, C. C. J., *Hippolytus and his Age,* 4 vols., Londres, 1852.

DÖLLINGER, J., *Hippolytus und Kallistus,* Regensburg, 1853.

DOMINGO, S. DE, *El Octavio de Minucio Félix,* Madrid, 1946.

HANDLER, G., *Wulfila und Ambrosius,* Sttutgart, 1961.

JOURJON, M., *Ambroise de Milan,* París, 1956.

KELLY, J. N. D., *Jerome,* Londres, 1975.

MARUCCHI, O., *Il pontificato di papa Damaso e la storia della sua familia secondo le recenti scoperte archeologiche,* Roma, 1905.

MIEROW, C. C., *St. Jerome, the Sage of Bethlehem,* Milwaukee, 1959.

MOHRMANN, C., *Le latin des chrétiens,* 2 vols., Roma, 1958-1961.

PAREDI, A., *Sant'Ambrosio e la sua età,* Milán, 1960.

PERNOUD, R. y M., *S. Jérôme,* París, 1961.

PIETRI, C., *Roma christiana,* Roma, 1976.

SCALFATI, I., *S. Leone il Grande e le invasioni dei Goti, Unni e Vandali,* Roma, 1944.

SOTTO-CORNOLA, F., *L'anno liturgico nei sermoni di Pietro Crisologo,* Cesena, 1973.

TAYLOR, J., *The Papacy and the Eastern Churches from Damasus to Innocent I (366-471),* Cambridge, 1972.

TESTARD, M., *S. Jérôme, l'Apôtre savant et pauvre du patriciat romain,*París, 1969.

— *La Tradición Apostólica de Hipólito de Roma,* Salamanca, 1986.

VIVES, J., *San Dámaso, papa español, y los mártires,* Barcelona, 1943.

9. Los Padres africanos

ANDRES, S. T., *Die Versuchung des Synesios,* Múnich, 1971.

BARDY, G., *L'Afrique chrétienne,* París, 1930.

BENSON, E. W., *Cyprian. His life, his Times, his Work,* Londres, 1897.

BROWN, P., *Agustín de Hipona,* Madrid, 1969.

CALLONI CERRETTI, G., *Tertulliano. Vita, opere, pensiero,* Módena, 1957.

CECCHELLI, C., *África cristiana: África romana,* Roma, 1936.

FABBRINI, F., *Paolo Orosio,* Roma, 1979.

FRANCO FERNÁNDEZ, R., *El final del reino de Cristo en Tertuliano,* Granada, 1955.

GAUCHE, W. J., *Didymus the Blind,*Washington, 1934.

HARDY, E. R., *Christian Egypt: Church and people,* Nueva York, 1952.

KELLY, J. N. D., *The Athanasian Creed,* Londres, 1964.

LECRERCQ, H., *L'Afrique chrétienne,* 2 vols., París, 1904.

MESNASGE, J., *L'Afrique chrétienne,* París, 1912.

MUIR, W., *Cyprian. His life and teachings,* Londres, 1898.

NOS DE MURO, L., *San Agustín de Hipona,* Madrid, 1989.

ORTIZ DE URBINA, L., *Nicea y Constantinopla,* Vitoria, 1969.

PRADO, G., *El Apologético de Tertuliano,* Madrid, 1943.

SELLERS, R. V., *Two Ancient Christologies. A Study in the Christological Thought of the Schools of Alexandria and Antioch,* Londres, 1940.

TRAPÉ, A., *S. Agostino: l'uomo, il pastore, il mistico,* Fossano, 1976.

VAN DER MEER, F., *San Agustín,* Barcelona, 1965.

10. Los Padres orientales

BERNARDI, J., *La prédication des Pères Cappadociens. Le prédicateur et son auditoire,* París, 1968.

CLARKE, W. K. L., *St. Basil the Great. A Study in Monasticism,* Cambridge,1913.

GALLAY, P., *Grégoire de Nazianze,* París, 1959.

LAKE, K., *Eusebius. The Ecclesiastical History,* 2 vols., Londres, 1926-1932.

LOOTENS, M., *De H. Basilius de Groote en het monnikenwezen,* Lovaina,1946.

MURPHY, M. G., *Saint Basil and Monasticism,*Washington, 1930.

NEILL, S., *Chrysostom and his Message,* Nueva York, 1963.

SCHLÄPFER, L., *Das Leben des heiligen Johannes Chrysostomus,* Düsseldorf,1966.

ZANDONELLA, C., *Giovanni Crisostomo,* Turín, 1965.

11. El monacato

BRÉMOND, J., *Les Pères du désert,* 2 vols., París, 1927.

BOUSSET, W., *Apophtegmata,* Tubinga, 1923.

BUDGE, E. A. W., *The Wit and Wisdom of the Christian Fathers of Egypt of the Apophtegmata Patrum by 'Anân îshô of Bêth 'Abhê,* Oxford, 1934.

CHAINE, M., *Le text original des Apophtegmes des Pères,* Beirut, 1912.

CHITTY, D. J., *El desierto, ¡una ciudad!,* Bilbao, 1991.

CLARKE, W. K. L., *St. Basil the Great. A Study in Monasticism,* Cambridge,1913.

COLOMBÁS, G. M., «La espiritualidad del monacato antiguo», en *Historia de la espiritualidad,* I, Barcelona, 1969.

GIAMBERARDINI, G., *S. Antonio Abate. Astro del Deserto,* El Cairo, 1957.

KNOWLES, D., *El monacato cristiano,* Madrid, 1969.

LOOTENS, M., *De H. Basilius de Groote en het monnikenwezen,* Lovaina, 1946.

MURPHY, M. G., *Saint Basil and Monasticism,*Washington, 1930.

PEÑA, I., *La desconcertante vida de los monjes sirios,* Salamanca, 1985.

PÉREZ DE URBEL, J., *Los monjes españoles de la Edad Media,* vol. I, Madrid, 1933.

VIDAL, C., *La alternativa monacal,* San Pablo Films, Madrid, 1991 (audiovisual).

WADDELL, M., *The Desert Fathers,* Nueva York, 1936.

WHITE, H. G., y HAUSER, W., *The Monasteries of the Wadi n'Natrun,* 3 vols., Nueva York, 1926-1933.

12. Los Padres hispanos

AYUSO MARAZUELA, T., *La «Vetus latina hispana»,* Madrid, 1953-1962.

CHADWICK, H., *Prisciliano de Ávila,* Madrid, 1978.

CIRAC ESTOPIÑÁN, S., *Los nuevos argumentos sobre la patria de Prudencio,* Zaragoza, 1951.

CLERCQ, V. C. DE, *Ossius of Córdoba,*Washington, 1954.

CUNNINGHAM, M. P., «Forty years of Prudentius Studies», en *Aufstieg und Niedergang des römischen Welts,* Berlín, III.

GARCÍA GOLDÁRAZ, C., *El códice Lucense,* Roma, 1954.

GONZÁLEZ, S., *La penitencia en la primitiva Iglesia española,* Salamanca,1950.

LÓPEZ CANEDA, R., *Prisciliano. Su pensamiento y su problema histórico,*Santiago de Compostela, 1966.

PASCUAL TORRÓ, J., *Antropología de Aurelio Prudencio,* Roma, 1976.

PEEBLES, B. M., *The poet Prudencius,* Nueva York, 1951.

PÉREZ DE URBEL, J., *Los monjes españoles de la Edad Media,* vol. I, Madrid, 1933.

RAMOS LOSCERTALES, J., *Prisciliano: «Gesta rerum»,* Salamanca, 1952.

SEGUÍ VIDAL, G., *La carta-encíclica del obispo Severo,* Roma-Palma de Mallorca, 1937.

SIMONETTI, M., *Gregorio di Elvira. La fede,* Turín, 1975.

VIDAL, C., «Prudencio: los judíos en la obra de un padre hispano», en *En torno a Sefarad: encuentro internacional de historiadores,* Toledo, 16-19 diciembre, 1991.

— *Prisciliano* (en prensa).

VIVES, J., *San Dámaso, papa español, y los mártires,* Barcelona, 1943.

WINDEN, J. C. VAN, *Calcidius on matter, his doctrine and sources,* Leiden, 1959.

III) EDAD MEDIA

I. Fuentes

ANSELMO, *Obras completas,* Madrid, 1952.

CILVETI, A. L. (ed.), *La literatura mística española (I): La Edad Media,* Madrid, 1983.

ECKHART, M., *Tratados y sermones,* Barcelona, 1983.

ELREDO DE RIEVAL, *Camino con Cristo,* Azul, 1986.

— *Volver a Dios,* Azul, 1987.

FRANCISCO DE ASÍS, *Florecillas,* México, 1968.

FRANCISCO Y CLARA DE ASÍS, *Escritos,* Valencia, 1981.

HILDEGARDA DE BINGEN, *An Anthology,* Londres, 1990.

— *An den Fenstern des Glaubens,* Augsburgo, 1991.

— *La nube del no-saber y el libro de la orientación particular,* Madrid, 1981.

SANTIAGO DE LA VORÁGINE, *La leyenda dorada,* 3.ª ed., Madrid, 1989.

TOMÁS DE AQUINO, *Obras catequéticas,* Pamplona, 1995. 304

TOMÁS DE AQUINO, *Summa Theologica,* Madrid, 1951 y sigs.

TOMÁS DE KEMPIS, *Imitación de Cristo,* Barcelona, 1979.

II. Estudios

BERLIERE, U., *La ascesis benedictina: desde los orígenes hasta el final del siglo XII,* Burgos, 1988.

BINNS, L. E., *The Decline and Fall of the Medieval Papacy,* Nueva York, 1995.

BUEY, F. DEL, *Francisco, el pobre que repartía amor,* Madrid, 1980.

CAPUA, R. DE, *Vida de santa Catalina de Siena,* Buenos Aires, 1947.

CHESTERTON, G. K., *Santo Tomás de Aquino,* 10.ª ed., Madrid, 1973.

COHN, N., *Los demonios familiares de Europa,* Madrid, 1980.

COMBA, E., *Historia de los valdenses,* Tarrasa, 1987.

ENGLEBERT, O., *St. Francis of Assisi,* Ann Arbor, 1979.

EVDOKIMOV, P., *Ortodoxia,* Barcelona, 1968.

FOSSIER, R., *La infancia de Europa,* 2 vols., Barcelona, 1984.

GARCÍA-VILLOSLADA, R., *Historia de la Iglesia católica (II): Edad Media (800-1303),* 5.ª ed., Madrid, 1988.

GOBRY, I., *Sant Francesc d'Assís i l'esperit franciscá,* Montserrat, 1975.

HALLIER, A., *Un educador monástico: Elredo de Rieval,* Burgos, 1982.

KNOWLES, D., *El monacato cristiano,* Madrid, 1969.

LAMBERT, M. D., *La herejía medieval: movimientos populares de los bogomilos a los husitas,* Madrid, 1986.

LEKAI, L. J., *Los cistercienses,* Barcelona, 1987.

LE GOFF, J., *La naissance du Purgatoire,* París, 1981. (Existe edición española de Editorial Taurus).

LOJENDIO, L. M. DE, *San Benito, ayer y hoy,* Zamora, 1985.

MACEK, J., *La revolución husita,* Madrid, 1975.

MITRE, E., *La muerte vencida,* Madrid, 1988.

MITRE, E., y GRANDA, C., *Las grandes herejías de la Europa cristiana (380-1520),* Madrid, 1983.

PARDO BAZÁN, E., *San Francisco de Asís,* 2 vols., Madrid, 1903.

PAUL, J., *La Iglesia y la cultura en Occidente (siglos IX-XII): La santificación del orden temporal y espiritual,* Barcelona, 1988.

— *La Iglesia y la cultura en Occidente (siglos IX-XII): El despertar evangélico y las mentalidades religiosas,* Barcelona, 1988.

PÉREZ DE URBEL, J., *Los monjes españoles en la Edad Media,* 2 vols., Madrid, 1934.

RAPP, F., *La Iglesia y la vida religiosa en Occidente a fines de la Edad Media,* Barcelona, 1973.

ROUSSELOT, X., *San Alberto, santo Tomás y san Buenaventura,* Buenos Aires, 1950.

SCHNÜRER, G., *La Iglesia y la civilización occidental en la Edad Media,* Madrid, 1955.

SOUTHERN, R. W., *Western Society and the Church in the Middle Ages,* Middlesex, 1970.

VAUCHEZ, A., *La espiritualidad del Occidente medieval,* Madrid, 1985.

VIDAL, C., *Textos para la historia del pueblo judío,* Madrid, 1995.

— *El Talmud,* Madrid, 1997.

VOGÜÉ, A. DE, *La Regla de san Benito,* Zamora, 1985.

IV) HUMANISMO, REFORMA Y CONTRARREFORMA

I. Fuentes

BULLINGER, E., *La Segunda confesión helvética,* Barcelona, 1978.

CALVINO, J., *Tratados breves: La Santa Cena, Carta al cardenal Sadoleto,* Buenos Aires, 1959.

— *Respuesta al cardenal Sadoleto,* Rijswijk, 1964.

— *Antología,* Barcelona, 1971.

— *Breve instrucción cristiana,* Barcelona, s.f.

Cánones de Dort, Barcelona, 1971.

Institución de la religión cristiana, 2 vols., Rijswijk, 1981.

Catecismo de Heidelberg, Rijswijk, 3.ª ed., 1982.

Catecismos de la iglesia reformada, Buenos Aires, 1962.

Concilium Tridentinum, Friburgo, 18 vols., 1901 y sigs.

Confesión de Augsburgo, Filadelfia, 1980.

Confesiones de fe de la iglesia (reformada), Madrid, 1983.

CRUZ, JUAN DE LA, *Obras completas,* Madrid, 1966.

EIMERIC, N., y PEÑA, F., *El manual de los inquisidores,* Barcelona, 1983.

ERASMO, *Obras escogidas,* Madrid, 1964.

— *Elogio de la locura,* Madrid, 1983.

— *El enquiridion o manual del caballero cristiano y la paráclesis o exhortación al estudio de las letras divinas,* Madrid, 1971.

FELIPE NERI, *Doctrina espiritual,* Madrid, 1988.

FOXE, J., *Book of Martyrs,* 18.ª ed., Grand Rapids, 1995.

HUTTER, J., *Brotherly Faithfulness: Epistles from a Time of Persecution,* 2.ª ed., Rifton, 1979.

IGNACIO DE LOYOLA, *Obras completas,* Madrid, 1952.

JIMÉNEZ MONTESERÍN, M. (ed.), *Introducción a la Inquisición española: Documentos básicos para el estudio del Santo Oficio,* Madrid,1980.

LEÓN, Fray LUIS DE, *Obras completas castellanas,* 3.ª ed., Madrid, 1969.

LUTERO, M., *Antología,* Barcelona, 1968.

— *Obras,* Salamanca, 1977.

MELANCHTHON, F., *La justificación por la fe,* 2.ª ed., Buenos Aires, 1952.

MORO, T., *Diálogo de la fortaleza contra la tribulación,* Madrid, 1988.

— *Un hombre solo: cartas desde la torre,* Madrid, 1988.

PÍO II, *Así fui Papa,* Barcelona, 1980.

PONCE DE LA FUENTE, C., y JERÓNIMO GRACIÁN DE LA MADRE DE

DIOS, F., *Beatus Vir,* Madrid, 1977.

Prefacios de Biblias castellanas del siglo XVI, Buenos Aires, 1951.

RIDEMAN, P., *Confession of Faith,* 2.ª ed., Rifton, 1974.

SERVET, M., *Restitución del cristianismo,* Madrid, 1980.

— *Treinta cartas a Calvino. Sesenta signos del anticristo. Apología de Melanchthon,* Madrid, 1981.

SIMONS, M., *Su vida y escritos,* Scottdale, 1979.

— *Complete Writings,* Scottdale, 1984.

TERESA DE JESÚS, *Obras completas,* 7.ª ed., Madrid, 1982.

VALDÉS, A. DE, *Diálogo de las cosas ocurridas en Roma,* Madrid, 1969.

— *Diálogo de Mercurio y Carón,* Madrid, 1971.

VALDÉS, J. DE, *Diálogo de doctrina cristiana,* Madrid, 1929.

— *El Evangelio según san Mateo,* Tarrasa, 1986.

— *Comentario a los Salmos,* Tarrasa, 1987.

— *Consideraciones y pensamientos,* Madrid, s.f.

VILLALÓN, C. DE, *Viaje a Turquía,* 4.ª ed., Madrid, 1965.

— *El crotalón,* 3.ª ed., Madrid, 1973.

YODER, J. H. (ed.), *Textos escogidos de la Reforma radical,* Buenos Aires, 1976.

II. Humanismo y erasmismo

ABELLÁN, J. L., *El erasmismo español,* Madrid, 1982.

BAINTON, R. H., *Erasmus of Christendom,* Londres, 1969.

— *Miguel Servet. Su vida y su obra,* Madrid, 1970.

— *Servet, el hereje perseguido,* Madrid, 1973.

BATAILLON, M., *Erasmo y el erasmismo,* Barcelona, 1977.

FEBVRE, L., *Erasmo, la Contrarreforma y el espíritu moderno,* Barcelona,1985.

HUIZINGA, J., *Erasmo,* 2 vols., Barcelona, 1986.

MÁRQUEZ, A., *Los alumbrados,* 2.ª ed., Madrid, 1980.

NIETO, J. C., *Juan de Valdés y los orígenes de la Reforma en España e Italia,* México, 1979.

VÁZQUEZ DE PRADA, A., *Sir Tomás Moro,* Madrid, 1983.

ZWEIG, S., *Erasmo,* 3.ª ed., Barcelona, 1951.

III. Reforma

ATKINSON, J., *Lutero y el nacimiento del protestantismo,* Madrid, 1971.

BIELER, A., *El humanismo social de Calvino,* Buenos Aires, 1973.

BURGOS, J. A., *El luteranismo en Castilla durante el siglo XVI,* El Escorial,1983.

COHN, N., *En pos del milenio,* 3.ª ed., Madrid, 1985.

DELUMEAU, J., *La Reforma,* Barcelona, 1973.

ESTEP, W. R., *Revolucionarios del siglo XVI: historia de los anabautistas,*El Paso, 1975.

FERNÁNDEZ CAMPOS, G., *Reforma y Contrarreforma en Andalucía,* Sevilla,1986.

FERNÁNDEZ Y FERNÁNDEZ, E., *Las Biblias castellanas del exilio,* Miami,1976.

FLIEDNER, F., *Martín Lutero,* Tarrasa, 1980.

GARCÍA-VILLOSLADA, R., *Martín Lutero,* 2 vols., 2.ª ed., Madrid, 1976.

— *Raíces históricas del luteranismo,* 2.ª ed., Madrid, 1976.

GÓMEZ-HERAS, J. M. G., *Teología protestante, sistema e historia,* Madrid,1977.

GONZÁLEZ, J. L., Luces bajo el almud, Miami, 1977.

GREINER, A., Lutero, Madrid, 1985.

LARRIBA, J., Eclesiología y antropología en Calvino, Madrid, 1975.

LEONARD, E., Historia general del protestantismo, vol. I, Barcelona, 1967.

LILJE, H., Lutero, Barcelona, 1989.

MENÉNDEZ PELAYO, M., *Historia de los heterodoxos españoles,* 2 vols.,Madrid, 1987.

MERLE D'AUBIGNÉ, J. H., *History of the Reformation of the Sixteenth Century,* Grand Rapids, 1995.

MONTANELLI, I., y GERVASO, R., *L'Età della Riforma,* 33.ª ed., Milán,1973.

NEILL, S., *El anglicanismo,* Barcelona, 1966.

NIETO, J. C., *Juan de Valdés y los orígenes de la Reforma en España eItalia,* México, 1979.

OBERMAN, H. A., *Lutero, un hombre entre Dios y el diablo,* Madrid, 1992.

OLIVIER, D., *El proceso Lutero,* Buenos Aires, 1973.

STERN, L.; MURY, G., y BENSING, M., *Introducción a la historia social de la Reforma,* Madrid, 1976.

TAWNEY, R. H., *Religion and the Rise of Capitalism,* Middlesex, 1966.

TREVOR-ROPER, H. R., *Religión, Reforma y cambio social,* Barcelona,1985.

VAN HALSEMA, T. B., *Así fue Calvino,* Grand Rapids, 1977.

VV. AA., *Juan Calvino, profeta contemporáneo,* Grand Rapids, 1973.

WILLIAMS, G. H., *La reforma radical,* México, 1983.

IV. Contrarreforma

BANGERT, W. V., *Historia de la Compañía de Jesús,* Santander, 1981.

BENNASSAR, B., *L'Inquisition espagnole,* París, 1979.

BRENAN, G., *San Juan de la Cruz,* 3.ª ed., Barcelona, 1983.

CARO BAROJA, J., *Las formas complejas de la vida religiosa (siglos XVI y XVII),* Madrid, 1985.

CASTRO, A., *Teresa la santa y otros ensayos,* Madrid, 1982.

CRUSET, J., *San Juan de Dios, una aventura iluminada,* Barcelona, 1958.

GÓMEZ-MORENO, M., *San Juan de Dios, el hombre que supo amar,* Madrid, 1950.

KAMEN, H., *La Inquisición española,* Barcelona, 1979.

LEONARD, E., *Historia general del protestantismo,* vol. II, Barcelona.

LIVET, G., *Las guerras de religión,* Barcelona, 1971.

LLORENTE, J. A., *Historia crítica de la Inquisición en España,* 2.ª ed., 4 vols., Madrid, 1981.

LUTZ, H., *Reforma y Contrarreforma,* Madrid, 1982.

MARTINA, G., *La Iglesia, de Lutero a nuestros días: Época de la Reforma,* Madrid, 1974.

MÉCHOULAN, H., *El honor de Dios,* Barcelona, 1981.

MONTANELLI, I., y GERVASO, R., *L'Età della Controriforma,* 33.ª ed.,Milán, 1973.

— *L'Età delle Guerre di Religione,* 23.ª ed., Milán, 1973.

PELLÉ-DOUËL, Y., *San Juan de la Cruz y la noche mística,* Madrid, 1963.

RECONDO, J. M., *San Francisco Javier,* 2.ª ed., Madrid, 1983.

RICHTER, F., *Martín Lutero e Ignacio de Loyola,* Madrid, 1956.

RIBADENEYRA, P. DE, *Vida de Ignacio de Loyola,* 3.ª ed., Madrid, 1967.

STIERLI, J., *Los jesuitas,* Bilbao, 1968.

TESTAS, G., y TESTAS, J., *La Inquisición,* Barcelona, 1970.

VALBUENA PRAT, A., *Estudios de literatura religiosa española,* Madrid, 1964.

WOODROW, A., *Los jesuitas,* Buenos Aires, 1984.

V) EDAD MODERNA

I. Fuentes

BARCLAY, R., *Apology,* 4.ª ed., Newberg, 1991.

BUNYAN, J., *The Pilgrim's Progress* (diversas ediciones).

FOX, G., *Journal,* Richmond, 1976.

MOLINOS, M. DE, *Guía espiritual,* Madrid, 1977.

PENN, W., *No Cross, no Crown,* York, 1981.

VOLTAIRE, *Cartas inglesas,* Madrid, 1975.

— *Diccionario filosófico,* Madrid, 1995.

WOOLMAN, J., *The Journal and Major Essays,* Richmond, 1989.

II. Estudios

BARBOUR, H., *The Quakers in Puritan England,* New Haven, 1985.

CRAGG, G. R., *The Church and the Age of Reason (1648-1789),* 2.ª ed., Middlesex, 1966.

BRAYSHAW, A. N., *The Quakers,* York, 1982.

EVDOKIMOV, P., *Ortodoxia,* Barcelona, 1968.

FRASER, A., *Cromwell, the Lord protector,* Nueva York, 1973.

GWYN, D., *Apocalypse of the Word,* Richmond, 1986.

HILL, C., *El mundo trastornado,* Madrid, 1983.

INGLE, H. L., *First among Friends: George Fox & the Creation of Quakerism,* Oxford, 1994.

JONES, R., *Spiritual Reformers in the XVI and XVII centuries,* Gloucester,1971.

KOLAKOWSKI, L., *Cristianos sin iglesia: la conciencia religiosa y el vínculo confesional en el siglo XVII,* Madrid, 1982.

LEONARD, E., *Historia general del protestantismo,* vol. III, Barcelona.

MANUEL, F. E., y MANUEL, F. P., *El pensamiento utópico en el mundo occidental (II). El auge de la utopía: la utopía cristiana (siglos XVIIXIX),* 2.ª ed., Madrid, 1984.

MARTINA, G., *La Iglesia, de Lutero a nuestros días: La época del absolutismo,* Madrid, 1974.

MENÉNDEZ PELAYO, M., *Historia de los heterodoxos españoles,* 2 vols., Madrid, 1987.

PUNSHON, J., *Portrait in Grey, a short History of the Quakers,* Londres, 1984.

TRUEBLOOD, D. E., *The People Called Quakers,* 4.ª ed., Richmond, 1993.

VAN ETTEN, H., *George Fox et les Quakers,* París, 1956.

VEDDER, E. C., *Breve historia de los bautistas hasta 1900,* 4.ª ed., El Paso, 1977.

VI) EDAD CONTEMPORÁNEA

I. Fuentes

ALFONSO MARÍA DE LIGORIO (San), *Obras ascéticas,* Madrid, 1952.

ASSMANN, H., *Teología desde la praxis de la liberación,* Salamanca, 1973.

BLANCO WHITE, J., *Cartas de España,* 3.ª ed., Madrid, 1983.

BOFF, L., *Eclesiogénesis,* Santander, 1984.

— *Teología desde el lugar del pobre,* Santander, 1986.

BOFF, L., y BOFF, C., *Cómo hacer teología de la liberación,* Madrid, 1986.

BONHOEFFER, D., *Vida en comunidad,* Buenos Aires, 1966.

— *El precio de la gracia,* Salamanca, 1968.

— *Resistencia y sumisión,* 2.ª ed., Esplugues, 1971.

— *Redimidos para lo humano,* Salamanca, 1979.

BRION, E. (ed.), *Una extraña felicidad: cartas del P. Damián leproso (1885-1889),* Madrid, 1990.

Encíclicas del mundo moderno, Barcelona, 1969.

Encíclicas políticas y sociales de los romanos pontífices, Buenos Aires, 1961.

FOUCAULD, C. DE, *Escritos espirituales,* Barcelona, 1979.

GALILEA, S., *Teología de la liberación,* Santiago, 1977.

GUTIÉRREZ, G., *Teología de la liberación,* Salamanca, 1977.

LUCIANI, A. (Juan Pablo I), *Ilustrísimos señores,* 4.ª ed., Madrid, 1978.

MÍGUEZ BONINO, J., *Doing Theology in a Revolutionary Situation,* Filadelfia, 1975.

NEWMAN, J. H., *Apología «pro vita sua»,* Madrid, 1977.

ROGER DE TAIZÉ, Hermano, *Las fuentes de Taizé,* Barcelona, 1988.

SCHWEITZER, A., *De mi vida y mi pensamiento,* Barcelona, 1966.

SEGUNDO, J. L., *Liberación de la Teología,* Buenos Aires, 1975.

SOBRINO, J., *Cristología desde América latina,* México, 1976.

— *Teología de la liberación: respuesta al cardenal Ratzinger,* Madrid, 1985.

VATICANO II, *Documentos completos,* Bilbao, 1980.

II. Estudios

BLAZYNSKI, J., *Juan Pablo II,* México, 1980.

BOSC, J.; CARREZ, M., y DUMAS, A., *Teólogos protestantes contemporáneos,* Salamanca, 1968.

BUJAK, A., y MALINSKI, M., *Juan Pablo II,* 3.ª ed., Barcelona, 1982.

COAD, R., *A History of the Brethren Movement,* Exeter, 1976.

DAYTON, D. W., *Theological Roots of Pentecostalism,* Peabody, 1987.

DESSAIN, C. S., *Vida y pensamiento del cardenal Newman,* Madrid, 1990.

EVDOKIMOV, P., *Ortodoxia,* Barcelona, 1968.

GARCÍA DE CORTAZAR, F., y LORENZO DE ESPINOSA, J. M., *Los pliegues de la tiara: los papas y la Iglesia del siglo XX,* Madrid, 1991.

GARIBOLDI, G. A., *Pío XII, Hitler y Mussolini,* Barcelona, 1988.

GERBOD, P., *Europa cultural y religiosa de 1815 a nuestros días,* Barcelona,1982.

GONZÁLEZ-BALADO, J. L., *El desafío de Taizé,* 3.ª ed., Madrid, 1981.

HALTERMANN, U., *A. Janssen: el camino de un creyente,* Estella, 1986.

HASLER, A. B., *Cómo llegó el Papa a ser infalible,* Barcelona, 1980.

KLASSEN, A. J., *A Bonhoeffer Legacy,* Grand Rapids, 1981.

LEONARD, E., *Historia general del protestantismo,* vol. IV, Barcelona.

MARTIN, D., *Tongues of Fire. The Explosion of Protestantism in Latin America,* Oxford, 1990.

MARTINA, G., *La Iglesia, de Lutero a nuestros días: La época del liberalismo,* Madrid, 1974.

— *La Iglesia, de Lutero a nuestros días: La época del totalitarismo,* Madrid, 1974.

MENÉNDEZ PELAYO, M., *Historia de los heterodoxos españoles,* 2 vols., Madrid, 1987.

PEZZELLA, S., *Qué ha dicho verdaderamente Juan XXIII,* Madrid, 1973.

RHODES, A., *El Vaticano en la era de los dictadores,* Barcelona, 1985.

SCHULTZ, H. J. (ed.), *Tendencias de la teología en el siglo XX,* Madrid, 1970.

TREVOR, M., *Newman's Journey,* 1977.

VIDAL, C., *El infierno de las sectas,* Bilbao, 1989.

— *Psicología de las sectas,* Madrid, 1991.

— *Las sectas frente a la Biblia,* Madrid, 1992.

— *Diccionario de sectas y ocultismo,* Estella, 1992.

— *La otra cara del Paraíso,* Miami, 1994.

— *El desafío de las sectas,* Madrid, 1996.

— *Nuevo Diccionario de sectas y ocultismo,* Estella, 1999.

— *Diccionario histórico del cristianismo,* Estella, 1999.

— *El testamento del pescador,* Barcelona, 2004.

— *Grandes procesos de la Inquisición,* Barcelona, 2005.

VIDLER, A. R., *The Church in an Age of Revolution,* Middlesex, 1961.

VOUGHT, D. G., *Protestants in Modern Spain,* South Pasadena, 1973.

ABREVIATURAS

Bb	*Bulletin biblique.*
BJRL	*Bulletin of the John Rylands University,* Library of Manchester.
CBQ	*Catholic Biblical Quarterly.*
CQR	*Church Quarterly Review.*
DAL	*Dictionnaire d'Archéologie Chrétienne et de Liturgie,* E. Cabrol y H. Leclercq.
DJE	*Diccionario de Jesús y los Evangelios,* C. Vidal, Estella, 1995.
DJG	*Dictionary of Jesus and the Gospels,* Downers Grove y Leicester, 1992 (eds.), París, 1907-1953.
JBL	*Journal of Biblical Literature.*
JRS	*Journal of Roman Studies.*
LA	*Liber Annuus.*
RGG	*Religion in Geschichte und Gegenwart.*
RSR	*Recherches de Science Religieuse.*
Th St Kr	*Theologische Studien und Kritiken.*
TLZ	*Theologische Literaturzeitung.*
TR	*Theologische Rundschau.*

ÍNDICE ONOMÁSTICO